论坛开幕式

北京市委常委梁伟到会并讲话

全国妇联书记处书记
张静到会并讲话

北京市妇联党组书记、
主席赵津芳致开幕词

北京市妇联副主席
刘颖主持论坛开幕式

国资委中国民族贸易促进会
执行会长刘延宁作主旨发言

清华大学教授史静寰作主旨发言

北京师范大学教授郑新蓉作主旨发言

著名编剧臧里作主旨发言

全国五好文明家庭标兵代表
岳云雷作主旨发言

论坛研讨氛围热烈

建和谐家庭　享幸福生活

——北京市和谐家庭建设论坛论文集

北京市妇女联合会　编

中国农业大学出版社
·北　京·

图书在版编目(CIP)数据

建和谐家庭　享幸福生活:北京市和谐家庭建设论坛论文集/北京市妇女联合会编.—北京:中国农业大学出版社,2011.9

ISBN 978-7-5655-0274-3

Ⅰ.①建…　Ⅱ.①北…　Ⅲ.①家庭社会学-北京市-文集　Ⅳ.①D669.1-53

中国版本图书馆 CIP 数据核字(2011)第 082201 号

书　　名　建和谐家庭　享幸福生活
　　　　　——北京市和谐家庭建设论坛论文集

作　　者　北京市妇女联合会　编

策划编辑　张秀环　　**责任编辑**　莫显红
封面设计　郑　川　　**责任校对**　王晓凤　陈　莹
出版发行　中国农业大学出版社
社　　址　北京市海淀区圆明园西路 2 号　　**邮政编码**　100193
电　　话　发行部 010-62818525,8625　　读者服务部 010-62732336
　　　　　编辑部 010-62732617,2618　　出　版　部 010-62733440
网　　址　http://www.cau.edu.cn/caup　　**e-mail** cbsszs@cau.edu.cn
经　　销　新华书店
印　　刷　涿州市星河印刷有限公司
版　　次　2011 年 9 月第 1 版　　2011 年 9 月第 1 次印刷
规　　格　787×1 092　16 开本　17.25 印张　251 千字　插页 2
定　　价　33.00 元

图书如有质量问题本社发行部负责调换

主　　编　赵津芳
副 主 编　刘　颖
执行主编　韩桂华
编委（以姓氏笔画为序）
代恒猛　石红霞　刘光宇　苗文玉
赵知维　唐　蕊　崔彦民

序　一

家庭是社会的基本组织，是个体与社会的结合点。随着经济、社会结构的转型，家庭的功能和结构也在或多或少地发生着变化。当前，北京城市化、市场化、国际化和现代化的进程不断加快，人们更加注重生活质量的提高和家庭品质的提升，而同时不少家庭面临着不同于以往的压力和困扰，如何在社会转型期增强家庭抵御风险的能力，提升家庭幸福指数，给予家庭必要的社会政策、人文关怀和服务支持，是当前社会管理和社会服务需要重点思考和实践的问题。适应首都经济社会发展需要，创新社会管理手段，建设和谐家庭，首先就要加强对家庭问题的关注和研究，开展多学科、跨学科合作，进行理论创新和实践探索，形成理论指导实践、实践丰富理论的良好互动，切实增强有效解决复杂、多元社会难题的能力。

北京市妇联举办本次和谐家庭建设论坛，是在全市人民为加快实现“人文北京、科技北京、绿色北京”宏伟战略，实现经济发展方式转变和社会管理方式创新的背景下，在家庭建设领域开展理论和实践创新，以家庭和谐促进社会和谐的重要举措；也是进一步把握首都大发展的良好契机，开创首都和谐家庭建设新局面的一次重要探索。将论坛的优秀研究成果汇集并出版，更是为家庭研究领域和妇女工作领域的专家学者、实践工作者搭建了一个交流学习的平台，将推动社会各界共同为首都家庭建设和社会建设事业贡献自己的智慧和力量。

借此作序之际，结合北京市和谐家庭建设工作，谈几点思考和希望。

一是要更新观念，把握和谐家庭的新内涵。家庭是社会的细胞，家庭的变迁反映着社会的变革。随着社会的发展，现代人思想活动日益显现出独立性、选择性、多变性、差异性等特征，家庭的功能和结构也在相应地发生着巨大变化，出现了一些有别于过去的家庭模式，如“421”家庭模式的普遍存在、三口之家成为中国现代家庭的主流、“丁克”家庭的出现等等，传统的家庭定义已经无法涵盖当前家庭的现状。在中国传统儒家文化中“修身为本、施仁为核、齐之以礼”，是对于家庭和谐的基本理解，现代社会则赋予了和谐家庭更多更丰富的内涵。现代和谐家庭是以家庭成员的全面发展为基础，以营造积极向上的家庭价值取向、平等和谐的家庭关系为主要内容，构建家庭成员之间、家庭与社会之间、家庭与自然之间相互和谐共处的新型文明家庭模式。突破固有框架，更新观念，认真理解和把握现代家庭的本质和家庭和谐的新内涵，是我们开展和谐家庭构建，甚至和谐社会构建的重要理论前提和基础。

二是要丰富内容，满足家庭建设的新需求。家庭结构多元化、需求多样化的日益凸显，是首都家庭建设面临的现实问题。在首都经济又好又快发展的进程中，在首都家庭收入不断增加、经济基础不断夯实的前提下，家庭工作要巩固好传统领域，同时要紧紧抓住当前工作的薄弱环节，注重不同层次、不同层面、不同结构家庭的新需求，不断拓展家庭服务的形式和内容，力求全方位、多层次、广覆盖地构建家庭服务新模式。要给予经济困难家庭和空巢老人家庭、单亲家庭等家庭以特殊关怀和人文关怀，使其体会到社会大家庭的温暖，增强发展信心；要关注家庭日益增长的物质需要，提供高质量、专业化的家政服务和家教服务等家庭服务内容，引导家庭形成科学文明健康的生活方式，提升家庭生活品质；要关注家庭更高层次的精神需要，为家庭成员情感交融、心灵沟通提供帮助，提升家庭幸福指数。

三是要创新机制，探索家庭建设的新途径。家庭建设是社会建设的基石。家庭建设是妇联组织的传统工作领域，多年来，妇联组织围绕“家”字做文章，形成了品牌活动引领，文化活动带动，形式活泼、覆盖广泛的优势和特点。当前北京正在探索社会建设的新理念和城市管理的新模式，妇联组织要把握发展契机，认真总结家庭建设经验，把家庭建设纳入社会建设范畴，把家庭服务纳入社会服务领域，把家庭文化纳入社会文化建设，在政府创新社会服务管理中，充分发挥妇联组织自身优势，积极推进家庭支持网络的建立，发掘社区志愿者服务资源，发展家庭心理咨询和治疗；以多种形式、多条途径、传统手段与信息化手段相结合的方式全方位宣传和倡导新型的家庭价值观念，构建和谐家庭新文化。要积极建立家庭工作新机制，在建立具有时代特征、中国特色和首都特点的社会建设新格局中，推进首都家庭建设的创新实践，凝聚社会各方力量，动员全社会关注家庭建设，有效提升和谐家庭创建的影响力，有力推进和谐家庭创建活动的开展。

建设和谐家庭，是推动首都社会和谐发展、推进首都城市建设的基础性工程，需要社会各界的热情关注和共同努力。让我们进一步深入探讨家庭建设理论、交流共享学术资源和研究成果，以积极的态度、饱满的热情、高度的责任感和使命感投入和谐家庭建设工作，以家庭和谐推动社会和谐，为加快实施“人文北京、科技北京、绿色北京”而奋斗！

中共北京市委常委 梁伟

2010 年 10 月

序　二

家庭是社会组织的最小单位，是构成社会的基本元素。家庭建设关系着个人的道德培育和品格培养，关系着一个民族的进步和国家经济社会的发展。“修身、齐家、治国、平天下”、“家和万事兴，家齐国安宁”，这些深入人心的至理名言无一不深刻揭示着家庭与个人成长、社会发展的密切关系。

党和政府历来高度重视家庭建设，出台政策、制定法律、营造环境，尤其是对婚姻和家庭中妇女儿童的合法权益给予有力的保障，为和谐家庭建设提供了强大的支持。社会各界充分关注、积极参与和谐家庭建设，家庭建设理论不断发展，家庭建设实践丰富多彩，为建设社会主义和谐社会营造了良好的社会文化氛围。

妇联在家庭工作领域有着良好的传统和不可替代的优势，我们始终把家庭作为服务妇女儿童、参与和谐社会建设的重要工作阵地，紧密围绕党和政府中心工作开展和谐家庭创建活动，形成了一系列独具特色、深受广大家庭欢迎、具有社会影响力的家庭工作品牌。北京市妇联在市委市政府的坚强领导下，坚持将和谐家庭创建工作纳入首都社会建设的整体布局中去思考、去谋划、去推进，创造性地推出了和谐家庭指标体系，开展了和谐家庭建设状况调研，制定了《和谐家庭行动计划》，建立了家庭建设促进会，和谐家庭创建工作呈现出规划科学、形式新颖、内容丰富、特色鲜明的良好局面，涌现出一批传承家庭美德、弘扬时代新风的先进典型和优秀代表，在繁荣社会文化、营造和谐氛围、优化妇女儿童发展环境中发挥了重要作用。

本次北京市和谐家庭建设论坛的举办以及优秀论文的出版，是对首都家庭建设发展成果的一次回顾，同时也是对以家庭和谐促进社会和谐、推动首都经济社会又好又快发展前景的一次展望，具有十分重要的意义。妇联组织要真正成为党开展妇女工作的坚强阵地和深受广大妇女群众信赖和热爱的温暖之家，必须进一步发挥在家庭领域的工作优势，扎扎实实推进和谐家庭建设工作，组织引领广大妇女和家庭成员成为社会主义和谐社会的参与者、创造者和奉献者，以营造家庭和谐促进社会和谐。北京市妇联作为首善之区的妇联组织，要以更新的理念、更高的标准、更扎实的工作开展和谐家庭创建活动，使首都的家庭建设工作始终走在全国各地的前列，为和谐家庭创建提供先进典型和宝贵经验。

一是要以学习思考为基础，推动和谐家庭建设向更高层次发展。随着经济体制、社会结构、利益格局、思想观念的变革与调整，城乡家庭的结构和功能发生了新的变化，必须深入调查研究经济社会发展赋予和谐家庭的新内涵、新要求，提升对家庭建设的理性思考。要将学习与探索相结合，实践与思考相结合，加强对于首都家庭和谐状况的调查研究，总结经验、把握规律，不断完善和谐家庭评价指标体系，提升工作的科学性和针对性；要充分借助首都高端的科研资源和丰富的智力资源，通过举办各种形式的论坛、研讨会、论证会等大力推动婚姻家庭理论研究工作的开展，更加准确地把握新形势下和谐家庭的内涵与外延，探索和谐家庭的价值取向、道德规范和行为标准，构建科学的和谐家庭理论体系，为创建活动提供有力指导。

二是要以开拓创新为动力，丰富和谐家庭建设的时代内

涵。和谐家庭建设的内容并非一成不变，而是与社会的变革、文化的发展、时代的进步紧密联系、息息相关，这就要求我们与时俱进、开拓创新，使和谐家庭建设的内涵在实践中不断丰富与升华。要顺应首都家庭发展变化的趋势，把握家庭的多样化需求，开展形式新颖、内容丰富、情理交融的群众性社会实践活动，提高首都人民的生活质量和幸福程度，使和谐家庭创建活动体现时代性、富于创造性；要树立新理念、开拓新思路、探索新方法，利用首都丰富的信息传播方式和完善的妇女组织网络开展和谐家庭创建活动，不断巩固和发展五好文明家庭、学习型家庭、美德在农家、绿色家庭、廉洁家庭、低碳家庭等工作品牌，使创建活动始终充满生机和活力。

三是要以真情服务为手段，提升和谐家庭建设的工作实效。当前，我国经济社会建设和发展日新月异，人民生活水平不断提高，亿万家庭对于社会公共服务的期望和要求也达到了前所未有的水平。这就要求我们面向家庭、把握需求，紧密围绕妇联的工作宗旨和工作职能开展和谐家庭创建活动，在新型社会管理格局中发挥妇联组织应有的作用。要立足城乡社区、找准工作定位，着力解决家庭成员特别是妇女儿童发展中的重点难点问题，在家庭教育、家政、居家养老等服务中突出妇联工作的亮点和特色，多元化、个性化地满足首都家庭和妇女儿童需求；要以和谐家庭建设的成效服务于和谐社会建设，用家庭成员之间的和谐促进社会人际关系的和谐，用邻里之间的和谐促进社区、村居的和谐，用家庭与环境的和谐促进社会与自然的和谐，推动形成人人相互关爱、家家幸福安康、社会和谐发展的良好局面。

和谐家庭建设是时代赋予我们的历史任务，需要各方面力量的参与，形成最广泛的社会合力。希望北京市委市政府和各有关方面一如既往地重视和支持和谐家庭建设，从资源配置、环境优化、舆论引导等层面给予支持、提供保障；希望首都各位专家学者更加密切地关注妇女儿童发展和婚姻家庭领域的理论研究，为和谐家庭建设出谋划策、贡献才智。让我们同心协力、扎实工作、锐意进取，共促和谐社会、共建和谐家庭、共享幸福生活，努力开创更加灿烂美好的明天！

全国妇联书记处书记　张静

2010年10月

序　三

家庭是社会的细胞，具有联结社会情感、培育社会美德、传承社会文化、维护社会稳定的重要功能。家庭建设是提升城市凝聚力、生命力、创新力的重要抓手，也是实现“人文北京、科技北京、绿色北京”发展战略的基础环节。

北京市高度重视家庭对于提升城市发展力的重要作用，在市委的坚强领导和全国妇联的亲切关怀下，我们努力把握北京经济社会发展的科学定位，深入研究北京社会转型期新特点、新趋势，认真分析北京作为历史名城与国际都市所独有的兼容并蓄、传统与现代交融的城市文化，进而科学谋划和谐家庭建设工作的新定位、新思路，不断深化和谐家庭建设的新内涵、新理念，通过广泛调研家庭多样化的现实需求来探索和谐家庭建设的新手段、新举措，通过全面了解城乡居民多元化的生活方式创建和谐家庭建设的新载体、新品牌，开展丰富多彩的群众性创建活动、提供不同形式的婚姻家庭服务，不断充实首都市民的精神文化生活，提升首都市民的家庭幸福感，营造为共建首善之区而开拓进取的社会氛围，凝聚为推动科学发展而共同奋斗的精神力量。和谐家庭建设的独特作用得到了进一步的凸显，成为首都城市发展中一道亮丽的风景线。

在北京市和谐家庭建设论坛上，我们深入研究了首都城市发展对和谐家庭建设提出的目标和要求，深入总结了近年来首都和谐家庭创建工作的有效机制和实践经验，深入探讨了在新形势下更好地开展和谐家庭建设的路径和方法。因此，本次论坛既是一个展示家庭建设研究成果、交流实践经验的舞台，更为我们提供了一个科学谋划、整体推进和谐家庭建设工作的良好契机。通过本次论坛，我们在妇联组织的研究体系和各个专业性女性的研究机构之间建立了资源共享的机制，在和谐家庭建设的理论和实践之间构筑了良性互动的桥梁，在首都优质智力资源和基层群众工作之间搭建了紧密合作的平台。集结本次论坛的优秀研究成果编辑出版，必将进一步推动对于和谐家庭建设的重大理论和现实问题的研究，促进交流研讨，加快成果转化，增强研究活力，多层次、多方面拓展家庭建设的思路，更好地为和谐家庭创建工作提供有力的理论指导，为首都妇女儿童事业的发展提供强大的智力支持。

"天下之本在国，国之本在家。"家庭所承载的东西很多、很重，关系着每个人的幸福，关系着国家和社会的和谐安定。让我们携起手来，以家庭和谐促进社会和谐、以家庭建设推动首都经济社会建设，以家庭幸福带动人的全面发展，在加快实施"人文北京、科技北京、绿色北京"的伟大进程中，共同谱写和谐家庭建设的美丽篇章，共同创造首都科学发展的新辉煌！

北京市妇联党组书记、主席

2010年10月

目　录

特　稿

家庭理论研究的回顾与展望

家庭教育的理论与实践

和谐家庭创建的探索与创新

特稿

建和谐家庭　享幸福生活

赵津芳

家庭是社会的细胞，家庭和谐是社会和谐的基石。推进家庭和谐，有助于推动社会主义先进文化之都、和谐宜居之都的建设进程。全面调研并科学分析首都和谐家庭建设面临的形势和挑战，切实了解妇女对和谐家庭建设的需求，采取积极措施帮助妇女不断提高生活质量，对于加快实施“人文北京、科技北京、绿色北京”发展战略具有重要的意义。

一、新时期北京家庭的新特点

当前，首都经济社会发展日新月异，社会流动越加频繁，交流交往不断扩大，城乡家庭的结构和功能发生了新的变化，呈现出新的特点；和谐家庭建设面临着新的机遇和挑战，责任和使命也更加重大。

（一）北京经济、社会、文化持续快速发展为首都和谐家庭建设提供了良好的发展环境

快速发展的城市经济为和谐家庭建设奠定了坚实基础。近年来，首都科技智力资源优势日益彰显，经济增长方式进一步转变，自主创新能力不断提升，产业结构持续优化升级，城市布局得到了优化调整。2010 年上半年，北京市生产总值达到 6 372.6 亿元，比上年同期增长了 12%。首都经济保持了快速发展的势头，为和谐家庭建设提供了良好的经济环境。

日益完善的社会保障体系为和谐家庭建设提供了有力保证。首都社会建设成效显著，基本公共服务均等化步伐进一步加大，公共教

育体系、医疗卫生服务体系、社会养老体系等各项社会保障的统筹协调水平不断提升，社会覆盖面不断扩大，逐步实现了城乡居民的“学有所教”、“病有所医”、“老有所养”，为首都家庭的幸福和谐提供了稳定的社会环境。

兼容并蓄的城市文化为首都和谐家庭建设赋予了丰富内涵。北京集历史古都与现代都市于一体，历史沉淀的雍容大度、稳重宽容的中国传统文化与现代城市文明在这里兼容并包、相互融合，形成了北京更具有亲和力、包容性、吸引力的城市特点，促成了北京居民热情好客、包容大度、奋发进取、文明时尚的价值取向和性格特征，为首都的和谐家庭建设提供了独具特色的文化环境。

（二）城乡居民家庭生活品质不断充实，内容层次不断丰富，和谐家庭建设的内在要素日益优化

女性综合素质显著提升，在家庭中的地位作用更加突出。女性在和谐家庭建设中发挥着不可替代的作用，在夫妻关系、亲子沟通、孝老敬亲、邻里和谐等方面扮演着积极的角色。随着首都经济社会的发展和城乡家庭经济收入的提高，女性的综合素质不断提升，对自身发展和自我价值现实的追求更加强烈。收入的快速增长和素质的不断提高，提升了女性在家庭中的地位和作用，对家庭关系的和谐产生了积极的影响。

城乡居民追求家庭和谐、生活幸福的目标更为明确，对生活品质的要求进一步提高。经济社会生活水平和城乡居民素质的提高，为人们追求家庭和谐和生活幸福奠定了基础。首都市民对于家庭和谐的需要是多层次、多维度、多方面的，在追求家庭关系内部的和睦的同时，也把家庭与社区环境的和谐以及家庭与自然环境的和谐摆在了重要位置。

首都家庭的精神风貌随着时代的发展更加积极向上，生活态度伴随社会的进步愈发乐观进取。首都经济社会的开放程度日益扩大，城乡居民的视野日益开阔、现代意识日益增强，更加重视对个人和家庭整体素质的提升，这突出表现在家庭成员学习意识的增强和对子女教育的重视上。自觉学习，共同进步，不断提高全体家庭成员的素质已经成为首都家庭追求的目标。

二、北京家庭建设面临的新问题

(一)建设"人文北京、科技北京、绿色北京"对首都女性的综合素质和发展能力提出了更高要求

实现首都经济社会持续稳定快速发展,需要一批勤于学习、善于思考、敢于创新的高素质劳动者和建设者;而目前首都女性的素质和能力与这一标准尚有一定距离,京郊女性尤为突出。女性受教育水平和人力资本投入的不足直接影响了女性就业能力的发展和个人收入水平的提高,削弱了妇女就业的竞争能力,限制了妇女就业的岗位和层次,对女性在首都经济社会发展中作用的发挥产生了不利影响。

(二)首都家庭高层次的生活追求和多样化的社会需要对现有的婚姻家庭社会服务模式提出了更高要求

面对着社会的快速发展和激烈的市场竞争,人们的工作和生活愈加紧张和忙碌;社会的现代化转型和居住空间的分散、独立,传统的由家庭所承担的家政、养老、教子、心理调试等功能逐渐被剥离出来,更多地成为了社会责任。在社会分工不断细化和社会流动更加频繁的今天,首都城乡居民对婚姻家庭服务的需要更加多元化、个性化,而当前相关社会服务的发展明显滞后,从数量上和质量上都难以满足广大家庭的需要。

(三)城乡居民日益扩大的精神文化空间对和谐家庭创建活动的工作思路和工作模式提出了更高要求

作为经济文化中心和国际大都市,北京吸纳了来自全国各地、世界各地不同民族、不同种族的人群,核心家庭、主干家庭等传统家庭模式与丁克家庭、跨国家庭、空巢家庭、留守家庭等非传统家庭模式共存共融,家庭结构形式多样,家庭文化异彩纷呈,城乡居民的精神文化需求空前高涨。和谐家庭创建工作只有不断创新思路,扩展方法,才能满足更多家庭的需求。

三、全面推进北京市和谐家庭建设的新思考

推进和谐家庭建设是一项综合的系统工程,既要发挥家庭的主体作用,更要发挥政府的主导作用和群团组织的组织引导作用。妇联作为党和政府联系妇女群众的桥梁和纽带,在构建和谐家庭中具有独特

的优势，发挥着不可替代的作用。一是妇联组织从建立之初就与广大妇女有着天然的、不可分割的内在联系，能为和谐家庭建设奠定坚实的群众基础；二是妇联组织在积极参与家庭关系协调、家庭矛盾化解等基础性工作方面具有丰富的工作经验；三是妇联组织可以通过发挥民主参与、民主监督职责，使党和政府的社情民意反馈渠道更加畅通；四是妇联组织拥有健全的组织网络，在参与基层社会建设和管理方面与政府及其他社会组织之间形成了优势互补、良性的互动关系。在推动和谐家庭建设的过程中，妇联组织要围绕工作职能和工作宗旨，发掘资源，发挥优势，开拓创新，真正成为首都家庭和广大妇女信赖和热爱的温暖之家。

（一）依托首都经济社会发展的良好局面，提高女性对家庭和社会的贡献，共同巩固和谐家庭的基础

一是要适应首都经济发展要求，在巩固基础教育的同时，针对不同层次、不同类型的女性群体开展多层面的教育培训，使女性的综合素质逐步提高，从而影响家庭的整体学习氛围，以女性的文明进步来带动家庭的进步，推动首都经济社会的和谐发展。

二是要适应经济结构调整、产业结构升级的发展形势，通过争取政策支持、加强职业培训、发展小额贷款贴息、扶持妇女创业就业基地和行业协会等服务手段，鼓励并引导妇女积极参加自主创新性强、附加值高的生产经营劳动，开辟多种渠道为妇女贡献首都建设和发展搭建平台。

三是要适应现代社会和家庭的发展需求，不断提高家庭社会化服务程度，使更多的女性尤其是高层次女性从家务中解脱出来，更好地平衡家庭和事业的关系，解决职业女性的后顾之忧，为女性追求专业发展、职业进步创造优越条件，提供良好环境。

（二）结合首都社会建设的不断进步，探索新时期有效开展家庭建设的规律和方法，共同推动和谐家庭建设的发展

一是广泛调研，摸清首都家庭发展中的客观需求。要立足于分析研究城乡居民需求的复杂性和多样性，深入基层，贴近群众，广泛调研，全面了解和把握不同家庭在发展中的现实状况和面临问题，为更好地提供服务、开展工作奠定基础。

二是整合资源，加大服务首都家庭的工作力度。充分发挥社会建设枢纽型组织的作用，发动社会资源、整合社会力量，切实提高综合维

权、创业就业、教育培训、家庭教育、家政信息、社区文化、婚姻家庭、帮扶救助等"八项服务"的质量和层次，为提升城乡居民的生活品质和家庭幸福感而努力。

三是多措并举，提升首都家庭应对社会风险的信心。充分利用现有的工作协调机制和政策平台，发挥妇女儿童发展基金的作用，开展有针对性的公益项目，通过"两癌"筛查、"暖流行动"、"绿叶行动"、"新蕊计划"等有效形式为困难家庭争取更多的社会支持，让更多的家庭有能力、有信心应对突如其来的社会风险。

（三）围绕和谐家庭创建行动计划，不断丰富家庭的文化内涵，共同提升和谐家庭的品质

一是积极培育良好的家庭文化氛围。家庭文化氛围与知识传承是家庭文化传承的直接表现。要不断丰富手段、创新载体，利用大众读书会、"北京妇女网"读书学习专栏、"送你一缕书香"女性读书主题活动等平台，使健康和谐的家庭文化成为首都家庭成员之间情感的"黏合剂"，使家真正成为每一位家人精神的归宿和心灵的港湾。

二是大力倡导文明健康的家庭生活方式。"和谐"不仅仅是一种价值观念和思维方式，更表现在家庭实践活动的方方面面。要坚持以文明健康的现代家庭理念引领和谐家庭创建，开展"低碳生活在我家"等主题宣传活动，引领广大家庭树立科学的发展意识和文明的生活理念，拥有艰苦朴素、勤俭持家、爱护环境等积极的生活方式，为建设和谐家庭提供动力和源泉。

三是倡扬邻里和睦、热心公益的家庭社会观念。所谓和谐家庭，其内涵绝对不仅限于家庭成员之间，更是体现在对他人、对社会的责任与奉献。要通过开展群众性精神文明创建活动和社区公益行动，大力倡导互帮互助、团结友善、相互尊重的邻里和睦关系，以家庭和谐带动社区和谐，进而推动社会的整体和谐。

安居乐业是每个家庭的美好愿望和共同追求，让所有姐妹拥有幸福的生活、让所有孩子拥有快乐的童年是我们工作的动力所在。让我们携手并肩，为了建设我们共同居住的美好家园，为了创造北京更加灿烂的明天而奋斗！

（作者单位：北京市妇联）

家庭理论研究的回顾与展望

1980年以来北京城市家庭变迁研究的检视

杨善华

从社会学视角看，对北京城市家庭的研究基本上是与中国社会学的恢复和重建同步的。1999年，即社会学在中国恢复与重建20年的时候，中国社会学的老前辈、家庭社会学研究的元老雷洁琼教授写了《家庭社会学二十年》一文（见《社会学研究》2000年第6期），回顾了家庭社会学的发展背景："这20年，是国家实行'改革开放'的方针政策的20年，是由计划经济向社会主义市场经济转型的20年，是中国大陆社会因此发生巨大而深刻变迁的20年。中国社会的这种变迁，对中国的社会学者而言是难得的机遇——他们因此获得了参与、近距离观察和研究正在急剧变迁的中国社会的机会。"雷洁琼教授接着指出，家庭社会学研究"从一开始就恪守这样的宗旨，即以认识中国城乡家庭的现状，认识和揭示家庭与社会所发生的相互作用及它在社会影响下自身演变的规律为目标，从而体现了中国家庭社会学工作者的社会责任感，他们对普通城乡家庭和居民的关怀和他们的学术良心。"对北京城市家庭的研究基本上就是循沿这样的宗旨一步步走过来的。

一、起步

1982年的武汉社会学年会决定了《五城市家庭研究》的立项。该项目由雷洁琼教授担任学术指导，费孝通教授担任顾问。项目采取整群立意抽样的方法，在北京、上海、天津、南京以及成都五个城市共抽取了八个居委会，调查这些居委会家庭户中所有的已婚妇女。其中北京市调查的是宣武区椿树街道东河沿居委会（调查了575个家庭中

745 名已婚妇女)与朝阳区团结湖街道团结湖居委会(调查了 505 个家庭中 559 名已婚妇女)。

至 1982 年底,参加课题的各地研究人员完成了问卷调查以及随后的编码工作。根据课题组的统计,在五个城市中一共调查了八个居委会、4 385 个家庭,5 057 名已婚妇女(有些家庭中有两名已婚妇女,比如婆媳)。[①] 所得的数据资料都由电脑来完成录入、改错和统计分析。这应该说是中国大陆社会学恢复以来使用微型电子计算机来处理这样大型的社会调查所取得的数据资料的较早的一次尝试(这也是中国社会学研究开始与国际接轨的一个标志)。

由于没有相应的研究积累,所以这次调查等于是白手起家,目的是收集有关城市家庭与婚姻方面的基本资料。五城市家庭研究的成果最后反映在《中国城市家庭》(山东人民出版社 1985 年出版)、《中国婚姻家庭研究》(社会科学文献出版社 1987 年出版)、《中国城市婚姻与家庭》(山东人民出版社 1987 年出版)及《中国城市家庭——五城市家庭调查双变量和三变量资料汇编》(社会科学文献出版社 1991 年出版)等书中。

二、七城市家庭研究与北京调查

1992 年冬,由中国社会科学院社会学研究所牵头,北京、上海、南京、成都、兰州、哈尔滨与广州参与,开始启动“七城市家庭研究”(即《当代中国城市家庭研究》)项目。项目聘请雷洁琼教授担任学术指导,在北京、成都等地都依靠市区妇联来开展调查。“七城市家庭研究”与“五城市家庭研究”相比,在很多方面做了改进。比如,它在总结以往家庭研究发现的基础上建立了一个相当完整的理论假设,并且在抽样方法上有重大改变,即它变“五城市家庭研究”的立意整群抽样为分层多段概率抽样的方法,使调查获得的资料至少在次级样本(即七个城市自身)的层次上能够做统计推论,同时由于考虑到城市分布的地区代表性,对需调查的城市也做了调整,这样就使各个城市的资料能做一个地理区域之间的比较。而这种地理区域的比较背后则隐含着一个改革开放导致的社会变迁在我国东部和西部、沿海和内地之间存在着一种速度差别并且这种差别会导致各地家庭变迁的程度差别

① 五城市家庭研究项目组.中国城市家庭.济南:山东人民出版社,1985:2.

的预设。由于所选择的城市的地区代表性，这种比较的结果也可大致得到对中国大城市家庭现状和变迁的一个概貌式的把握。

20世纪90年代，中国社会开始由计划经济向社会主义市场经济转型。对这一社会转型我们曾做过这样的概述：转型对社会而言，意味着资源的重组和再分配及市场竞争机制的建立；对个人而言，这意味着城镇的老百姓将永远告别“铁饭碗”的时代，浮沉于市场经济的大海，面对由此带来的一切风险，同时也面对比以前更多的机会。与相当多的国有企业不景气同时并存的则是民营企业、合资和外资企业的进一步发展。可以说，这是城市社会进一步分化的一个前提。从此以后，城市居民发现他们自己正在日益远离稳定和可预期的生活，生活似乎开始变得捉摸不定和无法预期。在一部分人富裕起来的同时，也有一部分人发现他们与别人比正变得日益贫困。而对于愿意且有机会致富的人来说，他们发现享受更好的生活的同时也意味着更多的付出，所以他们在品尝生活的丰富的同时也必然要体会生活的艰辛。总体上说，当今中国社会的现实概括起来就是变动和分化。

由此背景出发，“七城市家庭研究”的一个总体理论框架可以做这样一个表述：对于家庭的主要成员来说，城市经济体制改革带来的经济发展使他们当中绝大多数人的收入有了程度不同的提高，从而使他们所在家庭的收入的总体水平也有了相应的变化，不少家庭的收入大幅度增长；而主要由企业或其他种类的“单位”经济效益不同带来的收入分化也程度不同地导致了家庭成员收入的分化。另一方面，城市中多种经济成分并存，私有制企业、三资企业的发展以及第三产业的发展，创造了大量新的就业位置，使个人职业流动从无到有，从少到多。家庭成员的职业分布与社会地位也发生了相应的变化。收入分化与由社会流动带来的收入变化改变了家庭成员原来的收入格局，特别是作为家庭核心成员夫妻的收入结构，与此同时，随着市场经济的发展，家庭成员的价值观念也发生了很大的变化。可以说城市经济体制改革导致的社会变迁对城市家庭的影响，首先在于改变家庭的收入水平与收入格局，改变家庭成员的职业及与此相连的家庭成员的社会地位及改变家庭成员的价值观念。这三方面的变化进而影响到家庭的各个方面——家庭的诸项功能、家庭结构与家庭关系。在这里，家庭的收入水平与收入格局、家庭成员的职业与社会地位、家庭成员的价值观念是中间环节，即是由社会到家庭的一个进入口。而在这10年中变化最显著也最快的则是家庭的消费功能。

北京的调查就是在这样的背景下展开的。分课题组采取分级随机抽样的方法在北京市区抽取 800 个有已婚妇女的家庭。步骤是先在 8 个城近郊区中抽取东城、西城、宣武、海淀和朝阳 5 个区，再在这 5 个区中抽取东华门、展览路、福绥境、广安门内、大栅栏、双榆树、羊坊店、紫竹院、和平街、三里屯等 10 个街道办事处，又从这些街道办事处中抽取 37 个居委会，然后在各居委会中按等距抽样的方法抽取或 23 户或 20 户居民户(家庭)作为入户访谈的对象。由于这次调查尝试用夫妻对卷的方法来考察夫妻关系，所以每户都选取一名已婚妇女和她们健在的丈夫来填答问卷。由于在 1982 年的调查点东河沿居委会也选取了少量居民户中的已婚妇女和她们的丈夫进行调查以与 1982 年的资料做比较，所以北京市最后实际调查已婚妇女 823 人(其中的 554 人还同时调查了她们的丈夫)。

统计结果表明，从家庭结构和规模看，北京的家庭平均人口数为 3.53(人)，标准差为 1.31(人)。而 2009 年的调查显示，家庭平均人口数为 3.26(人)，标准差为 0.94(人)，很明显可以看到一个变小的趋势。

从婚后居处看，1993 年的调查，选择住男家的有 40.91%，选择住女家的有 5.77%，选择独立门户的有 44.84%，两地分居的有 6.63%，选择其他的有 1.84%(N=814)；2009 年的数据，住男家的占 40.4%，住女家的占 8.9%，独立门户的占 48.7%，其他占 2.0%(N=790)。两者相比，很明显可以看到 2009 年的调查两地分居的没有了，独立门户和住女家的比例则有一定升高。

再看夫妻收入，1992 年，北京丈夫的平均月收入是 326.60 元，标准差是 217.18 元；妻子的对应数据分别是 233.55 元，133.59 元。这表明，与以往计划经济年代男女职工同级同酬差别不大的状况，1992 年夫妻平均月收入已经出现了性别倾斜，也就是说夫妻的月收入出现了分化。标准差则表明，即使在丈夫中间或妻子中间，收入也出现了分化。[①]

---

①沈崇麟，杨善华. 当代中国城市家庭研究. 北京：中国社会科学出版社，1985.

三、中国家庭的城乡比较研究

在20世纪90年代中期之后，中国城乡的经济体制改革进入了一个关键时期。这个时期的一个显著特征是，由于向社会主义市场经济体制转型导致原有体制的一些结构性痼疾的充分暴露，从而引发了一些深层次的矛盾。这些矛盾，既有经济体制和经济结构方面的，也有社会分层和行政区域方面的。对中国的经济体制改革来说，它们都是我们必须面对和必须解决的问题。这些问题的表现形式可能多种多样，但归根结底都是资源如何更合理有效的配置和如何根据社会公平的原则去调整已有的利益格局的问题。正因为如此，经济体制改革才会在这样广的范围之中涉及那么多人的切身利益。对于中国城市的普通老百姓来说，他们发现他们将面对一个具有越来越高的不确定性的社会。

与此同时，区域与群体的分化也影响到在区域与群体中生活的个人。个人之间（亦包括家庭之间）也出现了明显的分化。贫富的差距不仅体现在区域与区域和群体与群体之间，同时也体现在生活于不同区域和群体之中的个人之间，包括生活于同一区域和群体中的个人之间。这样一种分化是在城乡社会中生活的每一个人都能感觉到的。在城市中，人们看到这样的分化首先体现在体制内外的不同个人之间，即在国有制和非国有制的企业、在新兴产业（如计算机与网络）和传统产业中工作的个人之间。其次分化也体现在同一体制内的不同部门工作的个人之间。

因此，在这样的社会背景下，20世纪90年代中后期之后的中国城市家庭，基本上仍沿着上述假设中提出的方向与目标实现其变迁。从宏观社会背景看，城市社会向社会主义市场经济转型的趋势已不可逆转，社会经济的运行已带有明显的社会主义市场经济的特征。随之而来的是处于不同地区中的各个城市以及城市中的各类企事业单位之间更剧烈的竞争和分化。这种竞争和分化的一个结果是一批国有企业中的职工的“下岗”和因企业不景气导致结构性失业。这使由单位效益不同导致的不同地区的家庭之间、同一城市的不同家庭之间或者同一家庭的不同成员之间的收入分化更为显著，从而强化了不同家庭之间的收入分化及原有的家庭收入格局的性别与代际变动的趋势。

与20世纪80年代相比，大城市中的居民增强了市场经济的意识与市场风险的意识，如果说购买商品住房或汽车除了财产积累外还带有一种消费上的考虑，那么投资于股票或证券市场则是这种市场经济意识与市场风险意识的明显表现。总之，20世纪90年代以来的中国城市(尤其是大城市)中的居民更深切地感到自己生活在一种变幻的、不确定的环境中，与周围人的竞争与攀比使他们时时感受到生活的压力。

上面的分析即是《中国家庭的城乡比较研究》这一项目实施前我们对中国社会变迁的判断和理论准备。

2008年，北京大学社会学系教授杨善华和中国社会科学院社会学研究所研究员沈崇麟与北京市妇联领导及相关人员商议，拟在北京市开展一次新的婚姻家庭调查，将此作为一个与市妇联的合作项目，得到市妇联的大力支持。该项目作为《中国家庭的城乡比较研究》的一个子课题由此进入实施阶段。

北京调查的总体是城八区(东城区、西城区、崇文区、宣武区、朝阳区、海淀区、丰台区和石景山区)年龄在60岁以下的城市已婚人口，调查采用多级的P.P.S.抽样，北京调查分办事处、居委会和户三级。朝阳区抽取的是南路西里社区和南平里社区(以上为机场街道)，朝阳公园社区和霞光里(以上为麦子店街道)，三源里和静安里(以上为左家庄街道)，劲松西社区和八棵杨社区(以上为劲松街道)，安慧里南社区和京民里社区(以上为亚运村社区)；东城区抽取的是二区和青年湖(以上为和平里街道)，魏家和钟鼓(以上为景山街道)；崇文区(原)抽取的是革新里和天天家园(以上为永外街道)；西城区抽取的是北顺和玉桃园(以上为新街口街道)；宣武区(原)抽取的是留学路和天桥小区(以上为天桥街道)，红居街社区和马中里社区(以上为广外街道)；海淀区抽取的是学知园和北科大(以上为学院路街道)，西楼和蓝旗营(以上为清华园街道)，苏州街路社区和紫金庄园社区(以上为海淀街道)，建设部社区和工运学院社区(以上为甘家口街道)，二街坊东社区和五街坊社区(以上为永定路街道)；丰台区抽取的是果园和海户屯(以上为大红门街道)，开阳里第四社区和西铁营(以上为右安门街道)，莲怡园社区和丰台路口社区(以上为卢沟桥街道)，石景山区抽取的是西里社区和何家坟社区(老山街道)。这些加在一起是 20 个办事处和 40 个居委会,然后在每个居委会中采用等距抽样的方法抽出 20 户,在每户中以生日最靠近 7 月 1 日的原则在已婚者中抽取调查对象。北京的调查由各社区居委会的干部(主要是妇联干部)作为调查员,采用入户访问填写问卷的方式完成,调查从 2009 年 6 月开始,历时约 3 个月。在复查核实之后,我们回收了全部问卷,在北京统一进行编码。在编码过程中再一次对问卷进行复核。全部问卷的编码工作于 2009 年底完成。

数据录入工作于 2010 年初开始,历时 3 个月。在全部数据录入完成之后,我们又用了 2 个多月的时间,对数据进行深度的一致性检验。检验中发现的问题均对照原始问卷的记录,一一加以纠正。最终于 2010 年 5 月中下旬,完成全部的数据整理编辑,生成了本次调查清洁的原始数据。

以下是根据原始数据得到的一些基本统计结果(表 1 至表 4)。

表 1　回答人性别分布

项目	男	女	总计
人数	343	457	800
百分比	42.88	57.12	100.00

表 1 表明,北京调查得到的样本,女性的比例要略高于男性。因为没有北京市这方面的总体数据,所以我们无法估计这里边的偏差,但是根据人口学的规律我们可以认为这个误差不大。

表 2　回答人年龄分布

年龄组	25 以下	25～30	31～35	36～40	41～45	46～50	51～55	56 以上	总计
频数	2	22	48	95	89	161	206	177	800
百分比	0.25	2.75	6.00	11.88	11.13	20.13	25.75	22.13	100.00

表 2 把年龄分为 8 组。除年龄最低和最高的组之外,其余各组的组距是 5 岁。合计数字显示,本次调查中老年人较多(年龄在 40 岁以上),从总计数字看几乎占了 90%,青年较少(年龄在 34 岁以下),仅为 10%。

表 3　回答人婚姻情况　　%

本人目前婚姻状况	男		女		总计	平均
初婚	314	91.55	403	88.18	717	89.63
离婚	10	2.92	26	5.69	36	4.50
离婚再婚	14	4.08	10	2.19	24	3.00
丧偶	4	1.17	17	3.72	21	2.63
丧偶再婚	1	0.29	1	0.22	2	0.25
总计	343	100.00	457	100.00	800	100.00

表 4　不同结婚年代男性回答人与其配偶的平均婚龄

调查对象	初婚年代								平均	总计
	—1979		1980—1986		1987—1999		2000—2009			
回答人	26.23	40	26.68	127	27.39	114	31.98	60	27.79	341
配偶	24.87	39	25.10	122	25.06	108	28.57	60	25.69	329

表 3 显示了北京城区居民家庭基本上是稳定的(这里需要说明的是家庭的稳定并不意味着一定就有高的婚姻质量,这是两个不同的概念)。在 800 个回答人中,目前婚姻状况处于离婚状态的仅 36 人,占总数的 4.50%,而婚姻状况为初婚的占了总数的89.63%,加上离婚再婚和丧偶再婚的 3.25%。目前配偶健在的占了 92.88%。所以,北京城区家庭的实际离婚状况并不像媒体渲染的那么严重。如果将男回答人与女回答人的情况做一比较的话我们就会发现,女回答人中离婚者的比率比起男回答人来还是高了将近 1 倍。当然我们还可以将男回答人和女回答人的离婚再婚的情况做一比较,表 3 显示男性离婚后再婚率比女性高了近 1 倍。我们在实地调查时也发现,由于女性离婚者大都是中年并处在失业或半失业的状态,且其中相当多人甚至还身患疾病,而离婚时通常她们会选择要孩子的抚养权,这就加剧了她们再婚的困难。这就使更多的女性在离婚后一直未能有再婚的机会。

表 4 从平均婚龄这个角度勾勒了北京城区居民家庭的婚姻状况的变化。其中每栏前边的数字是平均婚龄(保留小数点后两位),后边的整数是进入统计的个案数(比如 1979 年和早于 1979 年结婚的男性回答人,平均婚龄是 26.23 岁,进入统计的个案是 40 人)。我们很容易看到男性回答人和其配偶的平均婚龄是一个增长的趋势,而且进入

新世纪后平均婚龄增长的跨度明显加大(由 27.39 岁增加到 31.98 岁,增加了 4 岁多),其配偶的平均婚龄,在 20 世纪的三个年代增长相对平缓(从结婚年代 2 到结婚年代 3 还往下降了 0.04 岁,从总体看,基本在 25.10 岁左右徘徊),但到了新世纪则和其丈夫一样,也有比较明显的增长势头(平均婚龄增加了 3.49 岁)。在《世纪之交的城乡家庭》(沈崇麟、杨善华、李东山主编,中国社会科学出版社 1999 年出版)中我们曾经这样指出:"城市男青年在改革之后结婚越来越晚正说明社会与他们未来的妻子对他们的高期望迫使他们做出更多的努力来保证举行体面的婚礼及婚后体面的家庭生活。"这对北京也同样适用。在日益变成学历社会的城市(比如北京)中,为了这样体面的婚礼和这样体面的婚后家庭生活,男青年作为养家糊口的主力必须和他的父母共同努力来提升自己的社会地位和经济地位,以在社会竞争中挣回自己及自己家庭的面子。而这肯定是需要耗费更多的时间的。当然这是指的结婚成家,而作为推迟婚期的代偿则是社会对婚前同居采取日益宽容的态度。

囿于篇幅,在这里我们只是对这个调查做一个简单的介绍,但是我们已经可以大致看出,北京城区居民家庭正处在这样一个变迁的过程中。在后续的研究中,我们将通过对这次调查得到的数据的分析以及跟 1993 年 7 城市家庭调查中背景资料的比较,更为深入地揭示这个变迁过程,并通过对研究假设的验证来认识和把握变迁中一些带有规律性的东西。

(作者单位:北京大学社会学系)

对老年人家庭照料者的社会性别研究评述

马　焱

一、提出研究问题的背景

人口老龄化是当今世界大多数国家面临的一个公共问题，而我国是目前世界上老年人口最多的国家。根据国家统计局2009年公布的数据，2008年年底我国60岁及以上的老年人口为1.6亿，占全国总人口的11.6%（国家统计局，2009）。预计老年人口总数将进一步增长，到2014年将突破2亿（杜鹏，2005）。据联合国预测，至21世纪上半叶，我国一直是世界上老年人口最多的国家，2014年将达到2亿人，2026年将达到3亿人，2037年超过4亿人，2051年达到最大值，之后一直维持在3亿～4亿人的规模，老龄化形势非常严峻。

随着我国人口老龄化和高龄化趋势的发展，老年人生活照料的需求日益凸显。Kinney(1996)的研究发现，所研究的65岁以上的老人中，将近85%的老人至少有一种慢性病。20%的老人需要洗澡、穿衣、吃饭等日常生活活动的援助；20%的老人需要理财、持家等工具性日常生活活动援助。老人对日常生活照顾的需求是同年龄的增长相伴随的。Morgan和Kunkel (1998) 研究发现，超过85岁的老人，即便没有生病，约25%的老人会表现孱弱。2004年全国人口变动抽样调查结果显示，老年人群的生活自理能力随年龄增长不断下降，60岁及以上的老年人生活不能自理的比例达到8.9%，年龄超过80岁的高龄老年人群中，老年人生活不能自理的比例超过20%，而且，随着年龄的增加这一比例迅速上升，在90岁及以上的人群中约有50%的老年人生活不能自理。2006 年城乡老年人口生活状况调查结果显示，在各项基本的日常生活能力中，有一项存在困难的老年人占总体老年人口的比重为 10.2％(杜鹏，2010)。随着中国人口老龄化趋势的加剧和人口预期寿命的持续延长，生活自理缺失的老年人群的规模也将不断扩大，失能后的存活时间将进一步延长。有学者对比 1994 年和 2000 年老年人群的生活自理能力及其健康预期寿命的变化趋势发现，中国老年人群的老年残障呈现扩张的模式，其处于不能生活自理的时间呈上升趋势，由此导致他们对长期照料需求不断增加，家庭和社会照料失能老人的负担将会进一步加重(杜鹏，2010)。

我国是一个“孝”文化侵染的国家，加之社会养老资源不足，家庭养老仍是我国多数老年人目前和今后较长时间主要的养老模式。从老年人口的户居状况，也可以看出老年人口对家庭养老的依赖。1982 年、1990 年、2000 年、2005 年人口普查和抽样调查的数据显示，尽管与后代共同生活的 65 岁及以上的老年人口比例基本上都处于减少趋势，生活于空巢家庭户的老年人口比例处于上升趋势，但是至今传统多代家庭模式仍占据主要地位。尤其是 80 岁及以上的高龄老人中，与后代同住的比例尽管从 1990 年的 79.38％下降到 2005 年的 72.24％，其所占比例仍然在各种户类型中占有绝对优势。这表明了当前高龄老人对家庭养老的高度依赖。从老年人的意愿来看，大多数老年人选择在家中养老。据 1999 年“上海市生活不能自理老人家庭照料和支持”的调查显示，有 72.4％ 的老人希望在家养老(夏鸣、魏一，2003)。

家庭养老主要包括经济供养、生活照料、精神慰藉等三大方面，本文主要侧重分析生活照料。在当前家务劳动社会化程度较低的情况下，对老年人的生活照料主要还是由家庭成员来提供。

传统的观念认为“养儿防老”、“老来从子”，这是父系父权制中对男性的强调。男性成年子女早被文化规范指派为照顾双亲的主要家庭成员。在我国“养儿防老”的观念，更被直接解释为养育“儿子”而非“女儿”来作为其老年生活的保证(费孝通，1985)。所以，儿子首先被认为是老年人的主要照顾者。一些调查则呼应了这种观念。如袁方及鄢盛明(1998)对我国 4 个城市进行的有关家庭与社会如何支持老年家庭成员生活的大型调查指出，老年体弱父母认为儿子不论在身体照料、情感心事倾诉以及经济依赖上，都较女儿可作出的支持来得可靠。W·T·刘(Liu,1998)对上海市家庭照顾者的研究,也发现女性成年子女为照顾老年父母而投入的时间,并没有显著比男性成年子女多。杨淑慧等(Yu et al.,2000)在广州的调查也曾指出,没有证据显示丧偶或离婚的老年成员必定由成年女儿照顾晚年生活。相反,照料家中老年父母是一项家庭成员共同承担的工作。也有研究者(黄何明雄、周厚萍、龚淑媚,2003)指出,以上研究得悉在家庭照顾者之间,根本就没有对照顾项目进行细致的分工。在实施照料父母的过程中,照顾者往往是根据性别及年龄角色,即以"最恰当"的合作形式,共同承担照顾年老体弱父母日常生活的。

那么,在对老年人的家庭照料方面,是否存在性别差异?到底是谁在担负着照料的重任?它对照料者会产生什么样的影响?本文试图通过对国内外相关文献的梳理,以期对以上问题进行初步探析。

二、概念界定

到目前为止,家庭照顾者尚无统一的概念,2000 年美国家庭照顾者支持法案为家庭照顾者(family caregiver)下的定义是:在居家环境下负责为需要照顾的家庭成员提供生活、情感和经济照顾的人。该法案定义的家庭照顾者主要指与被照顾者有亲缘关系的家庭成员,占全部照顾者的 83%。国家家庭照顾者协会将家庭照顾者定义为扮演照顾患有慢性疾病或因受伤、残疾而生活不能自理角色的人,家庭照顾者可以是配偶、儿女或其他的家庭成员如生活伴侣、子女配偶等,还可以是亲戚、邻居或朋友。与专业护理人员相对,家庭照顾者有时也被称为非正式照顾者(informal caregiver)。在美国,家庭照顾者是长期照顾系统的骨干,其提供的服务占长期照顾服务的 80%,人数超过 4 440 万人,可以是各年龄阶段的成年人,但其平均年龄为 46 岁,有超过一半的家庭照顾者年龄为 18～49 岁。绝大多数家庭照顾者是女性,为照顾者提供基本的日常生活帮助,而其服务大多不需要付费。在我国,对老年家庭照顾者的研究报道不是很多,而且对其定义并没有进行界定。从发表的文献来看,在我国家庭照顾者主要是配偶,其次为子女和子女配偶。

本文的家庭照料者的概念是:在家庭环境下为家中老年人提供日常照料的非正式家庭照料者,主要是指家庭成员(包括老年人配偶、子女及其配偶)。

三、谁在承担着老年人家庭照料的重担?

如前所述,当前我国对老年人尤其是高龄和身有疾病的老年人的生活照料主要还是由家庭成员来提供。那么,从性别的视角看,到底是谁在担负重任呢?

(一)国外相关研究

1.关于照料的性别角色

国外这一领域的文献表明,女性比男性承担更多的照顾责任(Walker,1982)。由于社会性别规范和传统观念的影响,在承担家庭照料的家庭成员中,女性通常是主要的承担者,一般为配偶,女儿和儿媳。有学者指出,研究成年子女照顾者的重要视角之一是要划分为主要照顾者(primary caregiver)和次要照顾者(secondary caregiver)。所谓主要照顾者是指持续地向老人提供照顾的人,他们直接负责满足老人的照顾需求和提供大量的照顾;次要照顾者是指补充性和间断性照顾的提供者,他们大多数是主要照顾者的配偶或者子女。有研究表明,美国提供照料的人群中,75%的人是女性。根据哈罗维兹(Horowitz)针对照顾者性别的研究报告,女性成年子女成为年老体弱父母的主要照顾者的人数,远较男性成年子女为多。

2.基于性别的照料频率

马修斯与罗斯纳(Matthews & Rosner,1988)、斯托勒(Stoller,1990)的调查显示,男性成年子女对体弱年老父母提供的照顾多属偶发性、断续性的援助。至于双亲晚年日常生活中的家务工作,男性成年子女较少作出承担。男性大多只在家庭缺乏女性成员的情况下承担照顾者的职责。

3.基于性别的照料方式

相对来说,男性成年子女普遍于经济开支、葬礼安排、机构接触、庭院工作及家居维修等事务上,扮演具重要价值的决策者及参与者角色(Lopata,1973)。而对老年人进行如喂饭、洗澡等手把手的照料的主要是女性(Francine Conway-Gius-tra, Ann Crowley & Stephen H Gorin,2002)。女性成年子女为年老体弱父母提供的照顾范围,除了穿衣、饮食、洗澡、如厕、休息、屋内走动等日常生活起居外,情感关怀的表达亦是主要的照料工作。帕克斯和佩里萨克(Parks & Pilisuk,1991)则强调以上照顾项目均要求照顾者付出经常性、密集性、情感性的投入。

(二)国内相关研究

1.传统的性别分工与家庭照料的女性化趋势

大量的调查资料显示,在我国对老年人的日常生活照料女性化现象十分明显。这一点我国和西方社会是非常一致的。在对老人日常生活的照料中,女性承担较多的责任,这与传统社会性别分工对两性的界定密切相关,社会对性别角色和分工有着不同的期待。在中国传统的观念中,女性一直是和家庭联系起来的,"男主外,女主内"的思想就是传统社会对女性家庭角色的一种期望,"贤妻良母"型一直是作为中国女性传统的理想形象而得到褒扬。即便是在现代社会,在"男女平等"观念普及的情况下,社会对女性的角色期望仍多是温柔、美丽、文静、善良、富有同情心等,而往往要求男性具有刚强、进取及冒险的特质(刘仲冬,1994)。女性为人女儿、妻子、媳妇、母亲等的生命周期,亦同样跟家庭照顾者有着紧密的联系。相反,为人儿子、丈夫者则基于性别分工的社会规范,较少成为主要照顾者。至于女婿则更是在照顾榜上无名。在此脉络下,家庭照顾老人的课题里,便隐含着性别化的分工形式——繁琐的亲力亲为的家庭任务,成为女性家庭照顾者的主要职责;周边性、临时性的照顾项目,则被塑造为男性的定型工作。性别角色的社会建构,使男性家庭照顾者难于提供表意性的情感支持,这也是构成女性成年子女担任家庭照顾者角色的主要成因。为人丈夫者在男性承担经济照顾工作的角色分配下,把照顾家中老年父母的责任安然交到妻子手中。因此,当男性成年子女负上照顾家中双亲的责任时,妻子才是真正担当日常繁琐生活的主要照顾者。男女正是基于这一性别分工,在个体的生活中,认同并投入参与照顾者这一角色,进一步固化了照顾工作女性化这一事实。

2.女性尤其是儿媳对照料老年父母的贡献

大量的调查资料显示,在我国对老年人的日常生活照料中儿媳的作用非常大。在中国,传统文化里有"养儿防老"的说法。受此影响,男性成年子女往往是老年人理想的家庭照顾者,相当一部分老年人观念上认为照顾老人是儿子的责任。这不过是一种因传统观念而固化了理想模式，它恰恰掩盖了事实本身。费孝通(1985)的研究则提醒我们，男性成年已婚子女虽然承担照顾家中老人的社会责任，但是，其配偶在有关的日常照料工作上才是主要的贡献者。班娟(2005)在研究中指出，在我国农村老年父母多与儿子同住，儿子在老人日常生活照料上起不了多大的作用，他们更大的作用是精神、经济上的依靠，日常生活方面更多依赖儿媳。在农村，已婚的女儿在家庭照顾中的职能弱化，但是作为儿媳的身份使她对婆婆家的事情参与较多，尤其是对老人的照顾。儿媳在农村老年人家庭照顾中占主要地位，儿子则承担起家庭经济来源与家庭重大决策的职责(周云，2003)。在各类家人中，以老人的配偶为主力，特别在他(更多是她)仍有精力和体力照顾时。一旦老人的配偶体力不支，子女则上升为主要照顾提供者。在子女一类中，又清楚地主要包括女儿、女婿、儿子和儿媳。然而，中国传统的养老观念又把女儿和女婿排斥在人选之外，儿子一家则成了名副其实的主力。细观这些供养主力不难看出儿子在老人日常生活照料方面并不起多大的作用，他们更大的作用是精神、经济、甚至面子上的依靠。日常生活方面更多依赖的是儿媳(张友琴，2001)。家中老年体弱父母的晚年往往依照与已婚儿子同住、由媳妇担负日常繁琐身体性照顾的生活模式。事实上，依赖儿媳妇提供工具性的日常生活照顾，亦成为现今国内家庭支持老人所需的大趋势(胡幼慧，1992)。妇女婚后照顾夫家老弱双亲，一直与社会在照顾问题上的“女性化”有着密切的关系：家庭照顾者长久以来大部分都是家中女性。不管是体弱配偶还是年迈父母(包括娘家及夫家)，都主要是由女性亲属承担家庭照顾者的角色。熊跃根(1998)的焦点小组访谈发现，老人子女中女儿、儿媳与父母间的日常互动更为密切，她们对自己父母或公婆的照顾更多体现在对老人生活的关怀上，比如帮父母做家务、陪老人聊天、陪老人外出看病就医等。

3.基于性别的照料方式

在性别角色的分配下，男性在家庭照顾者角色上更多承担了金钱、决策等工作，而女性则被分配了有关情感、身体照顾等繁琐、重复性的任务(胡幼慧，1992)。张桔(2004)的实地调查发现，照顾者女性化是城乡老年人家庭照顾中的一个特点。在城区，家庭中的女性成年子女更多的承担起年老父母的日常生活起居，打扫房屋、清洗被单等事务，而男性成年子女则更多提供物质支持。施耐德与王来华(Schneider & Wang,1994)在天津市家庭照顾者的访查中，亦仔细描绘出女性成年子女是如何承担其家庭照顾者的角色的：日以继夜地从准备合适的膳食，到更换及清洗污秽床铺和衣物，以至清晰记录医护情况和开支，甚至是动员个人社会网络，竭力为双亲提供完善的晚年生活照顾。

王莉莉(2005)采用1999年“北京市老年人生活现状及其需求”抽样调查数据，对老年人的家庭照料进行了定量研究。该研究表明，在女性传统的家庭角色如做饭、管理钱物等方面，女性配偶作为照料者的比例远远大于其他家庭成员；女儿的比例明显大于儿子。在帮助老年人做饭的主要照料者中，女性配偶的比例达到了40.2%，儿子与女儿的比例分别为11.4%和13.4%；在帮助老年人管理钱物的照料者中，女性配偶的比例达到了40.4%，儿子的比例明显大于女儿，分别为23.2%和16.2%。这与其他研究中提到的男性在家庭照顾者角色上更多地承担金钱、决策等工作完全吻合。而在穿脱衣服、室内活动、上厕所等日常生活照料中，女性配偶的作用也较子女明显，达到的比例分别为33.3%、45.5%及33.3%；女儿和儿媳的作用明显超过儿子(图1至图4)。①

四、讨论与思考

以上分析表明，老年人家庭照料中表现出了较强的性别差异，存在较为明显的女性化趋势。我国老龄化程度日益加深，老年人将会逐渐增多，与之相伴的则是越来越多的中青年女性将转向对老年人的照料行列，这难免会影响她们在社会上的拼搏和地位的提高。这样就提出了一个人口老化与妇女地位的关系问题。因此，人口老龄化不仅会对老年女性的生存质量带来很大挑战，对中青年女性的生存与发展也将产生深远影响。研究者有必要挖掘出老年人家庭照料与性别文化之间的互动与联系，不能仅停留在笼统的家庭照顾者这一平面，而是

①北京市老龄问题研究中心. 北京市老年人生活现状及其需求抽样调查原始数据. 1999. 转引自王莉莉. 城市女性家庭成员的非正式支持作用分析. 市场与人口分析，2005年增刊。

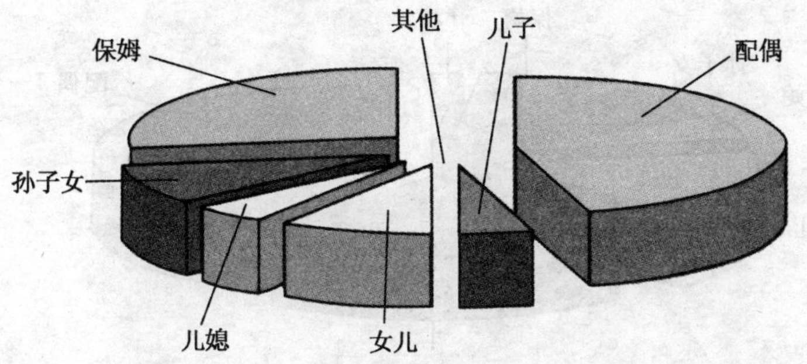

图 1　老年人室内活动的主要照料者

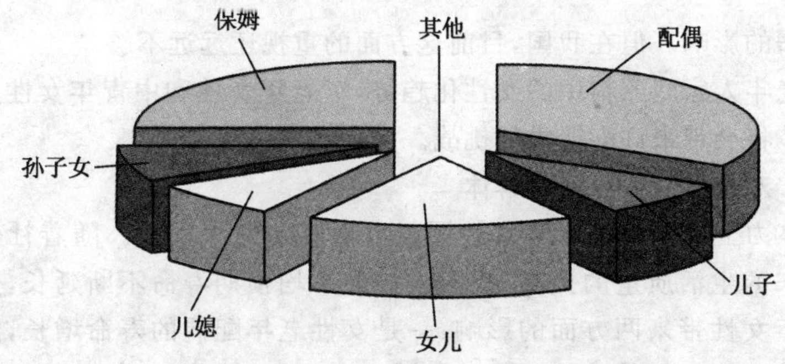

图 2　老年人穿脱衣服的主要照料者

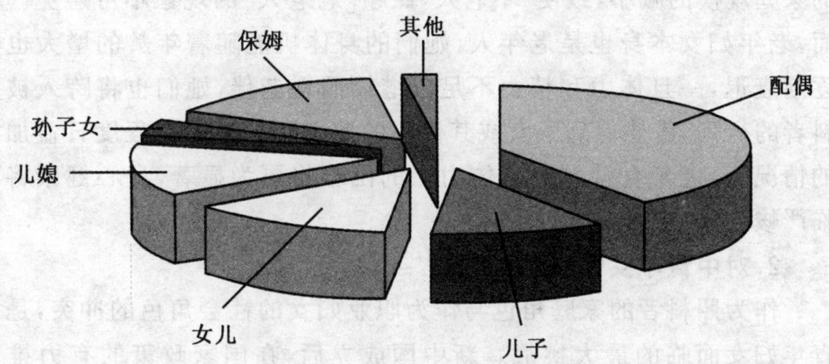

图 3　老年人做饭的主要照料者

要通过性别的棱镜去透视老人与其家庭成员之间的联系，厘清女性照料者在照顾过程中遇到的困难，关注照料工作对她们自身的生存与发

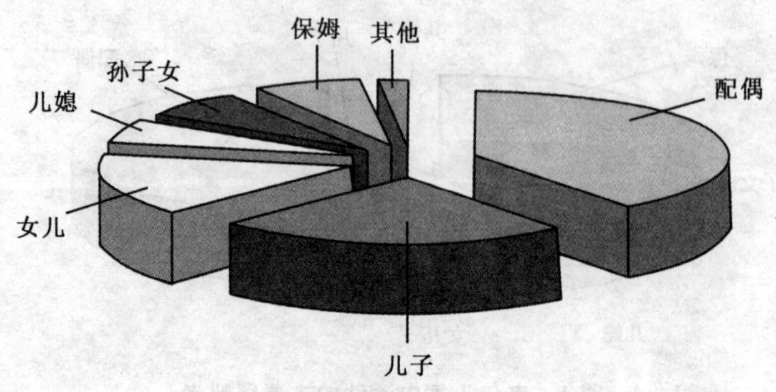

图4 老年人管理钱物的主要照料者

展带来的影响。但在我国,目前这方面的重视还远远不够。

老年人家庭照料中的女性化趋势,对老年女性和中青年女性照料者群体将会带来许多严峻的挑战。

1.对老年女性照料者群体

体力上的困难是老年女性照料者面临的最大挑战。随着社会发展带来的生活质量的提高,我国人口的平均预期寿命不断延长,这将对老年女性带来两方面的影响:一是女性老年配偶的寿命增长,意识着其作为照料提供者的可能性在增大,照料时间将延长;二是预期寿命的延长将会出现两代人都处于老年期的现象,而子女数量减少带来的家庭规模的减小,致使"小老人"照顾"老老人"的现象不可避免。然而,老年妇女本身也是老年人,她们的身体机能随着年龄的增大也在逐渐衰退,一旦体力和精力不足以继续照料老伴,她们也将跨入被照料者的行列,需要得到子女或其他人的照料。在老龄化程度日益加深的情况下,老年女性照料者体力上的困难将更为显著,身心健康将面临严峻考验。

2.对中青年女性照料者群体

作为照料者的家庭角色与作为职业妇女的社会角色的冲突,是中青年妇女面临的最大挑战。新中国成立后,在国家政策的有力推动下,大批妇女走向社会,越来越多的妇女参与到有报酬的社会劳动中来。经过半个多世纪的发展,妇女的有酬劳动的参与率大幅度提高。2006年我国就业人口达7.64亿,其中:女性就业人口有3.47亿,占45.4%,男性就业人口有4.17亿,占54.6%。25~44岁女性人口的劳动力参与率都在76%以上，其中35～39岁年龄组达到了78.5%。如今的妇女已走出家门，为经济增长和社会发展做出了巨大的贡献，但尽管如此，传统的社会性别规范并没有大的转变，女性的高就业率也并没有改变她们作为老年人主要照料者的角色。这样，一个容易被人忽视的问题就摆在了我们面前：当由于生育期缩短而妇女可以更多地和男子一样从事社会劳动的同时，照料老人又将把妇女拉回家中。这必然会对妇女的经济地位和社会地位产生影响。

女性尤其是中年职业女性在老人照料过程中一个突出的特点是她们所具有的"多重角色"，在家里她们可能既是母亲，又同时是女儿和儿媳，对老年父母而言，她们是期待中的照料提供者；在工作岗位中又扮演着不同的角色，可能是职员或负责人。角色理论认为，一个人在社会中往往并不只是扮演一个角色，而是扮演着多重角色。当一个人扮演一个角色或同时扮演许多不同的、有时甚至是互相矛盾的角色时，角色内部或角色之间往往会发生矛盾、对立、抵触和冲突。女性照料者的多重角色使得她们要比一般人承受更多的压力，尤其是"角色丛"(role set)带来的紧张，社会学家总结为"角色张力"(role strain)。她们是被"夹在中间的一代"(the sandwiched genera-tion)，很难有充足的时间和精力在工作和家庭照料之间求得平衡。时间是个常数，加之人的体力和精力有限，用于家庭照料的时间多了，用在工作和学习上的时间必然相对减少，反之亦然(顾宝昌，1998)。这就使她们必须在照料老人与追求事业之间作出抉择，即所谓"忠孝不能两全"。现实生活中，在工作和家庭间忙于奔命，在社会角色和家庭角色转换中心力交瘁，是许多中年女性的生活写照。各种角色的社会期望使得她们在照料老人时往往有力不从心的感觉，并或多或少地认为对老人的照顾影响了她们在其他方面的发展。王梅、夏传玲(1994)"北京中青年家庭养老现状分析"分析结果表明：有8%的男性和10%的女性认为因在生活上照料老人而影响到夫妻感情；14%的男性和15%的女性认为照料老人影响了对子女的关照；而认为影响个人发展的比例女性高于男性4个百分点，高达36%。在这些被调查者中，30～49岁的中年人占到90%以上，其中又以30～39岁的中年人所占比重最大。中年女性由于家庭负担、特别是养老负担，在事业上的"牺牲"或"付出代价"都较男性大。这与人们的日常生活感受是一致的。

美国学者 Francine Conway- Giustra 等对女性照料者进行的研究

表明，家庭照料除了会给女性身心带来巨大的压力，同时也会间接减少她们的经济福利。家庭照料对女性退休以后的生活会产生负面影响。常常是因为家庭照料的需要，很多女性选择了灵活性较强但工资较低的工作，这些工作福利很有限，尤其是退休金很少。更有一些女性因为家庭照料而放弃了工作。美国老年妇女联合会（older women's league）指出，女性因为家庭照料，一生中失去了 550 000 美元的工资以及每年 2 100 美元的社会保障福利（Francine Conway-Giustra. Ann Crow-ley & Stephen H Gorin，2002）。美国对家庭照料负担的研究提出的主观照料负担的评价方法，关注照料者在照料老人时所经历的机体、心理、情感、社会以及经济上的问题。这一评价方法指出，中年及初老期妇女处于“不公平”的社会地位，不仅仅她们的心身健康受到影响，她们的经济收入、生活质量也往往低于其他人群（王梅，1995）。

所有这一切都在提示我们：在审视人口老龄化问题的同时，应该关注到人口老化与妇女地位的关系问题；在考虑解决老年人养老问题的同时，也应该考虑到女性照料者的事业发展的问题。

（作者单位：全国妇联妇女研究所）

参考文献

[1] Liu，W. T. Elder Care Policies in China：the Social Value Foundation Is in the Family，Singapore[M]. Singapore University Press. 1998.

[2] Yu，E. S. H.，S. L. Lai，Z. H. Wen. W. T. Liu. “Caregiving Survey in Guangzhou：A Preliminary Report.” inWho Should Carefor the Elderly：An East-West Value Divide，(eds.) by W. T. Liu *et al*.，Singapore：Singapore University Press. 2000.

[3] The National Family Caregiver Support Act of 2000. [2006-12-22]. http：// www. ageguide. org/pdf/crc-standards. pdf. retrieved.

[4] The White House Conference on Aging. Care for the family caregiver：A place to start. [2005-11-25]. www. caregiving. org.

[5] Greg L，Virginia D，Donna FCC. Family caregiver support[M]. Washington DC：[s. n.]. 2000：12-15.

[6] Whitlatch, C. j., & Neolker, L. S. Caregiving and Caring. In James E. B. (Editor-in-chief). Encyclopedia of Gerontology, Vol. 2. San Diego: Academic Press, 1996.
[7] Matthews, S. H. T. T. Rosner. Shared Filial Responsibility: The Family as Primary Caregiver[J]. Journal of Marriage and the Family. 1998(50).
[8] Lopata, H. Social Relations of Black and White Widowed Women in a Northern Metropolis. American Journal of Sociology, 1973(78).
[9] Brody, E. M. Women in the Middle and Family Help to Older People[J]. The Gerontologist. 1981. 21.
[10] Parks, S. H. M. Pilisuk Caregiver Burden: Gender and Psychological Costs of Caregiving. American Journal of Ortho- psychiatry. 1991, 61:4.
[11] Schneider, J. W. L. Wang. Mother Zhang, Children Du, Daughter Rong: a Story of Women and Caregiving from Tian- jin. in- International Conference on Family and Community Care, Hong Kong: The Hong Kong Council of Social Service. 1994.
[12] 国家统计局社会和科技统计司. 中国社会中的女人和男人——事实和数据. 2005 年全国 1%人口抽样调查资料.
[13] 班娟. 城市家庭内照顾老人者群体的社区支持服务. 吉林广播电视大学学报, 2005(2).
[14] 费孝通. 家庭结构变动中的老年赡养问题//金耀基. 现代化与中国文化研讨会论文汇编. 香港:香港中文大学社会科学院暨研究所, 1985.
[15] 顾宝昌. 综论中国人口态势——与实践的对话. 上海:上海社会科学院出版社, 1998.
[16] 郭志刚. 人口与家庭户变化对家庭养老的影响. 中国社会服务政策与家庭福利国际研讨会论文集, 2008.
[17] 胡幼慧. 两性与老人照顾. 社区发展, 1992(58).
[18] 黄何明雄, 周厚萍, 龚淑媚. 老年父母家庭照顾中的性别研究概观——以香港的个案研究为例. 社会学研究, 2003(1).
[19] 刘仲冬. 我国的女性照顾者. 妇女研究通讯, 1994.

[20] 唐咏. 广州高龄老人成年子女照顾者的孝观念调查. 华东理工大学学报,2005(3).
[21] 田素雷,李惠子. 中国已是世界上老年人口最多的国家. 新华每日电讯,2006-02-04.
[22] 王莉莉. 城市女性家庭成员的非正式支持作用分析. 市场与人口分析,2005 年增刊.
[23] 王梅,夏传玲. 北京中青年家庭养老现状分析. 人口研究,1994(4).
[24] 奚从清,沈赓方. 社会学原理. 杭州:浙江大学出版社,2001.
[25] 夏鸣,魏一. 解决老年照料问题的思路及对策. 西北人口,2003(1).
[26] 熊跃根. 成年子女对照顾老人的看法——焦点小组访问的定性资料分析. 社会学研究,1998(5).
[27] 袁方,鄢盛明. 中国内地状况. 北京:北京大学出版社,1998.
[28] 曾毅. 老年人口家庭、健康与照料需求成本研究. 北京:科学出版社,2010.
[29] 张桔. 性别视角下老年人家庭照顾的城乡差异. 中南民族大学学报,2004(4).
[30] 张友琴. 老年人社会支持网的城乡比较研究. 社会学研究,2001(4).
[31] 周云. 对老年人照料提供者的社会支持. 南方人口,2003(1).

非传统家庭的和谐家庭建设

——基于社会现实与现代家庭理论的思考

蒋爱群　曲艳慧

中国自古以来重视家庭的作用和家庭伦理建设，进入到新世纪，在党中央提出构建和谐社会的大背景下，社会各界对建设和谐家庭的研究方兴未艾，专家学者们也有很多颇有分量的论述。但梳理近些年的相关研究，却发现有一个领域没有得到足够的重视，这就是非传统家庭的和谐家庭建设问题。

一、重新认识"非传统"家庭

"非传统家庭"是与"传统家庭"相对应的概念，一般指单亲、丁克、单身等非主流的家庭形式。但其实细究起来，传统与非传统并不是绝对的、一成不变的概念。

在传统农业社会，生产力水平有限，农业生产需要抢农时，人力是最关键的，因此产生了多子多福的观念；加之以土地为根本，世代定居，四世、甚至五世同堂的大家庭成为人们心目中美满家庭的象征。而进入工业社会，伴随着资本主义的发展和城市化的进程，很多农民失去土地，不得不进入城市成为产业工人，并为了生计频繁迁徙，几世同堂的大家庭就瓦解了，取而代之的是父母和未婚子女组成的小家庭——核心家庭。所以，相对于传统的大家庭（直系家庭和扩大家庭）来说，核心家庭也曾经是非传统家庭。

第二次世界大战以后，在世界经济迅速发展的背景下，多数国家和地区都出现了人口流动增加、离婚率升高、出生率下降、同性恋婚姻合法化等社会现象，导致非传统家庭的数量越来越多，"传统的"核心家庭又面临着挑战。例如，英国单亲家庭 1988 年比 1971 年增加 8 倍，占全国家庭总数的 1/16，而到 1993 年则增加至 27%，1995 年达 30%；每三个孩子就有一个孩子是单亲家庭的子女。很多发达国家非婚单亲家庭和未婚同居家庭的比例也越来越高，如法国，目前有 250 万个非婚同居家庭①；北欧的丹麦有近一半的孩子是非婚生子女，冰岛则高达 60.7%，也就是平均三个新生儿就有两个是婚外生育②。同时，丁克家庭和单身家庭的数量也不断增加。据美国人口普查局 1994 年 5 月公布的年度分析报告，1993 年美国有 6 180 万个家庭，其中 3 480 万个家庭无子女，"丁克"家庭已经超过家庭总数的一半以上③。在德国，1/6 的家庭是单身户，特别是在柏林、汉堡、慕尼黑这样的大城市，单身家庭高达 60%；以柏林为例，生养孩子的传统式家庭在 1991—2001 年间减少了 30%，几乎每两个公民中就有一个在单身过日子④。

我们国家从 20 世纪 80 年代改革开放以来，城乡经济高速发展，人们的生活观、婚姻观、家庭观等都发生很大变化，加之户籍政策日益宽松，城乡人口流动频繁，也出现了离婚率升高、城市中自愿不育、自愿不婚人口增加等现象。例如，根据 1990 年第四次全国人口 1%抽样数据，我国单亲家庭已占家庭总数的 5.06%⑤。根据零点调查公司 2003 年的调查，全国各大城市的"丁克"夫妻总数已超过 60 万对。再有，由于我国严格的计划生育政策，使人口出生率多年保持较低，人口老龄化日益严重，老年空巢家庭比例越来越高。据全国第五次人口普查，2000 年有 65 岁及以上老年人家庭户中"空巢"家庭的比例，上海为 29.37%，天津为 28.20%，北京为 25%，均达到或超过了 1/4。可见，目前所谓的非传统家庭数量已经相当可观，几乎要与传统的直系家庭、核心家庭平分秋色了。

正因为现代社会家庭模式呈现多元化的趋势，国内外学界对于家

---

①费里亚尔·德罗索. 人口变动、住房与城市. 王苑，朱喜钢译. 国际城市规划，2009(4)：35-36.

②葛红兵，胡榴明. 现代都市的单身群落. 南宁：广西师范大学出版社，2003.

③王皓田. 中国"丁克"现象及其对经济社会的影响. 生产力研究，2009(16)：13.

④德国家庭模式呈现多元化. 北京：中国妇女网. 2003-06-05，http://www.women.org.cn/allnews/1003/6.html.

⑤刘庚常. 中国家庭结构的变动趋势及其未来影响. 晋阳学刊，1999(5)：26-27.

庭的定义也更加宽泛。例如《简明不列颠百科全书》根本没有试图界定"家庭"，而是将"家庭"和"婚姻"并列为一个条目，在"家庭和婚姻"条目一开始说："几乎所有人都是在某种类型的'家庭'中成长起来的。"[①]接着，该词条以"核心家庭"、"扩大家庭"、"共同家庭"、"实验家庭"、"家庭的功能"、"婚姻的形式"为题分别作论述。《中国大百科全书》社会学卷则最概括地说：家庭是由婚姻、血缘或收养关系所组成的社会生活基本单位[②]。

可以说，无论从理论还是实践的层面，单亲、丁克、空巢等非传统家庭都并不是"非正常"的，而是现代多元化社会中家庭模式的组成部分。当我们以这个视角来探索新时期和谐家庭建设，就会发现，从前些年的"创建文明家庭"、"五好家庭评比"，到近两年的"和谐家庭建设"，我们在标准和内容上基本都是"默认"以传统家庭——标准核心家庭、多代同堂的大家庭——为对象和样板的，实际上有意无意地把非传统家庭边缘化了。这大概也算是构建和谐家庭进程中的一个误区。

二、和谐家庭建设的"传统"误区

笔者并不是说把父母双全、婚姻美满、子孙满堂、家庭和睦的传统家庭作为和谐家庭的楷模有什么错误，而是认为，应该把非传统家庭与传统家庭同等对待，在和谐家庭建设中，给予非传统家庭应有的位置和重视。

（一）和谐家庭的标准应基于功能而非结构

从家庭的本质来看，它其实是因社会的需要而诞生的。人类为了延续种族，必须进行物质资料生产和人口的繁衍，而这"两种生产功能"（恩格斯语）都是由家庭承担的。此外，家庭还具有教育、赡养、宗教、情感慰藉等多种功能。因此，评价一个家庭好与坏、和谐还是不和谐，并不是看它的结构——是不是父母双全、有没有四世同堂，而是要看它的功能——是否很好地完成了社会交给它的任务。

我们所熟悉的一夫一妻制家庭模式也是随着人类社会的发展而逐步确立下来的。正是因为这种家庭结构最有利于完成"生产互助"

①简明不列颠百科全书. 北京：中国大百科全书出版社，1985.

②中国大百科全书（社会学卷）. 北京：中国大百科全书出版社，1991.

和“双系抚养”的功能，对人类的繁衍与发展起到至关重要的作用，因而才成为“传统”，成为社会所提倡和推崇的家庭模式。长久以来，我们社会的制度规范、伦理道德观念、文化习俗等也都是基于这种家庭婚姻模式，并作为中华民族的根基和传统美德，至今仍产生深远的影响。我们的和谐家庭建设，应该弘扬传统的家庭文化、伦理观念中优秀的内容，同时也与时俱进地吸收现代文明中的合理部分。

在家庭结构越来越多元的21世纪，非传统的家庭模式与日俱增，甚至成为很多人自愿的选择；并且很多非传统家庭也很好地发挥着家庭的功能。若我们还仅仅把传统家庭作为和谐家庭的模式来宣传、推广，而忽视了绝对数量和相对比例都已经很高的非传统家庭，那只会不利于和谐家庭与和谐社会的建设。

（二）和谐家庭建设中“传统”误区的危害

由于在理念上，我们有意无意地将传统大家庭、完整核心家庭作为家庭的代表与和谐家庭建设的目标，而认为非传统家庭是不完美、甚至是有问题的，导致和谐家庭建设的目标、内容和效果都受到一些影响。

第一，各地和谐家庭建设的标准基本都是按照传统家庭来定的，和谐家庭评比的候选人中几乎看不到单亲、空巢、丁克和单身等家庭的身影。这不仅使非传统家庭失去了参加和谐家庭建设的机会，而且这些宣传传递出一个信息：传统家庭才是美满的、和谐的。结果是在客观上强化了公众对传统和非传统家庭（特别是单亲家庭）的刻板印象，也让非传统家庭感受到无形的社会压力。

第二，和谐家庭建设的活动很多是基于传统家庭设计的，没有考虑到非传统家庭的特点和需要。例如：一些家庭大赛、趣味运动会的项目都针对三口之家或祖孙三代家庭，丁克、单亲、空巢等家庭很难参与。因此也就难以通过活动受到教育或解决实际问题。

第三，由于我们潜意识中认为非传统家庭是不值得提倡的，在和谐家庭建设时基本是忽略了这部分家庭，很少研究建设非传统家庭的理论与实际问题。事实上，非传统家庭的情况比传统家庭更复杂，每一种非传统家庭都有各自的特点和不同的需求；而且这些家庭往往更需要更多的社会交往和社会支持。但和谐家庭建设在这方面还是空白。

由于这种对于“传统”和“非传统”看法的误区，很可能使人数众多的非传统家庭难以真正参与到和谐家庭建设活动中来。不能不说，这对和谐家庭及和谐社会的建设是不利的。

（三）走出误区，建设和谐家庭

我们应以辩证唯物主义和历史唯物主义为指导，认识到家庭也是历史范畴，正确看待家庭模式与功能的关系，改变对“传统”和“非传统”家庭的认识，以正确的观点指导和谐家庭建设。

首先，随着社会发展，家庭模式的多元化是必然趋势（也就是说非传统家庭会越来越多），非传统家庭并不一定是非正常家庭，判断一个家庭是否“正常”、“和谐”的标准应该是其功能如何而不是结构。据此，和谐家庭建设的目标并不是把“非传统”家庭变成“传统的”，而是把不和谐的家庭（包括传统的与非传统的）建设成和谐的（也包括和谐的非传统家庭）。

其次，以科学理论和社会实践为依据，修改、完善和谐家庭建设的目标、任务等，以促进各种不同类型家庭（特别是非传统家庭）广泛、平等地参与和谐家庭建设。广泛参与更有利于建设和谐社会。

第三，开展对各类型非传统家庭的研究，包括数量、问题，成员需求等（目前这方面的统计数字都不全），使和谐家庭建设的内容、活动方式更适合他们的特点和需求，帮助这些非传统家庭解决实际问题。

非传统家庭与传统家庭一样担负着社会赋予的责任，家庭结构上的非传统并不能说明这些家庭不正常，但却使之具有与传统家庭不一样的问题和需求。建设好非传统家庭更有利于健康公民的培养，也更有利于社会的稳定与和谐。

三、妇联组织对建设非传统和谐家庭的作用

妇联对于和谐家庭建设的作用已经有很多学者、专家进行过论述，笔者不想赘述。这里专门就妇联对非传统家庭建设的作用谈几点看法。

总的来讲，妇联建设的组织性质、工作对象和完善的组织系统使得她在促进非传统家庭的和谐家庭建设中成为不二人选。

（一）工作对象直指非正常家庭

妇联的工作对象是广大妇女，而各种非传统家庭中，女性都担负着重要的角色。我国学者统计，在各类单亲家庭中，单亲母亲家庭占

70%以上；特别是分居式单亲家庭，有90%以上是由母亲带着孩子。另外，由于我国女性的预期寿命高于男性（各地区统计数字不同，一般高3～5岁），而婚姻习俗又认同男性大于女性，老年丧偶后的残缺家庭留下的大部分是女性成员。再有，随着现代社会女性受教育程度的提高和经济上的独立，也有一些女性会选择终身不婚。与传统社会认为不结婚就是“没成家”不同，现代社会开始把单身户也看作是一个家庭。妇联责无旁贷地要针对这些家庭开展工作。

（二）组织性质便于平等沟通

妇联是党领导下的广大妇女的群众组织。这一性质使得她成为联系党、政府和妇女群众的桥梁。一方面，妇联把党的方针政策传递给广大妇女姐妹；另一方面，作为妇女自己的组织，妇联最方便去了解、也最容易理解这些非传统家庭中女性的困难和需求。特别是单亲、独身和空巢家庭的女性，可能会因为多种原因比较封闭，妇联等女性工作者最能够以平等的姿态与之交流沟通。

（三）组织结构深入社区和家庭

妇联组织系统健全，结构严密。从全国妇联到省市、县乡，城乡社区、企业、机关等都有妇联组织。因此，妇联可以直接面对基层妇女及其家庭工作，也可以上传下达，把政府关于和谐社会、和谐家庭建设的方针带给家庭，并向各级政府反映女性、特别是非传统家庭女性的心声。

（四）具有强大的研究和实践能力

妇联成立60多年来，已经建设起一支高素质的工作人员队伍，有自己的专业研究机构和高水平的研究人员，也有一大批热心事业、踏实工作、经验丰富的实务工作者。和谐家庭建设一直是妇联主抓的工作，已经有了很多的工作成绩与研究结果，相信妇联也一定能针对非传统家庭的和谐家庭建设开展卓有成效的研究和实践。

（作者单位：中国农业大学人文与发展学院社会学系）

参考文献

[1] 费里亚尔·德罗索. 人口变动、住房与城市. 王苑，朱喜钢译. 国际城市规划，2009(4).

[2] 葛红兵,胡榴明. 现代都市的单身群落. 南宁:广西师范大学出版社,2003.
[3] 王皓田. 中国“丁克”现象及其对经济社会的影响. 生产力研究,2009(16).
[4] 德国家庭模式呈现多元化. 北京:中国妇女网,2003-06-05. http://www.women.org.cn/allnews/1003/6.html.
[5] 刘庚常. 中国家庭结构的变动趋势及其未来影响. 晋阳学刊,1999.
[6] 简明不列颠百科全书. 北京:中国大百科全书出版社,1985.
[7] 中国大百科全书(社会学卷). 北京:中国大百科全书出版社,1991.
[8] 费孝通. 乡土中国　生育制度. 北京:北京大学出版社,1998.

和谐家庭建设视角下的女性职业高原问题探讨

李春玲　李隽箬

一、研究背景

（一）问题的提出

在20世纪70年代，国外学者发现了职业高原现象并展开研究，目前在这一领域的研究已经较为成熟并形成了系统的理论。首先，对职业高原界定，已由单纯的职位晋升角度发展到职业流动、职业责任等多角度进行定义；其次，对于职业高原产生的一般原因，Feldman和Weitz在1988年提出职业高原动态发展模型具有普遍性的解释意义；第三，在应对措施方面，从心理咨询、组织管理、混沌学等多个层面提出了解决措施。相比较而言，虽然近些年来国内学者也开始关注职业高原的研究，并积累了一定的研究成果，但总体来看研究相对滞后，尤其是针对职业女性职业高原问题的研究较少。

在当今社会，由于绝大多数女性有着独立的经济意识，努力谋求自身的职业发展，是家庭经济的支柱之一，因此她们也就成为家庭建设中的主力军，在构建和谐家庭中发挥着越来越重要的作用。但是，随着事业的发展和家庭责任的加重，她们越来越感受到难以突破职业高原问题，而且这一问题的存在也成为和谐家庭建设的阻碍。因此，认识女性职业高原问题的特征和原因，对于职业女性突破职业高原、建设和谐家庭都是十分重要的。可以说，关注女性职业高原问题的研究不仅具有理论价值，也是现实的需要。

(二)相关概念的界定

职业高原的内涵界定经历了一个从横向到纵向、从客观到主观的发展过程。1988 年 Feldman 提出了职业高原广泛性的定义，1990 年 Chao 从主观性测量角度界定了职业高原的定义。本文综合以上两位学者的观点，认为职业高原是指个体在向上的职业发展中的某个阶段，在主观上认为自己处于在工作上晋升以及接受增加责任与挑战的可能性很小或没有的一种现象。

对职业高原结构的探讨是伴随着对职业高原测量视角的转换而展开的。早期的研究者们直接用年龄、任职时间、两次晋升间的时距或他人评估等客观测量指标判定个体是否进入职业高原，这样就把职业高原当作成了 个客观现实来操作，也就不存在职业高原的结构问题。但是，Chao(1990)提出职业高原是"人们的一种主观认识，而不是客观现实"，从而引入对职业高原结构的探索。

Bardvick(1986)提出，职业高原的结构包括结构高原、内容高原和个人高原。结构高原是发生于组织水平之上，是因组织结构不合理而使员工晋升受到限制，它一般不受员工个人控制，是最为复杂的一种职业高原现象；内容高原是指当员工掌握了与自身工作相关的所有技能和信息之后，缺乏进一步发展知识与技能的挑战时，所出现的一种个体职业发展上的停滞状态；个人高原主要是指在与个体职业发展阶段相对应的某一段时期中，个体生活上的一种静止状态，它是因个体生活上的静止而使员工产生职业发展上的停滞、缺乏方向感和热情。

本文采用职业高原的主观性定义，从女性自身知觉角度对其职业高原进行测量并制定问卷，让女性根据社会成功标准和自身价值观做出对自身是否处于职业高原的主观性认知判断。

二、女性职业高原的表现特征

根据主观知觉测量方法并结合职业高原的三种基本结构，参考相关文献本文设计了女性职业高原自我测评问卷。问卷共 16 道题，于 2009 年 3 月发放给北京和湖南两地拥有正式工作的职业女性，主要是采用网上传送实时测评和纸介实地测评，共发放了 140 份，回收有效问卷 102 份，有效问卷率为 72.8%。

调查样本的年龄分布在 20～55 岁，以"20～25 岁"和"35～45 岁"这两个年龄阶段居多，分别占到 58.8%和 27.5%；学历分布以"本科"

最多，占 66.7%，“高中”最少，占 3.9%；工作年限分布以“1～2 年”和“5 年以上”这两个阶段居多，分别占 41.2%和23.5%；岗位分布广泛，以从事“人力资源岗位”和“销售岗位”居多，分别占 27.5%和 20.6%；在管理人员中以“中层管理人员”和“基层管理人员”居多，分别占 15.7% 和 49%。

调查结果显示，女性职业高原现象总体特征主要体现在以下五个方面：

1.女性职业高原呈现明显的阶段性特征

调查样本所显示的女性职业高原现象主要出现在两个阶段：第一阶段是 25～35 岁，即职业生涯早期。此时的女性角色仍为新雇员，由于专业技能不纯熟、经验不丰富，女性在组织中不得不担任一些助手和辅助性的角色，但是一旦熟悉本岗位的工作，却没有晋升或轮岗的机会，便很容易迎来第一个职业高原；第二阶段是 35～45 岁，即职业生涯中期。此时女性完成了“三期”，即孕期、产期和哺乳期，开始更加全身心地投入到工作中，之前也已经积累了相当丰富的工作经验、专业技能成熟，而且此时的女性具有很强的柔韧性优势。但是，此时女性还是很容易遭受到“玻璃天花板”的无形阻隔，尤其在当女性经历过生育周期后，体力会明显下降，受体质特点、角色模式的影响，往往在家庭和事业平衡度上力不从心，到达组织的一定位置后就很难再晋升了。

2.女性职业高原类型主要为内容高原和个人高原

调查结果显示 67.9%的被调查对象都普遍感觉到自己在职业发展中遇到了阻碍，其中最主要以个人高原和内容高原为主，各占 22.6% 和 29.3%，而对于结构高原的感知不强，所占比例为 16%。这一结论与以往学者研究符合，说明女性与男性相比晋升期望相对较低。

3.女性职业高原对其工作满意度有明显负效应

将自测遭遇到职业高原的女性与认为自己没有遭遇到职业高原的女性相比较，前者中有 82.3%女性对自己的工作表示总体上不满意，而后者中有 47.1%女性表示不满意。这说明工作不满意的女性更容易觉察到职业发展的障碍，在心理上更加期待能够获得进一步晋升、增加工作内容和责任或是走出个人的低谷。

4.女性职业高原与工作卷入度的关联并不显著

Paullay，Alliger & Stone-Romero(1994)提出，“工作卷入是指个人在认知上专心从事、承诺以及关心自己目前工作的程度”。部分研究者认为，“遭到职业高原的员工会为了补偿挫折感和损失感而减少自己的工作投入度，将注意力更多地转移到家庭建设或者其他娱乐活动中去”。但是此次的调查结果与以往研究结果显示不同，女性普遍表示面对职业高原，自己“会将更多的时间和精力花费到工作中”，女性职业高原与工作卷入度的关联并不显著。也许，这从另一个角度说明了当今社会职业女性变得更加独立，努力处理好各种难题，其实每个女性都希望妥善处理好家庭和事业的关系，拥有美好的家庭和成功的事业。

5. 女性职业高原与离职意愿的关联并不显著

调查显示无论是总体女性还是自测到职业高原的女性，离职意愿都不高，尤以 35 岁以上女性的离职意愿较低。其原因可能主要是：一方面，她们的组织忠诚度相对较高，会认为自己对组织已经投入了很多的精力，只要继续忠诚于组织便会有一个好的回报，但如果贸然离职，就意味着自己以前的投入全部被否定掉了；另一方面，她们会认为随着年龄的增长，自己在劳动力市场上可能会遭到性别和年龄的双重歧视，而且劳动力市场上竞争激烈，自己即使意识到遭遇了玻璃天花板，也不会选择离职，而是全力确保工作的稳定性。

三、女性职业高原产生原因探析

根据问卷调查结果，从个人因素、组织因素、社会因素和家庭因素四个维度来探析女性职业高原产生原因。

（一）个人因素

1. 女性职业锚的不同类型导致了不同的职业高原类型

在调查中发现，女性职业锚以技术型、安全型、创造型为主，分别占调查样本的 21.6%、21.6%和 39.2%。其中技术型职业锚女性主要面临内容高原，这类员工可能更加追求在技术/功能能力区的业务发展和能力提高，因而成就需要强烈、权力需要偏弱；安全型职业锚女性大多面临个人高原，这类员工可能更加追求职业稳定性和工作的保障性，但是一旦面临有挑战性的工作和内外部的激烈竞争，会面临很大的工作压力，很可能进入个人高原；此外，持有创造型职业锚的女性主要面临着内容高原和个人高原，这类女性员工大都为新入职或入职 1～2 年的员工，这也许说明刚入职的女性对自己的职业发展之路还不明晰，但作为有梦想的年轻女性在努力尝试着不同的角色。因为处于尝试阶段，对自身的职业锚也不是很确定，且晋升期望相对较低，所以对结构高原感知并不强烈。

2. 女性能力不同导致不同类型的职业高原

女性的个人能力在此次调查问卷中反映在女性受教育程度上，结果显示高等学历女性占96%，其中有76.7%的女性表示自己感知到了不同类型的职业高原。一般受教育程度高的女性知识体系丰富，且对自我的期望程度高，具有强烈的成就动机。根据麦克莱兰的成就需要理论，具有强烈成就感的人往往会不断地给自己设置具有挑战性的目标，并依靠自身力量努力去解决问题。高学历女性们会努力寻求在事业上与丈夫比肩而立，在进行家庭建设的同时也寻求高的工作满意感，用得到提职、加薪的方式来对自己的努力给予肯定，由此对职业高原的感知也会更加强烈。

3. 女性工作压力的不良影响导致职业高原

在此次调查中，女性遭受工作压力的状况表现得很明显，86.3%的女性表示在工作中经常或偶尔焦虑，而表示遭遇到个人高原的女性对于工作压力的知觉最为明显。"相关心理研究也表明，压力对于女性员工的负面影响比男性要深刻得多 。"女性相比男性通常会更加敏感、细腻，在很多方面都比男性想得要多一些。男性通常会认为家里的事情用不着自己那么操心，他们通常不会因为家庭建设中的矛盾而影响耽误工作；而女性则会将工作中的不满和挫折感扩大延伸，触发引起家庭矛盾，或者会将家庭建设中的烦恼情绪直接带进工作中去，甚至引发恶性循环。因此，奔跑在家庭与事业之间的女性常常会感到事事不顺、疲惫不堪，如果女性一直"想不开"，压力随着时间推移一直没有得到舒缓，那么女性会表现得十分脆弱，用逃避和消极方式去对待工作生活，对家庭建设失去热情，在事业上陷入个人高原。

（二）组织因素

1. 组织的等级结构导致女性职业高原

尽管总体来看，女性对结构高原感知不强，但本次调查中有54.9% 的女性都表示"在本单位，我继续升职的空间有限"，这也在一定程度上反映了现有组织为员工提供的发展机会小。现有的组织结构大多还是为"金字塔"式，等级制度严格，员工发展空间较小，尤其是女性员工，越往上获得晋升的可能性就越小，使得很多有能力胜任高一级职位的职业女性无法再晋升。而这种现象在中层女性管理者中尤为常见，参与此次调查的几乎所有中层女性管理者都表示“在本单位，我继续升职的空间有限”，就像头顶上有一块“玻璃天花板”，更高的职位对她们遥不可及。

2.组织中的性别歧视导致女性职业高原

此次调查对于“在组织中，是否因为性别而受到歧视”此项问题，有69.6%的女性选择了“经常”或“偶尔”。调查结果还表示，72.8%的中高层管理女性都表示在组织中会因性别而经常或偶尔受到歧视。“在人们的惯性观念中，男性比女性更接近人们心目中理想老板的形象：强劲、果断、待人有度量、看问题有高度、处理问题有水准，而女老板的管理风格很容易受到攻击。”调查对象中的一位女性管理者深有体会地说：“有时处理问题时采取温和的方式，有人会认为那是女人太软弱了；但如果你强硬，人家就会说你像个男人。”因此，组织中的性别歧视已经成为了阻碍女性职业发展的一个事实，组织管理者大多认为女性由于生育、家庭的原因不会有很多的精力投入到事业发展中来，而将职业女性定位在中等技术人才和一些辅助性的岗位上，为女性提供的职业路径短且单一，使女性丧失了很多的发展机遇。

（三）社会因素

1.社会性别角色模式对女性的消极影响导致职业高原

此次调查中1/5的女性表示持有安全型职业锚，而这些人中尤以35岁以上女性居多。在当今中国社会，“男主外、女主内”的性别角色意识依然根深蒂固，通常男性只要把社会职务角色做得好了就能得到社会认可，但是社会对女性的要求会更高，女性只有把家庭角色和社会职务角色均做得好了才会被接受，即使在今天男女地位正在努力趋向平等，女性在职场拼搏的同时其家庭责任要求也丝毫未降低，“对于那些婚姻失败、家庭矛盾多的女性，社会更是对其有不好的看法。”因此，如果女性想要发展好事业，那么还必须比男性花费更多的时间和精力来建设好家庭，这会直接影响到她们的事业发展。

2.经济发展平缓导致女性职业高原

在此次调查中，64.7%的女性都表示“现状来之不易，不愿冒险尚未被大家接受的新事物。”受经济危机的影响，社会经济发展速度放缓，很多企业都在进行机构改革、人员精简，持“求稳而不求升”心理的员工越来越多，这使得职业高原现象也越来越普遍，女性员工尤其如此。再加上近几年愈演愈热的就业高潮，人才市场已成为名副其实的

“买方市场”,员工面临的竞争压力不断增大,使得达到职业高原的员工也越来越年轻化。

(四)家庭因素

婚姻与家庭往往更多强调了女性在家庭建设中的义务与责任,因此女性常常由于丧失机会而进入职业高原。在调查中对于“如果遇到蜡烛两头烧,家庭和事业不能兼顾怎么办”的问题,有42%的女性选择牺牲事业,仅有19%的女性选择牺牲家庭,还有39%的人不知道该如何选择。女性一般会先确定自己要成为哪方面的主人,据此来进行个人生活和职业的选择,然而很少有人能够成为两个领域的主人。其实女性并不是在智力体力上就不如男性,女性的职业发展也不是一定比男性差,只是大多数女性都在家庭建设中花费了太多的精力,为了保卫家庭的“安全”而降低了对事业发展的要求,由事业进攻战转为了事业保卫战,进入职业高原也在所难免。而且,由于女性分心于家庭责任,对晋升的期望弱于男性,因此其结构高原感知不强。

四、克服女性职业高原的策略

根据以上女性职业高原特征及产生原因的分析,提出以下相应的对策建议:

(一)自身努力是女性战胜职业高原的原动力

首先,女性应根据自身的生命周期特点进行合理的职业生涯规划,婚前育前以事业为主、兼顾生活,有计划建立自身优势、建设支持网络,选择合适自身的时间完成三期,三期过后开始注重平衡事业与家庭,根据现实特点重估职业锚,决策家庭建设与事业发展二者的最优运作模式;其次,女性应注重进行人力资本的累积来提高自身的可雇用性,要努力提高与职业路径相关的核心竞争力,通过不断实践和自身能力的开发而使自己成为业务上的骨干、岗位上的能手;第三,女性应注重通过自我认同积极应对压力,其实客观的职业高原是事业历程中的正常阶段,而女性由于性别导致的生理心理特征很容易产生焦虑感、挫折感、愤怒感等负面情绪,女性需端正与自身能力、个人特质正确匹配的价值取向和职业目标,从不平衡到平衡。总之,职业女性可以结合自身不同阶段的发展重点,通过积极的心理暗示和实际行动努力,让自己能够在有限的经历和条件下，达到家庭与事业的和谐，克服职业高原。

（二）积极向上的组织环境是化解女性职业高原的基本保证

首先，组织应致力于完善人力资源管理体系以提高女性员工的工作满意度，针对女性职业路径短且单一的问题，“可努力根据组织经营范围设置多元化的职业生涯通道，可对女性员工灵活采用各种各样的精神或物质奖励，使其获得工作成就感、自我认同感而淡化对晋升的关注程度”；其次，组织应高度重视制定性别平等政策和实施性别平等主流化，将其贯穿到整个组织实践中，以减少组织内部性别歧视对女性职业高原的影响；第三，组织应该认识到，工作家庭的平衡是现代职业女性最大的职业诉求，因而通过实施弹性工作计划这一类帮助职业女性实现平衡的努力，能够创造职业女性工作的高效率，实现企业与员工的双赢。

（三）努力实现社会性别平等是突破女性职业高原的根本保证

国家应致力于建立新的社会文化两性观，加强性别文化观的舆论宣传和教育，促进性别文化的进步，提倡男女和谐的社会环境，让两性共同去承担家庭建设责任；社会也应多倡导建立各种各样的女性网络，女性网络可以提供给女性各种各样的帮助，它是女性员工寻找各种职业发展机会的非常有效的途径。

（四）家庭支持是克服女性职业高原的坚强后盾

一个成功的女性，该是左手家庭建设，右手事业建设，在两只手的掂量之中寻找到一个平衡点。但实际中工作与家庭的冲突是很难避免的，要处理好冲突，需要强大的家庭成员的支持作为后盾。对于事业心很强的女性，应努力做到争取丈夫对自己工作的支持，同时要设定家庭的底线，什么事情你必须做到，哪些原则不能违背，只有大后方安全了才可以安心工作，家庭才能无波无浪，事业建设与家庭建设才能得到平衡。其实，家庭和事业并不能说是矛盾体，二者在一定程度上是相互促进的，家庭的稳定和美满，可以促进事业的发展，而事业的成功也能为家庭提供物质和精神保障。

（作者单位：北京工商大学商学院）

参考文献

[1] Feldman, D. C. & Weitz, B. A. Career plateaus in the salesforce: Understanding and removing blockages to employee growth. The Journal of Personal Selling & Sales Management, 1988, 8(3): 23-22.

[2] Chao, G. T. Exploration of the conceptualization and measurement of career plateau: a comparative analysis. Journal of Management, 1990, 16(1): 181-193.

[3] Bardwick, J. M. The plateauing trap: how to avoid it in your career and your life. New York: American Management Association, 1986.

[4] Paullay, I. M., Alliger, G. M. & Stone-Romero, E. F. Construct Validation of Two instruments Designed to Measure Job Involvement and Work Centrality. Journal of Applied psychology, 1994, 79(2): 224-228.

[5] 林慧丽,林文火.城镇女性的职业高原问题与对策研究.人力资源管理,2008(3).

[6] 徐世勇.压力管理.北京:企业管理出版社,2003.

[7] 何琳绢.中层女性主管——全方位成功手册.北京:中国致公出版社,2004.

[8] 张娴.我不知道风往哪里吹——职业女性困惑调查.职业,2006(3).

[9] 杜映梅.职业生涯管理.北京:中国发展出版社,2006.

和谐家庭建设中的女性老人生活质量研究

李　宁　陆映秋

一、生活质量与女性老年生活质量研究

生活质量是对于生活及其各个方面的评价和总结，生活质量是一种主观上的感受，同时也是一种客观实在，涉及广泛，包括生活费用、休闲与文化、经济、环境、自由、健康、基础设施、风险与安全、气候等内容。

个人家庭和谐发展、体现社会性别与社会发展特色，老年妇女既是家庭经济和情感的依赖者，也是其提供者。北京市女性不仅出生预期寿命长于男性，老年女性中丧偶独居比例随年龄增长而增高，在绝对数量上女性老人也远远高于男性老人。北京生活水平高超前性、在老龄化进程中，老年妇女问题在老年问题中慢慢凸显，处于年龄与社会性别双重边缘的女性老年，在晚年阶段形成的女性老年人问题将更加严重。从未来发展趋势来看，为北京市未来老龄工作提出了更高的要求，针对女性老人的特殊问题，通过社会政策与社会工作为女性老年提供切实的晚年生活保障，保持她们已有的生活水平，尽量享受到社会经济发展的成果，慰藉女性生命发展的最后阶段。女性老人生活质量是更高还是更低？哪些因素影响女性老年人口的生活质量？保持女性老人的生活质量不随年龄性别的改变而有所下降，对创建和谐家庭、统筹解决北京尤其是老年女性养老问题，具有一定的理论研究价值与实践推广意义。

二、当前影响北京女性老年生活质量的主要问题

按照生活质量的内容，依据老人年龄、老年社区照顾标准，笔者从时间，空间二个维度对女性老人生活质量加以分析研究。将生活质量依次划分为物质生活：生活费用、经济、基础设施、风险与安全、环境、气候；精神生活：休闲与文化、自由；生活照顾：健康三部分内容。依据独立生活能力将其退休后的生活划分为早期（55～70 岁）、中期（70～80 岁）、晚期（80 岁以上）三个阶段。经过综合分析，笔者得出当前影响北京女性老年生活质量的主要问题的两点结论：①多数女性退休后回归家庭，收入的锐减以及对家庭的过度依赖影响女性老人生活水平。②身处空巢家庭或单身独居状态，女性老人特别是高龄女性老人很难独立面对日益滋生的新问题。安全风险加大，生活质量遭遇挑战。

（一）多数女性退休后回归家庭，收入的锐减下降以及对家庭的过度依赖影响女性老人生活水平

北京社会经济文化发展高于其他城市，女性老年在退休前多数为职业女性，文化水平高、经济收入有保证。与男性相比，多数女性退休后回归家庭，根据 2000 年人口普查，女性再就业率低，北京市老年人中，女性老人的在业率仅为 2.92%，远比男性老人低 9.85%个百分点。两性之间在业情况的差距是比较明显的[①]。现代社会高通胀，仅靠退休金收入，对退休较早或已处高龄的老年女性而言，城市老年女性维持生活质量生活水平的难度不断加大。

与男性不同，退休后女性老年人更偏重为家庭而不是为社会发挥“余热”。多数女性将精力放在家庭内部。当遇到困难时倾向于等待外界帮助。问及什么因素对老年人适应社会起着最重要的作用。结果发现，被认为起着最重要作用的因素依次为：家人的支持（51.1%的人选此项）、政府支持（22.6%的人选此项）、老年人自身的调整（17.6% 的人选此项）、社区的支持（4.6%的人选此项）、老年服务机构的支持（2.3%的人选此项）以及朋友或同事的支持（1.7%的人选此项）。

---

①安冰洁，等. 北京市女性老年人口的现状及未来发展趋势分析. 妇女研究论丛，2005(11).

选择家人支持的比例明显高于其他各项[1],由此可见,家人的支持对女性老年人适应社会起着尤为重要的作用。

在老年女性退休的三个阶段中,随时间延续,年龄越大的女性越孤独,年龄与孤独成正相关。曾参加工作的城市老年妇女,离退休后,由于她们的主导活动和社会角色发生了改变。从工作单位转向家庭,从社会走入社区,其社会关系和生活环境较之以前显得陌生,形成退休后的第一次环境适应。当子女成婚论家,第三代哺育长大,子女孩孙“离巢”,形成第二次环境适应;当老伴离世,对老年女性而言尤显得“孤苦伶仃”。当她们身体健康一旦再出现不可抗拒的衰老问题,她们的家庭照顾受到各种因素消减削弱时,她们的无能无助状态难以用语言形容。

(二)身处空巢家庭或单身独居状态,女性老人特别是高龄女性老人很难独立面对日益滋生的新问题。安全风险加大,生活质量遭遇挑战

根据最新统计,北京人均期望寿命比全国长 7 岁,男性78.63,女性 82.37[2]。在北京经济医疗水平较高度发展的背景下,北京空巢家庭数目多,女性老年丧偶后独居多。经历早期、中期的生活时光,老年女性尽管尽力进行自我调整,度过身心健康之重重关卡。但当她们处于老年晚期时,各种问题迫使她们用尽浑身解数之后依旧力不从心,难以招架。

老年女性退休早期阶段:女性老年退休后的初期生活,主要交往活动多数以家庭与朋友为主。如何在退休后发挥余热,安排好自己的生活,丰富自己的精神生活,重新认识自己在夫妻子女关系中的地位与作用将是多数老年女性在退休后需要面对的重点问题。在老年女性早期阶段,面对夫妻权力模式、理财、收入减少的变化,她们必须减少生活支出,同时要调整好夫妻关系,儿女关系,家庭服务员雇佣关系,维持朋友关系。妥善处理好这些关系十分有助于她们的身心健康。

---

①陈勃,桂瑶瑶.女性老年人社会适应的调查与分析.贵州师范大学学报:社会科学版,2008(6).

②北京女性寿命 82.37 岁高出男性 3.74 岁.引自北京市 2009 年度卫生与人群健康状况报告.北京:北京晚报,2010-05-14.

老年女性中期时段生活问题集中在精神健康方面：一些城市老年妇女退休后，人际情感逐渐从人际关系的纽带地位脱落。对周围人不信任感增强，生活感到单调、贫乏，容易产生孤独、紧张的焦虑心理。尤其是传统社会中的“高龄价值”在现代社会中正逐渐消失，致使她们产生一种“人老珠黄不值钱”的心理状态，甚至产生万念俱灰混日子的思想。这种对人生失去信心的心态容易导致衰老，且他们的消极情绪也会影响他们的家庭和亲友、左邻右舍之间的关系，对现实不满情绪甚至失去信心[①]。且随着年龄增长，健康状况日益下降，城市老年妇女变得更加关注自己的身体、情绪活动，也越发害怕生病。据调查，怀疑自己患病和有失眠现象的城市老年女性多于男性。

晚年老年女性问题聚焦在独立生活方面：生活老年人日常生活自理能力，包括 6 项活动：吃饭、穿衣、上厕所、上下床、洗澡、在室内走动。随着年龄的增大和老年人身体条件变化等原因，70 岁以上高年龄老年人生活不能自理的比例不断提高，80～84 岁组的老年人有 1/4 生活不能自理，90 岁以上的老年人中，生活不能自理的比例已经达到 50%。女性老年人不能自理比例高于男性[②]，因此，女性老年人面临的生活不能自理问题最为突出。女性分年龄生活自理能力比男性差，同时女性又比男性寿命长，活到高龄的老年人大多数是女性老年人，进一步加剧了中国女性老年人生活不能自理比例高于男性的现象。当前北京城区对老年妇女的生活照顾主要依赖于夫妻或子女所构成的家庭网络，在核心家庭为主或家庭关系日益简单的情况下指望家庭成员照顾老母亲的传统方法对其生理与心理安全均构成严重威胁[③]。

三、保持北京城区女性老人生活质量的对策建议

目前北京市已形成“90-6-4”养老服务模式，即 90% 的老年人居家养老、6% 的老年人在社区养老、4% 的老年人集中养老。北京市老龄协会有关负责人表示：“做好居家养老工作，北京市养老问题就基本解决了。”[④]为实现老人尤其是高龄女性老人居家养老的工作目标，需要

①陈巧玲. 我国城市老年妇女的心理与调适. 承德民族师专学报，2005(5).

②杜鹏. 中国老年人的生活自理能力状况与变化. 人口研究，2006(12).

③陈晓敏. 城市老年妇女生活照料的社会支持网络研究. 北华大学学报：社会科学版，2006(12).

④北京日报：2009-10-27.

建立一套相关配套措施，包括出台社会保障相关政策、加大社区照顾、社区支援力度等内容，具体建议如下：

（一）北京应提供对高龄女性老人经济与居家养老服务的制度性安排，统筹组织养老服务的生产与传递工作，确保高龄独居女性老人基本生活水平。通过系列政策措施引导鼓励居家养老工作的具体落实

目前我国面临老龄化进程加快所存在的养老保障体系不完善等诸多问题，学者建议解决养老问题的主要措施包括：第一，采取政策向养老社会化服务倾斜的措施；第二，进一步推进城市养老保障制度改革；第三，因地制宜，积极试点、推广各种补充养老保障模式；第四，改变北京市女性 55 岁退休，实行男女同等年龄退休政策，为实施男女平等国策在全国做出表率等。笔者认为，在实施养老基本措施的同时，国外一些经济发达国家在对老年女性养老的做法，给我们很大的启发，值得我们学习借鉴。

实行高福利的瑞典规定退休者的妻子达到 60 岁以上、自己没有退休金的，可以领取“妻子津贴补助”。养老金的数量除根据工作年限和收入相关以外，照料孩子也被计算在计量养老金年限范围内。此外，瑞典还有专门的“寡妇抚恤金计划”，对丧偶的妇女进行救助。法国对于有退休金者的遗孀、离婚或者被抛弃的妻子，符合家庭经济调查的条件者，可领取受保人 50％的退休金作为抚恤金，并有最低线的规定。配偶没有正式工作时，对有退休金者的退休金标准予以相应的提高。

具有浓厚“男尊女卑”思想的日本在 20 世纪 80 年代进行养老金制度改革时，也确立了妇女独立的年金权，妻子在无工作时可以领取丈夫所享受的厚生年金中的基础年金。日本的国民年金制度计划中，专门设立了寡妇年金和母子年金的条款，以保证老年妇女的经济收入，维持自身的生存。

美国通过社会保障为妇女特别是老年妇女的生活提供了一系列的保护。如根据累进的利益准则、配偶利益、通货膨胀调节准则和终生利益等，对妇女退休或者进入老年后收入所得提供保障，使她们能够从自己或者丈夫的退休金中获益，并且随着通货膨胀波动而不断调节，对陷入困境的高龄妇女提供生存保障。此外，美国还制定了其他

一些规则，如对于结婚10年以上的离婚妇女，社会保障根据她前夫的利益而为其提供一份退休利益，对于老年的寡妇，社会保障为其提供与她丈夫退休收入相等的利益等。美国60%的65岁以上的社会保障受益人是妇女，75%的未婚妇女或寡妇等老年妇女的一半以上的收入源于社会保障，而且妇女更依赖社会保障作为其基本的经济安全。

在德国几乎在德国的所有居民，都参加了医疗保险。此外，为应对当前老龄化的突出问题，德国还设立了长期的护理保险。同医疗保险一样，当家庭中参加工作的人投保后，取得受保权益的子女和无收入或微薄收入的配偶也享受长期护理保险[①]。

（二）积极开展社区照顾，提供有效社区支持网络，维护女性老人生活质量

社区照顾是社区工作者动员社区资源，运用正式的和非正式的支持网络，联络社区内的各种机构，以正式合法的社会服务机构为社区不同的老年人，特别是缺少照料的独居老年妇女提供援助性的服务，要形成机制，形成制度，形成可赖性，非一般意义上的、临时性的关怀照顾。这是在家庭养老功能减弱甚至缺失情况下，维护女性老人生活质量的一项重要措施。

北京坚持把老龄工作的重点放在基层，以居家养老为基础、社区服务为依托、机构养老为补充的养老服务体系建设取得积极进展[②]。使社区成为老年生活照料的一个依托。为此，笔者提出加强对老年女性的社区照顾的几点建议，具体内容包括：

一要健全社区基础设施，提供更加开放的社区活动平台：咨询指导、提供信息、功能齐全价格合理的便利服务，丰富女性老人闲暇与文化生活。

二要提供专业社工服务，开展精神慰藉服务，各种类型的小组活动，义工服务，促进老人与社区邻里的紧密接触和联系，拓展老人身心活动的自由空间。由于女性老年退休早期具有较强的自我活动能力，但是如果社区活动平台窄小或服务设施缺乏会加快她们从社会退回家庭的速度。因此，为女性老年人提供一个良好的社区活动和社区服

①李宇征．发达国家女性社会保障及对中国的启示．中华女子学院学报，2009(12)．

②李本公．老龄妇女工作是老龄工作重要组成部分．北京：中国妇运，2007(2)．

务平台，一方面用外力推动各类女性老年人精力由家内向家外转移，为过渡到晚年生活作充分的精神和物质准备。另一方面有利于帮助退休女性尽快适应社区环境，“走出单位进入社区”，成为社区工作的主要生力军，当前有社区组织老年义工服务队，聘请老年教师授课等，提倡低龄老人照顾高龄老人，为老年帮助老年创造条件。

北京女性见多识广，视线开阔，在保持晚年生活质量方面通常有更高要求。因此，笔者主张开展社工的小组工作方法，通过享受社工专业服务提高老年人晚年生活质量。与以往老人文化娱乐跳大秧歌、文艺表演等活动不同，今后社区活动方向之一应该更多使用社区工作方法中的小组工作来介入女性老人生活。在社会工作小组工作方法中，由专业社会工作者针对女性老人设计系列小组活动，让新颖丰富的小组活动，密切相互关系和交流彼此感情，陪伴老年人一同参与一同成长。北京拥有一定数量的专业社工师，成熟的义工队伍，可供女性老人享受社工专业服务。

三要争取更多社会资源，提供探访、公共援助、医疗预防预警治疗等多项日常照顾，不断完善对高龄女性老人的社区支持网络。其中开展老人帮助老人，组织社区老人志愿者队伍直接参与社区公益活动等均可成为社区人力资源的重要组成部分。

目前，除政府加大社区照顾的基本建设外，社区还要尽快开辟更多符合女性老年特殊需要的服务项目，使她们能方便购买和使用社区体育、文化、科技等设施，享受快捷便利的社区服务。老年人需要“居家养老”服务项目的情况：在助餐、助医、助学、助急、助洁、助浴、助困、助乐、助聊、助游等10个方面都有很大需求。特别是对于城市老年妇女弱势群体预防性服务方面加大工作力度。对丧偶、孤独的城市老年妇女，社区更应给予重点支持。

四要提倡银发贡献扩大社区优质人力资源。北京女性中有很多是党政军民学各界的学科、技术带头人。在高教和科研方面，她们的学识、经验、技术与处人对事的治家本领上趋于成熟，加上女性自身多不计回报、乐于奉献的特点，倡导开发城市老年妇女人力资源无论是实现女性自我价值，还是适度保持老年人的社会参与能力都具有积极作用。对其他女性老人，也应鼓励她们参与力所能及的自己感兴趣的社会活动，例如参与社区民主建设、参加社区的宣传工作、传统手工业工作、承担对晚期老年人照顾等,使她们老有所为①。

（三）针对女性老年特点开展社区培训

针对女性老人安全感不断减弱现象,普及老年学、心理健康、生活应急等方面知识,为女性老人应对不同阶段的问题架构心理防线,让“自尊、自信、自立、自强”贯穿女性老人的生活始终。

考察身处中后期阶段的女性老人,受到年龄和社会性别双重限制行为方式通常很被动,即使在权益受到损害时,她们依然选择沉默或等待外在帮助。她们采取行动改变现状的主动性也不高,学习的主动性差也是其中的表现之一。因此,在女性老年各阶段,尤其是退休的早期阶段,社会应该加大老年人学习意识的宣传教育,使她们切实认识到女性老年人社会适应要不断提高自身学习的主动性,主动地拓宽获取外界信息的渠道,增长见识,才能跟上时代的步伐,适应日新月异的社会的变化。社区要在其在不同阶段,依据其关注的热点提供学习机会:老年学、老年心理学、计算机知识、网络知识、信息收集方法、家庭沟通模式等内容提升女性老人积极生活的态度与应对变化的能力,让“自尊、自信、自立、自强”贯穿女性老人的生活始终。

（作者单位:北京行政学院社会学系）

参考文献

[1] 安冰洁. 北京市女性老年人口的现状及未来发展趋势分析. 妇女研究论丛,2005(11).

[2] 陈勃,桂瑶瑶. 女性老年人社会适应的调查与分析. 贵州师范大学学报:社会科学版,2008(6).

[3] 北京市2009年度卫生与人群健康状况报告. 北京晚报,2010-05-14.

[4] 陈巧玲. 我国城市老年妇女的心理与调适. 承德民族师专学报,2005(5).

[5] 杜鹏. 中国老年人的生活自理能力状况与变化. 人口研究,2006(12).

[6] 陈晓敏. 城市老年妇女生活照料的社会支持网络研究. 北华大学

①陈巧玲. 我国城市老年妇女的心理与调适. 承德民族师专学报,2005(5).

学报:社会科学版,2006(12).
[7] 李宇征. 发达国家女性社会保障及对中国的启示. 中华女子学院学报,2009(12).
[8] 李本公. 老龄妇女工作是老龄工作重要组成部分. 中国妇运,2007(2).

婚姻家庭是构建和谐社会的基石

陈一筠

随着我国社会变革的深入和全球化进程带来的社会经济挑战日益尖锐。“以效益替代公平”，过分注重 GDP 的增长而忽视真正的社会发展与大众福祉，已成为我国社会和谐与安全的一种深层隐患：贫富差距悬殊，弱势群体的队伍壮大，官场腐败有增无减，各种政策顾此失彼，以及立法和执法中的问题，使社会矛盾趋向危险的边缘。

党和政府几年前就明确提出“构建和谐社会”的发展目标，并修改和制定了各种相应的政策法规，以建立和完善符合现代民主与人性化要求的社会保障体系（包括医疗、住房、扶贫、救灾等方面），努力舒缓和化解各种社会矛盾。

然而，笔者认为，从中央到地方，决策者们在制定有利于社会和谐的各种规划、政策与法规时，显然缺少家庭这一视角，其缺陷已经凸显出来。一方面，社会投入大量的人力、物力、财力去解决社会中边缘群体、弱势群体乃至危险群体的问题；另一方面，这类群体的队伍却在不断壮大，其中许多成员是由于婚姻动荡、家庭解体而被推向社会边缘，进而成为需要社会救助或惩治的对象，前者多半是些老弱病残者，后者则是越来越多的罪犯。

这里就有一个非常尖锐的问题需要讨论：在中国这样一个人口众多的国家，社会的和谐稳定与安全，个体的生存、健康与福利，是由政府与社会竭尽全力来保障呢，还是由社会通过强健家庭的政策和向家庭配置资源，帮助家庭有效地发挥功能、合理利用自身资源并充分履行对其成员的责任来保障呢？如果答案是后者，那么政府就必须制定切合实际的婚姻家庭政策，使家庭能够充分地提供和利用资源，分担社会难以替代的那些责任。

其实,以美国为首的某些西方发达国家,自20世纪60年代以后,由于婚姻关系受到轻视,家庭大量动荡解体,单亲家庭剧增,其结果是妇女儿童问题突出,贫困化、边缘化人群队伍扩大,青少年辍学、酗酒、吸毒、未婚怀孕堕胎、暴力犯罪等现象越演越烈,这些问题困扰着美国历届政府。20世纪90年代初,美国一位社会心理学家卡尔·普斯迈斯特(Karl. Zinsmester)代表一批学者向美国政府提交的一份研究报告认为,解决美国社会问题的关键在于重新提振家庭的功能。该报告称:堆积如山的科学证据显示,如果家庭动荡解体,子女很难免除身心的伤害,有些创伤是终生难以平复的;家庭破碎与青少年犯罪乃至教育危机有着直接的关系。许多有识之士已深刻地认识到,如果家庭不能对其有困难和问题的成员负起应有的责任,那么,无论社会增设多少救济站、警察,监狱、法庭、戒毒所、心理医院等,都无法弥补家庭渎职的后果。正因为如此,20世纪后期,美国政府和一些民间组织,都开始着力应对家庭问题。例如,美国几个民间团体(价值观研究所、家庭改革研究中心、自由青年),组成一个婚姻教育联盟,自1998年开始举办上千人的大规模论坛,倡导与宣传婚姻家庭健康与幸福的科学与价值,美国联邦政府和大多数州政府每年都拨款支持由论坛组织发起的"健康家庭运动",一些州政府还采取了从公共政策制定到法律修改的各种措施,旨在加强婚前婚后教育、训练与辅导,以预防婚姻解体、降低离婚率。

那么我国各级政府的有关部门和有关的非政府组织,是否也应该学习西方国家那些有价值的经验和吸取他们的教训,针对目前婚姻家庭领域的问题乃至危机,推出一些有效举措,为实现"和谐社会"的目标做出切实有效的努力呢?

在此,笔者就以下几个方面的问题阐述自己的看法。

一、中国社会转型期的婚姻家庭

我们已经习惯于用"社会转型"一词来谈论中国20世纪70年代末以来的社会变革进程,即社会迅速地从其传统类型向现代类型转变。关于"传统"与"现代"的划分,学术界并无一致意见。我们姑且把1949—1978年这30年称为新中国的"传统"阶段,而将1978年至今的这30多年称为"现代化"初级阶段吧。这两个阶段,在经济、政治、文化、人口等方面，确实有着明显的差异。正是社会的变化和差异，在很大程度上决定着婚姻家庭的变化及其趋势。家庭作为社会的细胞，婚姻作为家庭的基础，它们极其敏感地反映着社会变化中的进步与成就，同时也反映着社会发展中的困难与矛盾。

从婚姻家庭所反映的困难和矛盾看，主要是它们的传统功能受到削弱，为其成员提供资源和承担责任的能力都降低了。在中国现代化的“初级阶段”，家庭功能的削弱过程与社会服务保障系统的建立健全过程并未衔接，也就是说，当社会服务与保障系统尚未做好功能代偿的准备之时，家庭自身原有的保障功能就开始弱化了。因此，一部分人的生活、健康与福利已处于不安全、无保障的状态。这至少已构成城市中一大突出的社会问题。即使在西方福利国家，社会服务与福利系统可谓完善，但由于婚姻家庭大量动荡解体而将其中不能自理的成员推向社会，致使福利系统不堪负担，其结果是众多老幼病残弱者、未成年人、失业者、单身母亲等落入贫困、孤独、疏离而无助的境地。

我国家庭功能的削弱，不能不说是与家庭的动荡有密切关系的。虽然我国的离婚率尚不能与西方发达国家40%以上的数字相比，但某种“接轨”的趋势已值得关注了。

中国城乡的离婚率自20世纪80年代以来明显上升。1979—2007年，全国的离婚率从4.7%上升到21%，即上升了近4.5倍（表1）。

表1　1979—2007年全国结婚、离婚统计

年度	登记结婚对数	行政、诉讼获准离婚对数	特定离婚率（%）	总计离婚率（‰）
1979	6 330 538	299 932	4.7	0.66
1980	7 166 528	341 100	4.7	0.70
1981	10 371 000	389 100	3.7	0.78
1982	8 307 000	428 000	5.1	0.84
1983	7 592 269	418 000	5.5	0.84
1984	7 784 094	453 978	5.8	0.80
1985	8 290 588	457 939	5.5	0.88
1986	8 989 000	506 000	5.6	0.94
1987	9 247 372	581 484	6.2	1.10

续表 1

年度	登记结婚对数	行政、诉讼获准离婚对数	特定离婚率(%)	总计离婚率(‰)
1988	8 971 750	655 168	7.3	1.20
1989	9 351 915	752 396	8.0	1.36
1990	9 486 870	799 435	8.4	1.38
1991	9 509 849	829 449	8.7	1.44
1992	9 545 047	849 616	8.9	1.48
1993	9 121 622	909 195	10.0	1.54
1994	9 290 027	980 980	10.6	1.64
1995	9 297 061	1 055 196	11.3	1.76
1996	9 339 615	1 132 215	12.0	1.86
1997	9 090 571	1 197 759	13.2	1.94
1998	8 916 913	1 191 162	13.4	1.92
1999	8 799 079	1 200 566	13.6	1.92
2000	8 420 044	1 210 713	14.4	1.92
2001	8 049 816	1 250 457	15.5	1.96
2002	7 860 287	1 177 165	15.0	1.80
2003	8 114 086	1 330 752	16.4	2.10
2004	8 668 275	1 665 412	19.2	2.56
2005	8 230 508	1 784 791	21.7	2.74
2006	9 449 900	1 912 814	20.2	2.92
2007	9 914 000	2 098 000	21.2	3.18

在大城市，这种趋势更为明显。以北京为例，从 1981 年到 2007 年，离婚率从 2.5%上升到 31.1%，即增加了 10 倍多，这个数字是惊人的(表 2)。

表 2　1979—2007 年北京市结婚、离婚统计

年度	登记结婚对数	行政、诉讼获准离婚对数	特定离婚率(%)
1979	134 940	3 405	2.5
1980	148 716	3 961	2.6
1981	200 458	5 177	2.5
1982	135 059	5 359	3.9

续表 2

年度	登记结婚对数	行政、诉讼获准离婚对数	特定离婚率(%)
1983	117 976	5 322	4.5
1984	113 182	5 661	5.0
1985	129 724	5 874	4.5
1986	142 466	7 270	5.1
1987	150 002	8 937	5.9
1988	113 762	10 722	9.4
1989	103 839	12 575	12.1
1990	92 988	14 199	15.2
1991	91 970	15 297	16.6
1992	88 322	15 449	17.5
1993	89 128	17 829	20.0
1994	89 636	19 921	22.2
1995	84 669	20 160	23.8
1996	85 294	20 708	24.3
1997	83 425	22 257	26.7
1998	84 631	23 683	27.9
1999	83 312	24 135	28.9
2000	80 212	26 616	33.2
2001	79 386	27 683	34.9
2002	76 136	27 691	36.4
2003	93 526	30 637	32.8
2004	126 436	32 657	25.8
2005	96 596	34 244	35.5
2006	171 286	35 505	20.7
2007	117 926	36 622	31.1

二、30 年来的离婚趋势简析

对近 30 年来离婚率上升趋势及其因素的分析，可以说明婚姻变化与社会变革之间的联系。一方面，社会朝着更加民主、人道化和尊重个人权益的方向进步，因而给予了男女公民在离婚抉择方面更加自由和宽松的条件，离婚程序大大简化，法律和社会舆论对离婚抱以更加宽容的态度；其次，妇女在法律上享受到完全平等的离婚自由，并在子女抚养和财产分割上享有优先条件，彻底改变了历史上只有男人休妻、女人不能休夫的男尊女卑传统，这确实是了不起的时代进步明证；此外，从夫妻们提出的一般离婚理由上看，夫妻对情感、心理、文化和性生活等内在质量越来越重视，改变了昔日婚姻作为“经济合作社”、“生育共同体”那种主要为生存、繁衍的原始维系状态；协议离婚的普遍化，也反映了夫妻和平友好分手的文明离婚风尚。然而，我们也要看到另一方面，那就是离婚毕竟是婚姻失败而不得已的选择，不是婚姻幸福的美好结局。无论是对个人、家庭和社会来说，离婚的某些消极后果都是难以完全弥补的。因此，没有一个社会倡导离婚和欢迎离婚。

从表1中可以看出，1979—2007年的29年间，以当年结婚对数与离婚对数之比来计算的特定离婚率增长了4.5倍；而以总人口数与离婚人数之比来计算的总计离婚率增长了4.8倍。

在此需要说明的是，无论是以特定离婚率还是总计离婚率计算，中国的情况与西方国家的情况都不具可比性，这主要是因为我国实施了控制人口的国策。20世纪70年代后期以来，我国人口出生率快速下降。进入20世纪90年代后期，独生子女一代达到结婚年龄，他们的人数大为减少，因而结婚人数明显减少。从表1看，1998—2005年，进入婚龄的人口数明显减少，所以结婚登记数也减少了，而离婚人数却在增多，因而特定离婚率明显上升；而计划生育在北京、上海等城市的效果更突出，所以20世纪90年代后期以来那里离婚率出现陡然上升的数据(表3)。这种由于人口政策导致的人口变化因素，在其他国家是没有的。所以，即使举出2005年北京的特定离婚率达到35%、上海达到38%的数据，也不可对中国大城市与美国大城市(约50%的特定离婚率)的离婚潮同日而语。

在中国离婚率的变化中，我们还可以看到习俗方面的影响，例如人们结婚避开羊年，而猪年又扎堆生孩子，等等，这些都在影响现在和将来离婚率的计算结果。

表 3　1991—2007 年北京、上海、天津三市结婚、离婚统计

年份	北京			上海			天津		
	结婚对数	离婚对数	特定离婚率（%）	结婚对数	离婚对数	特定离婚率（%）	结婚对数	离婚对数	特定离婚率（%）
1991	91 970	15 297	16.6	96 870	17 117	17.7	79 110	6 969	8.8
1992	88 322	15 447	17.5	95 120	17 583	18.5	74 364	8 169	10.8
1993	89 128	17 829	20.0	87 281	18 720	21.4	66 191	8 993	13.6
1994	89 636	19 921	22.2	84 580	20 044	23.7	64 800	10 507	16.2
1995	84 669	20 160	23.8	80 944	22 595	27.9	63 341	10 912	17.3
1996	85 294	20 708	24.3	68 460	24 571	28.4	64 735	12 264	18.9
1997	83 425	22 257	26.7	85 601	27 203	31.4	65 289	12 496	19.1
1998	84 631	23 683	27.9	82 822	29 519	35.6	58 826	12 538	21.3
1999	83 312	24 135	28.9	90 500	31 207	34.4	58 082	12 682	21.8
2000	80 212	26 616	33.2	93 063	31 818	34.2	61 758	13 356	21.6
2001	79 385	27 683	34.9	93 022	31 475	33.8	57 922	13 131	22.7
2002	76 136	27 691	36.4	90 971	29 613	32.6	54 135	11 941	22.1
2003	93 526	30 637	32.8	108 237	32 994	30.5	62 973	14 574	23.1
2004	126 436	32 657	25.8	124 895	36 315	29.1	76 950	18 031	23.4
2005	96 596	34 244	35.5	102 668	39 304	38.2	63 600	18 691	29.3
2006	171 286	35 505	20.7	165 590	47 113	28.4	83 580	21 039	25.1
2007	117 926	36 622	31.1	120 138	46 891	39.0	75 714	22 106	29.1

大家知道，每发生一桩离婚，即一对夫妻分开，就必然增加一个家户。也就是说，29 年中我国因离婚事实而增加的家户数达到 4.5 倍以上，而同期我国人口数量从 9.75 亿（1979 年）增加到13.2亿（2007年），只增加了 1.35 倍。家户数的增加超过了人口数量增长速度，已成为研究社会保障与环境保护的学者们关注的一个世界性问题。

我国离婚率上升趋势中的另一个特点是城市离婚率从增长速度和实际数量上都大大高于农村。这种情况从 20 世纪 90 年代以来尤为明显。这显然与经济发展的不平衡有关。以北京为例，1979 年北京的特定离婚率只有 2.5%，2007 年上升到 31%，上升达 12 倍之多（表2）；而同期全国的特定离婚率从 4.7%上升到 21.2%，即上升了 4.5 倍。当然，这其中除了经济的差距外，还有计划生育水平的影响。北

京在20世纪末已经出现了人口负增长，独生子女家庭普通，出生人口急剧减少。可以预料，北京、上海等大城市，未来10年的结婚、离婚比例会出现更加悬殊的差率，除非有大量的外来未婚移民补充到常住人口中。

在同样是大城市的北京、上海、天津，离婚率上升的速度都较快，但他们之间也有差别，上海最高，北京次之，天津再次。这与经济水平、开放程度和传统观念改变的快慢有关(表3)。

在婚姻登记统计中，我们还看到一个趋势，就是复婚者一直占结婚者的5%以上，有的年度达到7.0%(表4)，这说明这类夫妻中一部分人当初缺少认真沟通和冷静抉择，也可能是因为得不到专业人员的咨询辅导，匆忙地离了婚。当然，“破镜重圆”也是可喜的。近几年大

表4　1990—2007年我国复婚人数统计

年度	再婚人数	复婚人数	复婚与再婚比(%)
1990	782 437	45 253	5.7
1991	816 472	41 822	5.1
1992	769 137	43 406	5.6
1993	773 152	42 412	5.5
1994	786 748	45 025	5.7
1995	833 465	46 369	5.5
1996	861 990	48 044	5.6
1997	921 638	62 752	6.8
1998	979 437	69 160	7.0
1999	1 004 565	57 815	5.7
2000	1 026 155	56 324	5.4
2001	1 124 869	63 442	5.6
2002	1 171 951	68 081	5.8
2003	1 232 937	68 204	5.5
2004	1 520 333	84 799	5.5
2005	1 631 037	115 003	7.0
2006	1 844 262	107 113	5.8
2007	2 031 000	139 000	6.8

城市的“复婚热线”方兴未艾，表明夫妻离婚前确实需要通过法律调解或专业人员的帮助以避免过度的情感伤害，为离婚后双方的自我反省乃至重归于好留下足够的空间。那种“好汉不走回头路”和“好马不吃回头草”的旧观念，在复婚问题上是不可取的。须知，在感情困扰中所做的决定，难免“智者千虑，必有一失”。可惜，我国《婚姻法》明确规定的离婚调解，在实际工作中并未受到重视。目前，不仅在协议离婚程序中调解工作几乎省略了，即使在诉讼离婚程序中，所谓调解也多半是马马虎虎，案子搁置一年半载，也就判离了之。一来是因为婚姻调解涉及深入细微的专业咨询辅导，目前尚缺训练有素的专业人员来承担此项任务；二来法律部门追求“结案率”，判案过程越来越简化，这种“多快好省”的判地处理离婚案件，既可能致使一些原本可以挽救的婚姻“不治身亡”，又可能使一些离婚者未能从调解过程中获益，难以为双方留下“回头路”。

美国芝加哥大学社会学家 W·琳达在其 5 年的追踪调查中发现，至少有 1/3 以上的离婚者在事后表示其后悔的心情。我国复婚率的上升也在某种程度上表明“悔不当初”者大有人在。我国劳动与社会保障部新近决定设置婚姻家庭咨询师的专职岗位，想必可以弥补离婚前咨询调解的不足。

三、导致离婚的因素

离婚现象就像所有的社会现象一样，是各种社会因素和个人因素交互作用的结果。

(一)推动离婚率上升的社会因素

家庭作为社会的细胞，总是受到各种社会力量的影响。近 30 年来，推动离婚率上升的一般社会因素大致有以下几个方面：

第一，作为“经济合作社”、“生育共同体”的传统婚姻功能衰减，维系夫妻关系的外在纽带(经济纽带、血缘纽带、政治纽带及传统观念的约束等)弱化，夫妻之间那种必须相依为命、不得不从一而终、谁也离不开谁的局面改变了。经济生活水平的提高、生育子女的数量减少(已有众多不生育的城市丁克夫妻)、家务劳动减轻等现代生活条件，使得夫妻关系较之过去松散、自由，客观的制约因素大大减少了。

第二，女性的平等、独立意识增强，经济能力和社会、法律地位提高，对丈夫的依赖性下降，使她们能够享受到法律赋予的离婚自由，不必再像传统时代的妇女那样忍受家庭中的不平等待遇，在不幸福甚至遭受暴力虐待的婚姻关系中苦熬到底。实际上，在北京、上海等大城市的协议离婚案件中，60％以上是女方提出的。

第三，在市场经济时代，人口大规模流动，使许多夫妻聚少离多，相互间疏于沟通，感情容易淡化；加之职场中异性交往活跃，使夫妻在婚姻之外的兴趣及时间、精力的投入比例发生了不利于婚姻关系的变化。

第四，法律和社会舆论对离婚的宽容度增加，离婚程序简便易行，大大消除了过去的种种离婚障碍，使人们比较易于做出离婚决定。

第五，媒体对不幸福婚姻的渲染和对婚外情故事的炒作，降低了人们克服困难去维持婚姻的信心；个体主义、享乐主义及性自由价值观的传播，使人们对婚姻关系的承诺感及责任意识大大降低。

(二)导致夫妻离异的几类具体原因

总的来看，夫妻达成协议离婚或一方提出离婚诉讼，不外乎下列四类原因：一是经济原因，二是道德与精神文化原因，三是生理和健康方面的原因，四是社会心理原因。当然，这四类原因之间不是毫无联系的。

第一类原因有：家庭物质境遇恶化(如生意失败，炒股赔钱，赌博欠债)；居住条件恶劣；一方家庭负担过重；一方消费过于奢侈。特别值得注意的是，近年来某些富起来的男女，不惜以高价“买离婚”，这反映出商品经济价值观的影响。“富”离婚者把爱情当做消费品，把婚姻关系当做交易，背离了婚姻的精神本质。

第二类原因包括：夫妻一方不忠；双方性格不合，沟通不畅，文化层次不般配，价值观冲突；性别角色矛盾；职场压力与家庭责任之间的冲突；自私、嫉妒、猜疑；夫妻间缺少平等与尊重；性生活失谐；酗酒、吸毒与暴力等。

第三类原因包括：一方有生理缺陷或在事故中致残；一方或双方患有严重精神疾病或有人格障碍；一方患不孕不育或感染性病、艾滋病而另一方不予谅解等。

第四类原因包括：职业流动与一方地位升迁，导致配偶一方或双方的心态与情感变化；再婚者中继父母与非婚生子女的矛盾损害夫妻关系；姻亲冲突(尤其是婆媳冲突)；一方违法犯罪或入狱。一般来说，夫妻，尤其是青年夫妻经常或长期分处于不同的文化环境及社交圈，夫妻情感交流受阻，性生活也难以保持正常。在这种情况下，即使没有“第三者”的介入，夫妻关系也容易淡化、疏远。

此外，在分析某一桩婚姻的解体因素时，听当事人陈述的多半是婚后生活中的问题，然而，仔细探究某些离婚者的情况，不难发现还有“远因”存在。例如，婚前交往不够，互相了解太少，择偶失慎；婚前性关系已导致怀孕，致使双方勉强结合；父母的意志强加于子女，使其被动结婚；婚姻的功利目的太强，达到和达不到目的都易引起矛盾；单纯以貌取人，忽视配偶的内在素质与人品；婚前已经发现问题，但幻想婚姻可以改变对方。所有这些情况，可统称为“轻率”结婚，无疑会给未来的婚姻生活埋下隐患。这些“轻率”结婚的情况，在当今生活节奏快、人心浮躁、重利轻义、人际交往肤浅的都市社会里，是屡见不鲜的。所谓“闪婚一族”、“爱情快餐”、“一夜情”、“网恋”之类的现象，都在对配偶关系的稳定与牢固发生着消极影响。在这方面，媒体对某些名人及演艺界风流绯闻的炒作与宣扬，无疑又对普通青年男女的婚姻的动荡起到推波助澜的作用。

还要说明的是，单纯由于某一因素而导致离婚的情况并不多见。夫妻矛盾、冲突达到离婚的地步，往往已是多种因素交互作用的结果。例如，职业流动、地位升迁可能使双方的心态发生变化，产生沟通障碍，其结果可能是一方在婚姻之外的兴趣大增，“婚外情”随之而来。又如，一方带着功利目的而结婚，当目的达不到时她（或他）可能在失望与懊悔中另寻新欢。

四、全面评价离婚现象

单独评价某一桩离婚案例，只能由离婚当事者本身或者会同其求助的咨询师去进行；只有作为社会群体现象的“离婚潮流”，才需要并可能从宏观上或整体上加以评价。把婚姻家庭作为一个科学领域来探讨，当然不能对离婚现象作简单的肯定或否定，而要根据大量搜集的数据，较长一段时间的研究去加以阐释。由于我国学术界迄今未对离婚潮流作足够规模的实证研究和跟踪调查，本文只能根据不完整的国内外研究资料和从有限渠道收集到的信息提出粗浅看法。

（一）离婚自由是婚姻自由的组成部分

结婚自由和离婚自由同是婚姻自由的组成部分。承认婚姻是自由结合的两性关系，就必须承认解除这种关系的自由。法律是不能阻止离婚的，因为法官不能强迫已经失去感情甚至充满敌意的夫妻生活在一起。在我国改革开放前的几十年里，离婚曾经不是充分自由的，一些夫妻长期的“冷战”乃至暴力伤害，使双方和所有家庭成员都备受折磨，甚至发生毁及生命的事件。实际上，夫妻感情破裂导致的焦虑、抑郁与怨恨积累过程，比离婚事实的成立本身对当事各方的伤害要严重得多。正因为如此，对那些处在严重伤害甚至险情中的婚姻，必须“长痛不如短痛”地合法分离，用外力强迫这样的夫妻继续生活下去是不人道的。

（二）离婚自由有利于维护妇女人格尊严与合法权益

在漫长的传统社会中，包括改革开放前新中国的传统时期，妇女在行使离婚自由权方面。是受到诸多限制的，除了经济、住房、多于女等因素之外，还有社会的偏见、歧视、不平等和女性自身观念上的障碍。而今，女性在经济、住房上的自立能力增强，生育子女数量减少，性别平等意识提高以及法律保障的加强，使妇女基本上能够享有与男人同等的离婚自由权、离婚后的财产平等分割权和子女抚养的优先权，这说明了我国实施男女平等的国策所带来的巨大历史进步。

（三）离婚给当事者双方提供了重新选择的机会，为摆脱痛苦和重建幸福生活创造了条件

作为现代社会的男女，在生活与事业上总是期待并且可能做最有利于自身发展的选择。有人戏称“一对离婚夫妇，两对美满姻缘”，虽有些言过其实，但合法地解除不幸的婚姻关系的确可给予那些困在不幸婚姻泥潭中的夫妻一条摆脱困境的出路。我们可以用 20 世纪 90 年代以来的离婚与再婚统计资料以及女性再婚所占比例来说明这一点（表 5）。

表 5　1990—2007 年我国离婚、再婚登记人数和女性再婚比率

年度	离婚人数	再婚人数	再婚比率（%）	女性再婚人数	女性再婚比率（%）
1990	159 8870	782 437	48.9	384 332	49.1
1991	1 658 898	816 472	49.2	397 043	48.6
1992	1 699 232	769 137	45.2	370 947	48.2
1993	1 818 390	773 152	42.5	372 456	48.1
1994	1 961 960	786 748	40.1	378 455	48.1

续表 5

年度	离婚人数	再婚人数	再婚比率(%)	女性再婚人数	女性再婚比率(%)
1995	2 110 392	833 465	39.4	399 156	47.9
1996	2 264 430	861 990	38.1	410 915	47.7
1997	2 395 518	921 638	38.5	463 244	50.2
1998	2 382 324	979 437	41.1	497 848	50.8
1999	2 401 132	1 004 565	41.8	499 607	49.7
2000	2 421 426	1 026 155	42.3	508 245	49.5
2001	2 500 914	1 124 869	44.9	579 955	51.5
2002	2 354 330	1 171 951	49.7	601 862	51.3
2003	2 661 504	1 232 937	47.1	607 113	49.2
2004	3 330 824	1 520 333	45.6	770 693	50.7
2005	3 569 582	1 631 073	45.7	742 818	45.5
2006	3 825 628	1 844 262	48.2	866 740	46.9
2007	4 196 000	2 031 000	48.4	973 000	47.9

从表 5 的统计数字看，随着每年离婚人数的增加，再婚人数也在逐年上升，而且再婚者人数与离婚者人数的比例保持在 38%～48%，也就是说，离婚者中有近半数的男女重建了婚姻关系，可见离婚自由的必要性。此外，在重建婚姻关系的再婚者中，女性基本上占一半左右，足见在离婚与再婚机遇上性别平等的程度已大大提高。

(四)离婚的代价是沉重的

如前所说，离婚毕竟是婚姻失败的结局。任何一桩离婚，无论当事者多么努力减轻伤害，都不可避免地在经济、心理、精神上付出代价，有些代价是无法计算的，甚至是终生难以补偿的。从社会层面上看，众多夫妻离异，离婚成为“潮流”，就必然影响到整个社会的和谐安定与文明进步。

1. 离婚对夫妻双方的影响

一般来说，夫妻在结束了一段无法忍受的关系后，往往又陷入了另一种困境：心理上的失落感，角色的紊乱，社会关系网的断裂与重建。这些都可能使离婚者暂时或长久地处于不适状态，特别是对于被动离婚的一方来说，适应离婚后的生活是一个痛苦而复杂的过程。

角色紊乱是养育着未成年子女的离婚者们普遍面临的问题。原来的父母角色变化了，通常是一方失去了以往角色的功能，不能正常表达父爱或母爱，孩子不知如何保持和平衡与父母双方的关系，离婚者不知如何处理与双方过去的朋友关系，昔日的姻亲多半得“断交”。所有这一切，都难免引起当事者内心的不安和失落。

2.单身母亲的困境

近年来，在城市离婚者中，“单身母亲”的行列日益壮大。笔者曾在1990—1995年对北京市两个区法院民庭结案的100对离婚夫妻进行了5年的跟踪访谈。这100对夫妻的年龄都在35～45岁，养育着一个或两个未成年的孩子，离婚后85%的孩子由女方抚养。5年下来，离婚的男方80%以上再婚，女方再婚的不到20%，她们中绝大多数在离婚后经济拮据，住房狭小，承受家庭生活与职场竞争的双重压力，过重的角色负担使其精力和时间“透支”，进而透支健康。单身母亲的身心保健、社会援助、住房解困和医疗保障等，已成为一类新增的妇女问题。而我国的社会保障系统，尚未针对“单身母亲”这一新增的困难群体做出相对的反应。20世纪90年代中期，我国经济改革中出现了大规模的“下岗”潮，而下岗人员中60%～70%为女性。于是，在工矿企业中就出现了一大批又离婚、又下岗，既失去伴侣、又失去工作的女职工，她们构成了城市中新增的一个“特困阶层”，已引起了各级工会组织的关注。然而，这类问题却尚未进入政府决策者的视线。

3.未成年子女受殃及

孩子的成年需要一个完整、和谐、健康、温馨的家庭环境。婚姻的解体导致亲情的分离，父母离婚的过程和结果，都可能使孩子失去正常的成长环境。“孤儿寡母”的生活，使孩子的安全感和自信心受损；不完整的家庭生活，父爱或母爱的割离，给孩子的社会化过程留下缺憾，甚至使他们对日后的两性关系产生疑虑，由此可能影响到他们未来的恋爱择偶或婚姻成败。如果父母再婚，又往往带来继父母与继子女相处的困难。尤其是我国城市夫妻大多只生养一个孩子，父母离异更容易加剧独生子女的孤单感，这已成为我国一胎化政策下一个特殊的社会心理问题。有少数夫妻，离婚后将孩子交由老一辈人或其他亲属抚养，这对孩子的成长也不利。须知，任何人都难以替代父亲和母亲的养育、教育职能。近年来，学术界对隔代养育的弊端进行了诸多研究，总的结论是父母本身担任亲职养育的角色是孩子成长的最佳条件。

家庭破碎，不仅影响到孩子性格、心理、情感的健康成长，而且危及他们今后的人际关系和处世能力。正如前苏联著名的心理学家A·瑟先科指出的那样：父母的婚姻模式对孩子有某种“示范”作用。无论国外还是国内的研究者都认为，青少年犯罪率和心理问题发生率的上升，是与家庭动荡加剧相伴而行的。2007年12月4日重庆晚报刊登的一则消息称，有12个离家出走的少男少女落入了毒贩之手，成为“荡”在社会上的一个团伙，经查他们全部来自离异的单亲家庭。2004年美国13位研究婚姻家庭问题的顶级学者联合发表的一项研究报告《婚姻为什么重要——美国社会科学研究的21个结论》，全面讲述了婚姻动荡对当事者各方特别是对孩子的影响。

4.离婚的社会代价

离婚对社会的影响可以从以下几个方面来分析。

(1)对社会稳定与和谐的影响。大量婚姻解体所带来的单身母亲困境和对未成年孩子的殃及，影响到社会的保障与安全，是构建和谐社会的障碍。毕竟，家庭是社会的细胞，婚姻是家庭的基础，当大量的细胞处于分裂与不健康的状况，社会机体便难以保持真正的和谐与健康。实际上，未成年孩子的犯罪率上升、心理问题增加，单身母亲的贫困化以及她们的身心疾患，已构成一类与家庭动荡直接相关的社会问题，社会必然要从各方面为此付出代价。

(2)离婚潮流使社会保障体系面临严峻挑战。近年来，政府与全社会都在讨论诸如住房、医疗、退休养老、残障者的生活照护等社会保障难题。有一些新的社会保障政策已颁布实施，如修建更多的经济适用房、廉租房、限价房，提高企业职工的退休养老金等；有的正在酝酿，如医疗保障、残障者照护问题等。但人们在讨论这类问题时明显缺少家庭的视角。例如，研究者们在计算北京、上海、天津、广州等大城市目前需求多少万套经济适用房及廉租房时，却并未计算和预测这些城市每年有多少家庭在一分为二，这些解体家庭中又有多少是低收入者，政府要新增多少保障性住房来满足离异后和将要离异的低收入家庭的住房需求。又如，在完整家庭中，老弱病残者首先可期待家人的共同照顾；但分裂后的家庭，照顾的能力大大降低，社会不得不增加对这类服务事业的投入并鼓励市场化服务的发展，可是低收入的离婚者及其年老病弱时却是很难支付这类服务费用的。因此，如果离婚率继续居高不下，低收入者的各项社会保障需求将以不断增加社会负担的办法来补救，这使我国本来十分脆弱的社会保障体系面临更大的困难。

(3)离婚潮有碍节能减排目标的实现。近年来，国外的研究者们已注意到，高离婚率是影响环境和浪费资源的罪魁祸首之一。不久前，美国密西根大学专攻生态学的华裔学者刘建国博士与他的同事们完成的一项研究报告指出，从1985—2000年的10多年间，全球的家庭户数增加迅速，一方面是越来越多的无婚“单身户”队伍壮大，另一方面就是离婚后的分户者剧增。显而易见的是，每增一个住户，自然就要增加资源和空间的占有量，从住房、燃气、空调到电冰箱、电视机及其他家用电器的增加，必然增加能源的消耗。2005年美国的统计数字显示，当年离婚后的住户比未离婚前总计大约多消耗730千瓦电和6 270亿加仑水，多占用上百万个房间。

中国的情形怎样？由于中国的家庭基数大，虽然离婚率不及欧美高，但实际的家庭分户数量大大超过欧美各国。例如，1998—2002年，我国共有603万对夫妻离异，从理论上说，也就是要增加603万住户，即使将一半左右的再婚者减去，新增住户也不少于300万；而同期，美国、巴西、墨西哥、南非、希腊等12个国家才增加了740万住户。从1979—2007年的29年间，我国共有2 785万对夫妻离异，仅在2004—2007年的4年间，离婚夫妻就达746万对。我们缺少关于增加离婚户数对水、电、煤气、住房等资源的消耗和占用数量的统计，实际的数字可能是惊人的。

总之，从整个社会的角度看，离婚不会给社会带来福音，相反，大量离婚家庭的存在，社会必然要付出高昂的代价。遗憾的是，这一问题尚未引起各级政府和民众应有的关注。

五、离婚的社会干预

婚姻既然是经过法律认可的社会关系，它的成立和解除就需要遵从必要的社会制约。任何一个文明社会，都会通过法律和教育手段来调节和干预离婚这一社会问题。这种干预无疑是具有积极意义的。

首先，法定夫妻一方要求离婚时，法律部门应予调解。《中华人民共和国婚姻法》第三十二条规定："人民法院审理离婚案件，应当进行调解；如感情确已破裂，调解无效，应准予离婚。"也就是说，调解是审理离婚案件不可缺少的程序，是社会对离婚进行干预的手段之一。一般来说，即使婚姻危机发展到一方提出离婚的地步，仍需要做调解工作，调解的目的一是尽可能挽救婚姻，二是让离婚过程更为和平与公正。

法律干预的另一个作用是防止滥用离婚自由，并使离婚双方公正地分割财产和承担养育子女的责任义务，保护弱势一方，尤其是妇女儿童的合法权益。针对有些离婚夫妻在监护子女问题上的冲突，《婚姻法》第三十八条规定："离婚后，不直接抚养子女的父或母，有探望子女的权利，另一方有协助的义务。"针对改革开放以来的新情况、新问题，我国 2001 年修订后的婚姻法对夫妻忠诚和禁止有配偶者与他人同居、反对家庭暴力等也做出了相应的规定，并增加了"过失离婚"的条款，允许过失方请求赔偿等。

当然，更有效的干预手段是对准备做夫妻和做父母和已经成为夫妻和父母的男女进行必要的教育和训练。前面讲到离婚的种种负面影响，但并不能认为离婚是唯一的罪魁祸首，其实离婚是婚姻本身不幸福的结果。不过，为什么现代男女经由自愿选择和浪漫爱情而结婚，却陷入了不幸婚姻的泥潭呢？这就涉及夫妻对维护与经营婚姻的价值理念、知识、智慧与技能了。迄今为止，世界上所有的职业都需要通过教育培训获得资格证书，唯有做夫妻和做父母是没有任何岗前训练和技能培训的，因而无知愚昧和无能便成为夫妻经营婚姻的主要困难和问题，也是夫妻生活不幸福乃至离异的普遍原因。以美国为首的西方社会，在反思了半个多世纪的离婚潮及其后果的基础上，开始在婚姻的教育和训练，尤其是婚前教育上下工夫。例如，美国政府每年以数亿美元的拨款来支持各地非政府机构发起的"健康婚姻运动"，其基本内容就是向恋人和夫妻传授维护婚姻家庭幸福的科学知识与沟通技巧。以美国婚姻教育联盟为首的十多个民间组织和大学的研究机构，从 20 世纪 90 年代末开始举办健康婚姻论坛，还把每年从情人节开始的一周定为"健康婚姻周"，来宣示夫妻关系的重要性。有美国、英国、澳大利亚等 20 多个国家参加的健康婚姻论坛，现在已举办了 12 届，每年参加论坛的人数达到数千人，包括专家学者、社区领袖、普通民众及政府官员。美国“健康婚姻运动”提出的口号之一是“通过增加健康而幸福的婚姻来降低离婚率”。

2004 年，美国国会通过了一项新的法案，确定政府每年拨款 3 亿美元，以支持各州的健康婚姻运动。此项资助款主要用于婚姻教育和夫妻关系训练，以增加社区中享有幸福婚姻的夫妻数量，从而降低离婚率。

随之，各州政府效法联邦政府的努力，也纷纷出台强化婚姻的各种改革措施。例如，奥克拉荷马州长提出要在 10 年内把该州的离婚率降低 1/3 这一目标，该州已在 2000 年提供了 1 000 万美元作为举办相关培训活动的经费。密西根州更是雄心勃勃地提出要把离婚率和非婚生育率降低 25％的目标，要求离婚夫妻在申请离婚前参加一个学习班，充分了解他们的离婚行动将可能对孩子造成的影响。佛罗里达州还规定了申请结婚的夫妻要有 3 天等待期并参加四小时的婚前辅导才能领到结婚证书，目的在于让新婚夫妻学习到经营和维护婚姻的理念和基本知识。佛州的教育部门还规定了高中生要学习婚前准备课程。

总之，以增加幸福的婚姻而不是增加痛苦的婚姻来降低离婚率，是近年来欧美各国健康婚姻运动的主要目标。这是对婚姻家庭动荡问趋势的有效社会干预。相比之下，我国在这方面的干预就显得软弱无力了。尽管各地的相关部门（主要是妇联）也在开展“五好文明家庭”、“模范夫妻”评选等活动，但内容比较肤浅，有的流于形势，缺少科学内容和专业人员的参与。在强化婚姻和巩固家庭方面，我国的政府和非政府组织似乎都尚未表现出足够的兴趣与热情。

我国没有专门管理婚姻家庭事务的政府机构，从中央到地方政府的决策和对社会问题的研究，都明显缺少婚姻家庭这一视角。近年来日益上升的离婚率，似乎尚未引起政府和全社会的重视。结婚和离婚既然是一个社会法律事件，就需要一定的社会控制和干预。近几年在结婚与离婚的政策改革中，显示出了宽松有余、制约不足的弊端。在办理协议离婚的民政婚姻登记部门，离婚证书往往是“立等可取”。据悉，有个别夫妻拿婚姻当儿戏，当天结婚当天就办了离婚；至于结婚数天至数周办离婚的，更不足为奇。这种“闪结闪离”现象，已引起部分专业人士对婚姻的法律严肃性的担忧。当然，对婚姻的直接社会制约和干预是一个敏感而复杂的问题，需要决策者在深入调查研究并广泛听取民众意见的基础上加以谋划；但从间接的层面上，加强婚姻家庭的科学教育与咨询辅导，特别是结婚前和离婚前的教育辅导，总是必要的。我国劳动与社会保障部门在 2007 年就宣布了要为此设立一个专门的职业岗位—婚姻家庭咨询师，并已着手组织教材编写和实施培训，这是一件可喜的事。

总之，婚姻家庭的健康、文明和稳定，事关国计民生，该是进一步引起政府和全社会关注的时候了。我国社会在这方面绝不能走欧美某些国家那条积重难返之路。

（作者单位：中国社会科学院社会学所）

京郊农村妇女心理健康状况调查与家庭和谐发展研究

齐 力

心理健康问题越来越受到人们的关注，但国内对妇女身心健康的研究还多停留在以城市妇女为主要对象上。农村妇女的心理健康水平及分布状况如何，影响农村妇女心理健康的因素有哪些，这方面的调查研究和相关文献不多，有许多问题有待通过调查来发现并加以解释。京郊地区大多数农村妇女不出去工作，在家庭中扮演着多重角色，其家庭和社会地位和作用与城市妇女不同，其心理特点和心理健康状况也必然有所不同。农村妇女的身心健康决定了农村家庭整体的健康状况，也是实现新农村建设的基本保障。本次调查试通过对北京远郊延庆县康庄乡的8个行政村部分成年女性抽样调查，初步了解该地区妇女的基本心理健康状况，并对结果进行相关因素分析。

建设社会主义新农村是《中共中央关于制定国民经济和社会发展第十一个五年规划的建议》中最引人瞩目的亮点之一。中国"三农"问题经济学家韩俊在其所阐述的新农村模式中建议：建设新农村的根本措施是培育新型农民。在建设新农村的过程中，要把培育新型农民当做一项根本措施来抓，通过提高农民的科技文化素质，提供有力的人才保障。根据这一目的，本研究通过抽样调查来了解农村女性的基本心理情况。笔者认为，关注农村广大妇女的身心健康水平，对实现上述目标有着积极和深远的意义。

一、关于京郊农村妇女心理健康状况的调查

(一)研究对象

笔者于2008年8～9月采用随机抽样方法入户进行调查,调查对象为北京郊区延庆县康庄乡马坊村、东红寺村、四街村、郭家堡村、马营村、张老营村、小丰营村、大路村共八个行政村的部分成年女性。调查对象的平均年龄为37.8岁,调查总人数为76人,发出问卷调查76份,收回69份,收回率90%,其中有效问卷48份,有效率为70%。被调查人群全部为已婚妇女。

(二)研究方法

本次调查采用临床症状自评量表SCL-90,该量表共有90个题目,分为10个因子:①躯体化;②强迫症;③人际关系敏感;④抑郁;⑤焦虑;⑥敌对;⑦恐怖;⑧偏执;⑨精神病性;⑩附加项目。每项因子实行1～5分制,当因子分$t<2$为健康;$2\leqslant t<3$为有轻微心理症状;$t\geqslant 3$为有中度及中度以上心理问题。该量表在目前国内心理健康诊断中被广泛应用,具有较高的信度和效度。

此外,调查表还设置了一些生活背景调查,如年龄、子女状况、收入状况、与家人的关系及居住方式、对生活的满意情况及对现实生活的担心有哪些等。将以上情况进行各种统计处理,描述出分布趋势及各种相关,用来对SCL-90结果进行分析和探讨。

二、调查结果与分析

(一)SCL-90因子分布情况(表1)

从表1可看出,调查人群在9个因子上的平均得分总体趋向良好,每个因子基本上有85%以上得分小于2,这些个体心理状况良好。虽然有一定比例人群得分在2～3,表现为轻度心理不适,但没有出现3分以上者,说明该人群无中重度心理问题。

本次调查结果显示,整体人群心理状况良好,没有出现中重度以上心理问题者,而轻度心理不适人群所占比例也不高。

表 1　延庆县康庄乡抽样妇女 SCL-90 各因子的分布情况

因子项目	心理状况良好 因子水平：$t<2$		轻度心理不适 因子水平：$2\leqslant t<3$		中度以上心理问题 因子水平：$t\geqslant3$		因子水平平均数
	人数	百分比（%）	人数	百分比（%）	人数	百分比	
躯体化	45	94	3	6	—		1.401
强迫症状	41	85	7	15	—		1.542
人际关系敏感	43	90	5	10	—		1.37
抑郁	44	92	4	8	—		1.369
焦虑	47	98	1	2	—		1.248
敌对	44	92	4	8	—		1.309
恐怖	47	98	1	2	—		1.161
偏执	42	87	6	13	—		1.306
精神病性	48	100	0	0	—		1.156
附加项目	45	94	3	6	—		1.336

SCL-90 量表在国内主要应用于临床研究，特别是精神卫生领域，已经广为应用。表中包括 9 个因子，每一个因子反映出个体某方面症状的痛苦情况。其中躯体化主要反映身体不适感，包括心血管、胃肠道、呼吸和其他系统的主诉不适，以及头痛、背痛、肌肉酸痛，也有焦虑的一些躯体表现。强迫症状主要指那些明知没有必要，但又无法摆脱的无意义的思想、冲动和行为，还有一些比较一般的认知障碍的行为特征也在这一因子中有所反映。人际关系敏感主要指某些人不自在与自卑感，特别是与其他人相比较时更加突出。在人际交往中的自卑感、心神不安、明显不自在以及人际交流中的自我意识，同时消极的期待亦是这方面症状的典型原因。抑郁苦闷的情感与心境为代表性症状，同时还会出现生活兴趣的减退、动力缺乏、活力丧失等特征。还反映失望、悲观以及与抑郁相联系的认知和躯体方面的感受。另外，也包括有关死亡的思想和自杀观念。焦虑一般指那些烦躁、坐立不安、神经过敏、紧张以及由此产生的躯体症状，如颤抖等。测定游离不定的焦虑及惊恐发作是该因子的主要内容，还包括一项躯体感受的项目。敌对主要从三方面来反映敌对的表现思想、感情及行为。其项目包括厌烦的感觉、摔物、争论直到不可控制的脾气爆发等各方面。恐

怖的对象包括出门旅行、空旷场地、人群、公共场所和交通工具。此外,还有反映社交恐怖的一些项目。偏执是围绕偏执性思维的基本特征而制订,主要指投射性思维、敌对、猜疑、关系观念、妄想、被动体验和夸大等。精神病性反映各式各样的急性症状和行为,有代表性地视为较隐讳,限定不严的精神病性过程的特征,此外也可以反映精神病性行为的继发征兆和分裂性生活方式的特征。附加项目主要用于补充以上 9 个因子,使各因子分之和等于总分。

本次调查结果呈阳性项目的因子,其所在人群的比例从高到低排列分别为:强迫症状、偏执、人际关系敏感、抑郁、敌对、躯体化、焦虑、恐怖、精神病性。其中,强迫症状最高,为 15%,偏执为 13%,精神病性为 0。这一结果究其原因有可能是:①家庭教养方式对其人格的影响导致某些心理不适症状。农村家长的文化层次不是很高,有可能影响子女全面素质的培养和教育,尤其是个性品质的培养。例如,简单粗暴的教养方式容易使子女出现偏执、敏感的个性特点,其行为会出现强迫症状。人格不健全还会导致认知方式的偏差,在处理各种问题上不能全面分析,容易钻牛角尖,偏执、人际关系不良等。②经济上的不富有可能导致的自卑和焦虑心理。目前农村多数家庭还处于较低收入人群,家庭经济困难使个体需要长期得不到满足,与经济优势家庭比较,不富裕的家庭因为基本生活问题,更容易形成压抑的心理倾向,常常会陷入一种焦虑、苦恼、矛盾的不愉快的情绪体验之中,这也会导致其心理和身体上出现不适应感。③女性特有的心理特征也会产生心理不适现象。与男性相比,女性更容易出现自卑、多疑、情绪低落、失眠、神经过敏、忧郁、怯懦恐惧等不良心理。

(二)生活背景及生活状态调查结果(表 2)

生活背景及生活状态调查内容包括调查对象的年龄、子女状况、收入状况、与家人的关系及居住方式、对生活的满意情况及对生活的担心等。结果显示调查对象多集中在 40～50 岁,平均年龄为 37.8 岁,为中青年女性人群。有一半人愿意和公婆同住,无所谓者占 1/3 左右,较少人选择不愿意。子女数量多为独生子,无 3 个以上多子女家庭。年收入集中在 4 000 元左右,但较低收入者(年人均收入低于 4 000 元)和高收者(年人均收入万元以上)也分别达到 17%和 10%,说明该地区收入不平衡。对生活的满意情况呈正态分布,多数人基本满意,选择非常满意者比例稍高于不满意者。对现实生活的担心按选择率由高到低排列分别为疾病、收入、子女教育、人际关系、夫妻感情,其中83%的人群对疾病表示担心,40%和37%的人对收入和子女教育担心。

表2 生活背景及生活状态调查结果

项目	年龄	人数	百分比(%)
年龄	小于20岁	1	2
	20~30岁	7	15
	30~40岁	13	27
	40~50岁	27	56
是否愿意与公婆同住	愿意	24	50
	无所谓	16	33
	不愿意	8	17
子女数量	1个	28	58
	2个	18	37
	3个及以上	0	0
家庭人均年收入	低于1 000元	0	0
	1 000~2 000元	1	2
	2 000~3 000元	7	15
	3 000~4 000元	15	31
	4 000~5 000元	7	15
	5 000~6 000元	3	6
	6 000~7 000元	4	8
	7 000~8 000元	2	4
	8 000~9 000元	1	2
	9 000~10 000元	3	6
	10 000元以上	5	10
对现在的生活是否满意	很满意	10	21
	基本满意	30	62
	不满意	8	17
对现实生活有哪些担心	疾病	40	83
	收入	19	40
	子女教育	18	37
	人际关系	2	4
	夫妻感情	1	2
	其他	0	0

以上结果中，大多数妇女选择愿意与公婆同住，很显然与现代女性要求独立的心理以及现代社会的小家庭模式背道而驰。导致这一原因有可能与农村女性大多没有工作和经济来源有关，与公婆同住一方面可缓解经济压力，同时也可在教育和抚养子女上更多地寻求家人的帮助。此外，对现实生活最大的担心多集中在疾病、收入和子女教育上，这一结果反映出农村妇女普遍的焦虑所在。由于目前大多数农村社区没有医疗保险，农村比城市人更担心生病后高额的医药费给生活带来的巨大压力，这也能解释表 1 中一些诸如焦虑、恐惧等心理不适应症状。本次调查人群多数属于较低收入范围，经济上的困难与教育费用的偏高使其在心理上不断产生冲突，引发各种心理不适应症，因此，收入和子女教育问题都成为被调查者所担心的问题。

（三）部分调查项目与生活满意度的相关分析（表 3）

表 3 部分调查项目与生活满意度的相关分析

	年龄	收入	子女数量
生活满意度	$r=-0.1373$	$r=-0.0956$	$r=-0.0205$

调查结果显示，年龄、收入和子女数量与生活满意水平无明显相关，调查对象对生活的满意程度不受这些因素影响。

三、讨论

从本次抽样调查的结果可以得出这样的结论：农村妇女整体人群心理状况良好，没有出现中重度以上心理问题者，而轻度心理不适人群所占比例也不高。如何正确看待这一结论，是不是意味着农村妇女心理问题较少，农村女性的心理健康水平较高？本次抽样调查结果是否具有代表性？这都是不容忽视的内容。

从抽样范围看，本次调查选取的是中等收入的县乡村，8 个行政村也属于人口和收入中等水平。调查对象分别出自 8 个村，年龄多集中在成年女性，具有一定代表性。因此，经济状况、人口数量和调查对象的年龄相对稳定在中等水平，具有整体代表性。

调查结果显示农村妇女整体人群心理状况良好，这一结论与国内的一项调查相吻合，根据国内一项针对 500 位年龄在 22～25 岁的北京城乡职业妇女进行的健康状况和生活满意度调查结果显示，生活、工作良好，受过较高教育的城市职业妇女，其精神健康状况反而不如农村妇女。这是由于城市职业妇女大部分是白领，从事脑力劳动；另外，她们的工作多样化、复杂化，对工作的注意力、责任心及个人能力要求较高，因此面临的刺激较多。而农村妇女工作时间较自由，季节性、随意性大。此外，由于工作时相处的大多为亲朋，因此彼此间关系比较融洽。

调查问卷中，被调查者在现实生活最多地表现为对疾病的担心，其担心程度远远高于其他项目，83%的集中比例足以说明我国农村地区医疗保障的不健全，这种不健全已经影响到人们的心理健康。农村人生不起病，看不起病的现象非常普遍。此外，在收入和子女教育上问题上，也反映出农村妇的焦虑担心，而这些都是一般农村的普遍现象。

由于农村各项经济社会事业投入不足，后果不仅是缺水少电、交通不便等影响到农民生活质量，甚至基本的看病就医、读书上学也难以满足。据卫生部估计，全国农村人口中 40%～60%，看不起病或因病致贫。一些贫困地区，尤其是西部，60%～80%的患病农民死在家中。湖南的一项调查则表明，农村孩子从进学校门到高中毕业，在 20 世纪 80 年代共需支出 108 元，90 年代需支出约 8 000 元，到 2004 年则需支出约 3 万元。

2005 年 4 月温家宝在四川巴中考察时对乡亲们说："我心里始终有三件事放不下：一是让农村孩子能上学，二是让农民看得起病，三是让农民过上好日子。"温家宝总理在河北农村考察时更进一步明确指出，建设社会主义新农村要为农民办好四件大事：一是发展农村经济，二是推进农村综合改革，三是发展农村社会事业，四是增加农民收入。

四、关注农村妇女心理健康，促进农村家庭和谐发展对策与建议

（一）提高农村医疗卫生水平，完善农村医疗保障制度是缓解广大农村妇女心理问题的首要保证

我国大部分人口生活在农村，没有农民的健康就不可能实现农民的小康，没有农民的小康，全社会的小康目标也不会实现。农村卫生是农村公共事业的组成部分，是建设社会主义新农村的重要内容，大

力发展农村卫生事业，提高农民健康水平，对于保护农村生产力、振兴农村经济、维护社会发展和稳定的大局，对于构建和谐社会、建设社会主义新农村都具有重要意义。

“十一五”规划强调了以提高农民医疗服务水平为目标，完善财政保障机制，落实发展规划，加强队伍建设，深化体制改革，积极推行农村新型农村合作医疗制度，大力推进农村卫生事业，为建设社会主义新农村承担起保障农民健康的重要责任。目前要完成三大任务：第一，提高服务水平和服务的能力。第二，健全医疗保障制度。第三，深化改革，从体制、机制上来完善农村卫生整个服务体系，最终达到提高农民健康水平的目标。从本次调查结果看，第二点任务尤为重要和急迫。目前支撑我国农民的医疗保障体系是两个制度在支撑，一个是新型农村合作医疗制度。一个是贫困家庭的医疗救助制度。我国从 2003 年起在全国开展试点工作，各级政府通过财政投入，鼓励农民参加新型农村合作医疗。到 2005 年 9 月底，全国开展新型农村合作医疗试点县市区达到 671，覆盖了 2.33 亿农业人口，在覆盖人群当中，参加合作医疗的农民达到了 1.77 亿，农民的就诊率和住院率明显提高，经济负担有一定减轻，因病致贫、因病返贫现象有所缓解。只有让人口占大多数的所有农民都积极地参与新型农村合作医疗制度中来，中央和地方政府给予大力支持，农民才能真正改善健康状况，减缓心理压力和各种焦虑，免除心理上的后顾之忧，实现内心的安全感，提高心理健康水平。

（二）构建新农村教育制度是解除广大农村妇女的重要措施

目前我国农村存在一些教育制度缺陷，例如，农村教育经费筹集机制和农村国民教育体系不健全。教育经费投入不足，教育付费机制也不合理。国务院发展研究中心 2000 年的一项调查显示，目前我国义务教育投入中，乡镇、县、省和中央的经费分担比例分别是 78%、9%、11%和 2%。而乡镇和县级负担（占 87%）实际上都转嫁给了农民。农民负担了大部分的教育成本，这是不公平的。这种机制造成一方面农民苦不堪言，另一方面教育经费严重不足，主要体现在：运转经费降低，学校运转越来越困难；税费改革后，学校安全经费降低，危房改造和校舍建设很难；辍学率趋高；教师工资不能保证，人才流失严重；教育质量难以保证。此外，农村教育几乎等同于九年制义务教育，辍学者和成年人的继续教育是空白。

“兴于诗，立于礼，成于乐。”“再苦不要苦了孩子，再穷不要穷了教育。”“十年树木，百年树人。”教育在社会生活中的重要作用更是与日俱增，办好教育是惠及千秋万载的大事，是我们社会取得可持续发展的基础和保障。“生产发展、生活宽裕、乡风文明、村容整洁、管理民主”是我们社会主义新农村建设的基本要求，我们在任何时候都不能忘记了，我们必须记住的是，这 20 字基本要求中的每一项都涉及了教育、涉及了农村人口素质的提高。

因此，构建农村教育的公平机制是目前亟待解决的问题之一。知识和技能是一个人参与社会、获得劳动机会的关键，教育是获得知识和技能的重要手段。尽管人是生而平等的，然而，由于人生自不同的家庭，受遗传、父母教育力和经济能力等因素的影响，不同个体受教育的机会和程度将会存在客观差别。发展新农村教育，则有助于弱化这种差别。加大农村教育经费投入，降低农村子女上学支出比例是实现这一目标的重要举措，同时也是缓解农村妇女由于对教育问题担忧而产生焦虑、抑郁等心理问题的必要手段。

（三）关注农村妇女的心理健康状况

农村妇女的家庭和社会地位和作用与城市妇女不同，其心理特点和心理健康状况也必然有所不同。本次调查显示，大多数农村女性受经济和其他条件影响，仍沿袭祖孙同堂的大家庭生活。48 名调查对象中，有 27 名妇女的丈夫在家务农，占 56%，其余 21 人的丈夫在外打工，占 44%。即有约一半的妇女作为留守女人，独自承担着家庭责任。由此可见，有相当一部分农村女性在家庭和社会生活中扮演着核心角色。她们上要照顾年老公婆，下要承担抚养教育子女的责任。因此，农村妇女作为家庭的核心力量，她们的身心健康水平直接影响和决定了农村家庭整体的健康水平。

目前，心理健康问题在农村还远没有被重视起来，心理健康是身心健康的重要部分，对广大的农村妇女而言，心理健康直接影响着自身的情绪、家庭关系、邻里关系、子女教育等各个方面。我们不能忽视在农村女性群体中存在的各种心理问题，这些问题如不能得到关注和正确解决，必将影响许多农村家庭的和睦稳定和健康发展，也必将近对下一代子女人格发展产生不利影响。

因此，全社会都应该关心农村妇女的心理健康问题，应从宣传入手，采用多种宣传方式普及心理健康知识。例如，可利用板报、宣传小册、文艺下乡演出、电视节目、专家讲座等形式，向农村妇女灌输心理健康的重要性和相关知识，使她们在观念上强化心理健康概念，自觉地运用心理健康知识进行自我心理调节。此外，对乡村医生和妇女主任进行短期心理培训，使他们能及时处理由心理问题引发的各种一般性心理冲突，缓解由此带来的各种人际矛盾和其他问题。同时，鼓励心理医生和专家定期下乡为广大妇女排忧解难。

（作者单位：北京农学院）

参考文献

[1] 侯志明. 现代女性心理咨询. 北京：春秋出版社，1989.
[2] 朱月龙. 心理健康全书. 北京：海潮出版社，2005.
[3] 汪向东，等. 心理卫生评定量表手册. 中国心理卫生杂志增刊，1993.
[4] 四川医学院. 卫生统计学. 北京：人民卫生出版社，1981.
[5] 张浩. 面对压力. 北京：中国盲文出版社，1999.

母爱视域下现代型和谐家庭文化建构

——从现代向远古“母神文明”的追溯

王红旗

建构现代型和谐家庭文化，是人类现代性文明的基础问题。因为，人类进化到现代社会，男权文化性别霸权的片面性，导致男性意识的膨胀，造成其人性的不完善，正在威胁着人类的生存与未来发展；极端女性主义操持利刃的性别战争，偏锋的情绪代替了理性的批判，造成了思想迷失而无法抵达更高的哲学层面。凡此种种，对人类完善的心智而言，可以说是一种深度危机。而原型母神，在那个肉体与灵魂都毫无掩饰的时代里，在创造“母神文明”的过程中，体验着女性自我身体强大的创造力，把自己经验为自然万物生命的伟大“母亲”，以博大的“母爱”与她的子民和大自然有着浑然一体的稚朴、纯真、坦率、浪漫与绚丽。重温这种更深远、更终极的精神真实存在，对当代社会人生价值观、爱情婚姻观的大变局，导致的种种家庭危机，仿佛是一种救赎。因为，“母神文明”的光耀昭示着母爱是建构现代型和谐家庭文化的“原乡”。

从远古时代起，每一个时期的文化就像镶嵌进一幅画里，形成水乳交融的文化年轮，都在影响着人们的意识与思维。现代诗人以黑色的火焰来阐释现代性，可曾记否，在太阳还没有诞生之前，宇宙是一个黑色的大圆。也就是说，黑色是人类的原初，大圆是女性、母腹的隐喻。在这里，“大圆”作为“原型”，是一种普遍的象征。原型神话的想象是人类凝结在历史中的无意识经验。诚如荣格所说：“原始想象可以被恰当地描述为本能的自我认知，或本能的自我描写。”原始想象是源于“同一种经验的无数过程的凝缩”或“心理经验的积淀”①，是人类深藏于灵魂的记忆。其实，自人类诞生伊始，“母爱”就以其无形的深邃影响着全人类各民族的文化传统。永远活着的原型母神，如西方的圣母、东方的观音、希腊的夏娃、埃及的拉神、中国的女娲和日本的天照大神……原始母爱以神话形式传承于人类漫漫长河之中，谱写着母爱亘古不变的温情。如果把绘画艺术的三原色比作人类的爱、家与梦，那么，红，是爱的颜色；黄，是家的颜色；蓝，是梦的颜色。“三”是宇宙生成论哲学意义上的“三生万物”；“原”是原本、原初。我们由此不仅会认识到人类灵魂与精神的历时性与共时性、共通性与差异性。更会惊奇地发现，世界不同地域、不同国家原始母系社会“母神文明”的同质性，是超越女性单极文化的、男女内在经验统一的原始体系。可以说，原型母神博大的生命之爱是人类大家庭的内在核心。

追溯“人类与万物共一”的文明起点，原始母系社会原型母亲对宇宙万物生命之爱的红色大圆，如红日喷薄而出，击穿数万年天与地的时空，一种从远古历史指向未来学意义上的大美景观——在那样远古的历史场景里，原型母神用母亲的生命之爱，孕育着人类肉体的和精神的生命，却不自以为主宰，伟大的母爱意识成为天地宇宙、人与自然一切行为的准则。那个世代原型母神的血缘之爱，是宇宙万物的生命之源。原型母神在体验自我角色与身体之血变形的过程中，把如同母亲的生命之爱赐予宇宙万物，形成了母性原型意识。这一点，在世界各国的原始神话里有着本质的相似性。

一、红是母亲的生命之爱

原型母神认为，女性作为宇宙生命的创造者，能包容整个世界，其本身就是大自然和大地，是宇宙万物生命生生不息的永恒的再生者、保护者和养育者，是一切生命的母亲。而“这位母亲永远是同一个。她在终极意义上是大地，由大地上的女人直到无数世代的母亲们和女儿们来代表。”因为，女性不是男性创造的，也不是为男性的生殖目的而存在的。女性自己身体之血变形的经验告诉自己：“男性从它里面产生而且从它本身产生。男性是一个播种者，只是大地的一个工具，而他播下的种子并不是‘他的’种子，而是大地的种子。伟大的容器在

①［德］埃利希·诺依曼. 大母神——原型分析. 李以洪译. 北京：东方出版社，1998.

其自身中生成了它自己的种子。它是无性生殖的,而只要求男人做开始者、耕夫和播种者,这种子来源于女性的大地”。弗罗贝尼乌斯的见解巧妙解释了神话里的“感生说”、“知母不知父”的原始母系观念形态①。而在埃利希·诺伊曼看来,女性强大的孕育生殖力,缘于女性内在的生命之爱——如同女性身体之血的变形秘仪一样无限。而且这种从女性身体本质意义上的解释,却是人类生理与心理人格形成的原始基础。

女性身体之血的一次次变形密仪,是女性生命之爱能够无极延展的内在本质。女性在从少女变为女人,变为母亲,在怀孕、分娩与哺育的过程中,形成了母与子之间生命之爱的血缘关系。初潮,是女性第一次血的变形,性成熟是少女成为女人的标志,会生出一种潜在的母性意识;初夜,是女性第二次血的变形,表现在世界各地的宗教或婚姻的庄严仪式上。在中国文化里,初夜因处女膜破裂流出的血被称为“落红”、“红玫瑰”等等,女性会用各种不同的欣喜方式纪念自己成为真正的女人;怀孕,是女性第三次“血”的变形,怀孕期间经血不再外流,而是通过脐带孕育腹中的婴儿,婴儿在母亲身体的子宫里与母亲构成了一种血的哺育关系;分娩,是女性第四次“血”的变形,随着分娩过程婴儿脱离了母体,母亲的血就变成了哺育婴儿的白色乳汁。母亲,以庇护孩子成长的经验,传递着母爱的“接力”,让人类之大爱绵延不绝。

原型母神对宇宙万物的生命之爱,在原始女神艺术里被表现得淋漓尽致,也是缘于其真实的生命经验。如古欧洲旧石器遗址发掘出的“史前维纳斯”女神像群,法国洛塞尔地方出土旧石器的石灰石浮雕维纳斯“持牛角母神”,奥地利发现的威林多夫的维纳斯,捷克出土的冰河时代的女神陶塑像“黑色维纳斯”,新石器时代的泥雕色雷斯原始女神,还有印度、希腊、意大利、西伯利亚发现的原始女神像,与中国在长江黄河流域、少数民族地区出土的原始女神泥塑、石雕的造型,有着文化的同质性。它们有的是夸张“性”的特征和欢愉,有的是夸张丰满的乳房,甚至全身有许多乳房,或者全身布满婴儿,都是极力强调原始女神的原型母亲特征。就像叶舒宪先生所言:“如果要从实物证据方面说明人类早期崇拜之神的性别,那么这些巨腹豪乳雕像只能倾向于证

①[德] 埃利希·诺依曼. 大母神——原型分析. 李以洪译. 北京:东方出版社,1998.

明当时只有女神、母神。后世的女神尽管千变万化，但其中的原型只能落实到这些肥硕怪诞的造型。”[①]这是母系社会原型母神，以母亲的生命之爱庇护子民繁衍生息的明证。

在中国神话里，女娲是创造一切生命的“万物之母”的原型母神。从最原始的女娲描写《山海经·大荒西经》里的“女娲，故神女而帝者，人面蛇身，一日七十化。……”《说文》里的“娲，古之神圣女，化万物者也”等文字记载，到辽宁红山文化女神庙遗址发现的“葫芦形带状”祭坛形体，还有放在祭坛上的两尊用红黄色胶泥捏制的裸体女神像，“施红色陶衣打磨光滑，突出挺着的大肚子，呈鼓圆形；左手曲之身前，靠在大肚子上；腹下有表示性器官的记号，臀部肥硕，向后凸起。”夸张的胸、腹部造型与红色，都显示出母腹的血缘之爱，孕育生命的神性力量。[②]

二、黄是母亲用生命之爱创造的栖身屋宇

黄土象征大地母亲，或者是大地母亲温暖的母腹，与人类有着如同母与子般的亲缘关系。从原始意义上讲，家从原型女神栖身的洞穴、巢穴，到红黄色的原始女神宫殿，再到象征最高皇权的金黄色宫殿，揭示了人类之家的性别变迁。但是，丢失女性母性生命之爱的基因，人类已经付出了惨重的代价。在中国漫长的封建社会，无论是家庭或国家的文化意识都在向男权单极方向倾斜与延展。这其间隐喻了男权文化更多欲望与金钱、统治与霸道的因子。

人类最原始的家，是如同原型母神的子宫一样的巢穴，或是山阳水阴群居的洞穴，或是如有巢氏“昼拾橡粟，暮栖木上”的“巢”式居所；最神圣的家，是原始宗教祭祀的女神庙，或者是原始母神死亡后安放遗体的坟墓。现代考古对女神庙、家的发掘，发现其为原始母系社会的“上层建筑”，色彩大多是红、黄、朱、褐色组合，形状或方或圆，三间、五间，或是简单的一层、两层，三层。在颜色、形状上都与母亲的生命之爱有着内在的一致性。一个非常值得关注的现象，无论在东方还是西方，女神庙最早与住宅的建筑不仅结构相同，而且是和住民区相融

①叶舒宪. 千面女神：性别神话象征史. 上海：上海科学出版社，2004.

②陆思贤. 神话考古. 北京：文物出版社，1998.

在一起。可以想象原始母系社会的日常生活，与神庙的祭祀活动有着相似的神性与神圣。原始母神把制作陶器、纺纱织布、烤制食物、酿制祭酒都纳入神圣的活动仪式，人与神的生活都是如此相似。那是一个功成自然、平和、平等、暖意融融的祭祀与生活的场所，是原始母神与子民们的双重家园。

正因为家的原始象征是母腹，是原型母神的身体与子宫。在更早发现的华族核心文化遗存——仰韶文化时期的“华山玫瑰”红彩陶罐，马家窑文化出土的人虎纹彩陶罐、裸体女神像与蛙的彩陶罐，等等，这些原始宗教祭品无论色彩、形体都有着母腹与家的隐喻。现代考古众多以泥土为原料的女神小雕像陶罐的发现，也证明了史密斯先生所说：“在一切宗教中，罐母神（Mother Pot）都是一个真正基本观念，在气流形过程中几乎遍及了整个世界。罐与大母神的同一，深深根植于世界大部分地区的古代信仰之中。”陶罐的意象是女性身体与子宫的象征。而陶器的制作和修饰，属于原始时代女性艺术家特有的职能。如出自特洛伊德西萨里克的两个原始女神形象的陶罐，都是用红泥塑成的女神面孔罐。而罐体一个是肚脐上的圆口瓶象征母亲与婴儿的内在关系，一个是乳房，象征着母亲与婴儿的外在的施予性关系。[①] 这样就生成了一种家与子宫的同构性的原始关系。因此也可以说，神庙和坟墓里的陶罐是安放灵魂与精神的家，现实生活里的家就是陶罐形状的放大，是母亲巨大的子宫。可以发现，在原型母神意识里，子宫、陶罐、神庙、坟墓等都是理想的家、家园的变形体，呈现着黄土与母爱融合而成的温暖橘色。

当家进化到现代乡村居住的房屋，以土、木、石为基本材料，房体用土坯和砖砌墙，屋顶搭椽梁构筑，仍是如婴儿般亲吻着大地母亲的身体，能够聆听着母亲血脉流动韵律而酣然入梦。但是，如今家发展成为封建王朝雕梁画柱的皇宫，现代都市耸立如云的摩天大楼，也还能够看得出远祖母神构筑家园的遗辉。而从另一个层面，就会发现一个现代性的悖论。人类在尽情享受现代物质家居生活的同时，城市经济文化对乡村土地家园的吞噬，使大地母亲丰腴的身体如同瘪了的口袋在“哭泣”。都市人居住在钢筋水泥浇制而成的空中楼阁里，远离大地母亲的怀抱，在欲望嘈杂和致命的寂寞里灵魂无处安放，只能在黑

①陆思贤．神话考古．北京：文物出版社，1998．

色的夜空里无助漂浮，内心渴望回归心灵乡土的家。这也许就是当代人类重建家园的要义。

三、蓝是母亲用生命之爱的羊水孕育的图腾

在原型母神的意识里，大海是母亲子宫里的羊水。无数神话中的女神都从大海里诞生。人类两位原型爱神女娲和维纳斯，就出生于蓝色的大海上。西方维纳斯“人面鱼身”的身世暂不去考证，东方女娲的“人面蛇身”，从屈原在《楚辞·天问》里提出“女娲有体，孰能匠之?”可以说就是一个万世之谜。根据诸多文献记载与考古遗迹发现，女娲以原型母亲至高无上的母性大爱，母仪天下之康泰，厚泽万世之灵魂。历代帝王拜谒的诗文碑林，规模宏阔的女神庙宫殿，传达出人类对原型母亲从生殖崇拜到孕育精神人格的敬仰。

在女娲故里(山西洪洞被考证为女娲故乡)一直存在女娲从大海上旋风横空出世的传说。女娲虽是“人面蛇身”，但她不仅能化育万物“日七十化”，还能够自我羽化。由蛇化为羽蛇而化为鱼，化为鲲化为鹏，让后世人遥视到女性内在生命创造力的无限性。庄子《逍遥游》里“鲲化为鹏”的寓言，可以说就是女娲作为原型母神的“鲲化为鹏”过程，也是最早的以女神喻人类自由精神的凤图腾。这种原型母神女娲极具博大精神的凤图腾，是后世衍生出来凤凰图腾、龙凤图腾的最早起源。根据诸多考古出土的原型母神象征物的陶罐纹饰，如仰韶文化庙底沟遗址出土的彩陶纹饰中展翅翱翔的鸟形图案，郑州大河村遗址出土的彩陶钵上用夸张的手法做鲲鹏展翅鸟形，用一个圆点纹表示鸟头，突出舒展的两翼，拖着密排的鸟尾，都确有“若垂天之云”的气势。还有新石器时代至青铜时代考古出土的“鱼鸟图”，都充分证明了人类自诞生以来就有着遨游蓝色海天的飞翔梦。在不同的年代，女娲被演绎为十个太阳和十二个月亮的母亲的原型，嫦娥奔月的原身，更表达了原型母亲和她的子民崇高与美好的梦想。也因此，梦的颜色是湛蓝湛蓝的，澄辉蔼蔼。

原型母神女娲抟黄土创造人类，以母亲的生命之爱繁衍人类，创制婚姻与笙簧之乐。可以说女娲是人类第一位高媒，她创造了人类最古老的“情人节”——农历三月三日。根据《尧典》记载，女娲造人后为了人类能尽快繁衍，在每年农历的三月三日，春暖花开时节，开办青年男女约会谈情示爱的“春社”。表达爱慕之情，既可以对乐或对歌，又

可以在春池里沐浴嬉戏，男女如鸳鸯戏水裸体交合，有“奔者不禁”的自由恋爱，还有“不用令者罚之”的“判”律。真如一位慈爱而又威严的母亲。在山西太阳庙乡的脑包沟现有春社遗址尚存，这里的岩石上刻画了大量的男女“交尾图”，都是春社岩画。证明在原型母神的庇护与关爱下，子民和自然融为一体的快乐生活。①

女娲以母亲生命之爱带领子民重建家园，炼五色石以补天。据司马贞《补〈史记·三皇本纪〉》说，女娲用红黄蓝黑白五色石补天，积芦灰治理共工爆发的水患，“地平天成，不改旧物”，子民可以在黄土地上安居乐业。据《淮南子》言，女娲炼五色石补天带领子民成建家园，经历了与自然与水神顽强不懈的奋斗，天与地才恢复了原来的秩序。但是女娲“不彰其功，不扬其声，隐真人之道，以从天地之固然”。②可见她以民为子的美德，与天下为己任的博大母爱人格。

四、结语

母爱即使在人类历史从原始母系向父权社会过渡中也从没有消失，而是以民族灵魂的形式流淌在人们的血液里。特别是中国历史，从来没有割断与原始母神崇拜文化的血缘纽带。虽然父权制以人为的、非自然进化的战争方式战胜了母神。但“‘文化’的转换是无法靠战争、靠某些偶然的人为因素完成的；它就活在人的意识里、情感里和心态里，而不是搁在王座上，皇宫里。”③因为，母爱是平等的爱，就像母亲用同样的子宫孕育着孩子，她疼爱她任何一个孩子；母爱是宽容的爱，就像母亲充满弹力的母腹，她容许孩子的“撒娇”；母爱是博大的爱，就像母亲用脐带连着孩子，她与孩子相互沟通，不离不弃；母爱是互助的爱，正如分娩之时她与孩子有节奏的协作；母爱是和谐之爱，正如母亲充满微笑的脸，灿烂而永恒。在中国传统文化里，母亲的生命之爱，诚如老子的“道”，“取之不尽，用之不竭”，天地万物都是从“道”这个母体中孕育出来，而且正是源于母性的力量，“道”才能“独立而不改，周行而不殆”④。老子从哲学意义上歌颂了母爱品格，母性的伟大。荀子说：“天地合而万物生，阴阳接而变化起。”天地万物的生成过

①陆思贤．神话考古．北京：文物出版社，1998.

②王孝廉．中国的神话世界．北京：作家出版社，1991.

③仪平策．论中国母性崇拜文化．民俗研究，1993(1).

④《老子》第二十五章。

程是“合天地”、“接阴阳”、“致中和”[①]。母亲的生殖亦离不开“和”，是身体、情绪、养分、时机等因素相互协调，才能孕育生命，母爱更是本能的植根于“和”文化的温床。母爱的博大、悲悯、智慧本身就是和谐之爱，才造就了母爱传承生生不息的力量。

因为“母神文明”时代的文化，存有人类文化的诸多良性基因。在大量原始神话、考古雕像和女神庙的文化实存里，一种灵魂的、精神的“母性”生命之爱的光源，不仅可以为现代女性在生存困境中的精神重建，人类爱、家与梦破碎之后的重构，以及现代性自我健康理想人格的重塑，提供深厚的文化经验。而且，能够启示现代人，以原型母神的生命之爱的精神，孕育人类大爱人格的全方位觉醒。这样，才能为建构现代型和谐家庭的新秩序提供丰富的思想资源，迎接未来社会人文生态与自然生态的新文明。

（作者单位：首都师范大学中国女性文化研究中心）

参考文献

[1] [德] 埃利希·诺依曼. 大母神——原型分析. 李以洪译. 北京：东方出版社，1998.

[2] 叶舒宪. 千面女神：性别神话象征史. 上海：上海科学出版社，2004.

[3] 陆思贤. 神话考古. 北京：文物出版社，1998.

[4] 王孝廉. 中国的神话世界. 北京：作家出版社，1991.

[5] 仪平策. 论中国母性崇拜文化. 民俗研究，1993(1).

①《荀子·礼论》。

男女平等是建设和谐家庭的前提和基础

——菲律宾的经验与启示

王春光

在建设和谐家庭过程中，一个必要而基本的前提是男女两性地位上的平等。东方国家菲律宾近年来在推进男女平等领域取得了世人瞩目的成就——世界排名第六（见后面详述）。另外，在识字率，中小学及高等教育，经理人，专业技术工人估计寿命方面，菲律宾也列入全世界性别平等第1名[①]。两性地位平等有效地改善了传统文化中的落后观念，整体上提升了菲律宾妇女的家庭以及社会地位，不仅为菲律宾的家庭和谐奠定了坚实基础，而且极大地促进了菲律宾经济的发展。同是东方发展中国家，在我国建设和谐家庭的背景下，菲律宾的经验比起西方发达国家，也许对我们更具启发和借鉴意义。

一、菲律宾男女平等与消除性别歧视的历程

性别歧视在全世界都是最传统、最典型的歧视现象，菲律宾也不例外。作为一个东方国家，重男轻女的传统思想在菲律宾由来已久，长期占据社会及家庭的主导地位，妇女在政治、经济、社会以及家庭各个方面都受到歧视和压迫，长期屈从于男权社会。美国殖民统治菲律宾时期(1898—1941，1944—1946)，在以自由平等为核心的美国文化及价值观的影响下，菲律宾妇女开始成立自己的组织，走出家门参与

---

①http://www.fmprc.gov.cn/ce/ceph/chn/flbxw/t433145.htm.

政治，积极寻求提高自身地位。在广大妇女以及进步人士的努力抗争下，1935 年菲律宾第一部宪法肯定了妇女的选举权，但附有一定条件限制。1937 年，菲律宾女性终于获得与男性平等的选举权。1938 年菲律宾众议院有了第一位女议员，此后菲律宾女性在政治领域的地位不断上升。“二战”以来，前后共有 130 多名妇女进入菲律宾议会及制宪会议，她们积极致力于推动全社会的教育和社会福利事业，同时也代表广大妇女在国家立法与决策中发出了她们应有的声音。她们为消除性别以及其他各种社会歧视，实现社会公平，做出了重要贡献。

1946 年菲律宾独立后，民主政治与社会经济都获得了迅速发展，妇女的地位与社会待遇也得到进一步提升和改善。特别是 70 年代末，菲律宾政府为摆脱经济困境，采取开放政策，鼓励和引导劳动力输出，妇女就业比例因此而大幅上升，妇女的经济与社会地位也随之显著提高。20 世纪八九十年代，民主浪潮席卷菲律宾，大批妇女权益保护组织应运而生，它们上下呼应，在宣传教育大众、提高男女平等社会意识、推动政府采取积极措施各个方面做了大量工作，并推动菲律宾政府于 1981 年签署了联合国《消除对妇女一切形式歧视公约》，从此，联合国人权机构也成为推动菲律宾反性别歧视、督促菲律宾政府采取措施切实履行公约义务的重要力量。

经过长期斗争，广大菲律宾妇女在政治、经济、教育、家庭等方面从法律上获得了与男子同等的权利，菲律宾在消除性别歧视方面的成绩也得到世界的瞩目，并受到国际社会的普遍赞扬。瑞士世界经济论坛[①]《2008 年全球男女平等差距报告》中，菲律宾在全球 130 个被考察国家中排名第 6，是唯一进入全球男女平等排行榜前 10 名的亚洲国家，也是前 10 名中唯一的发展中国家。应当说，在亚洲国家乃至世界范围内，菲律宾的男女平等做得非常出色。

二、政府在推动男女平等方面的积极作用

尽管由于平等意识的觉醒和积极的抗争，菲律宾女性比较早地在政治上获得了与男子同等的权利，但在现实生活中，菲律宾女性仍然深受来自社会和家庭的传统偏见的压迫以及各种不法侵害。为提高

① World Economic Forum，一个总部位于瑞士的联合国智囊机构。

妇女地位，将广大妇女从人口买卖、家庭暴力、虐待、性骚扰、强奸等恶劣环境下解放出来，真正与男性一样平等地走向社会、参与社会生活，平等就业、受教育以及享有社会保障等各种公民权利，菲律宾政府作出了积极而极富成效的努力，主要措施包括：

（一）立法、政策与规划

依据菲律宾宪法的规定①，菲律宾议会分别通过了下列重要法律，以保证妇女权益，消除性别歧视：1989 年禁止歧视妇女法，1992 年国家建设与妇女发展法，1995 年反性骚扰法，1997 年禁止强奸法，2003 禁止买卖人口法（妇女和儿童），2004 禁止对妇女和儿童实施暴力法，等等。菲律宾政府也制定了多项有助于消除性别歧视、帮助妇女发展的积极政策和行动计划，如"菲律宾 30 年社会性别敏感发展计划"(Philippines Plan for Gender-Response Development，简称 PPGD)等，以协助法律的实现。

（二）执行

为切实贯彻上述法律和政策，菲律宾政府成立了菲律宾妇女地位委员会(National Commission on the Role of Filipino Women)，委员会就设在总统办公室，负责领导全国妇女工作，帮助和推动菲律宾政府制定有关保护妇女、促进男女平等的具体政策与规划，比如为"菲律宾 30 年社会性别敏感发展计划"的实施制定了指导方针和操作清单，以此提示政府各部门决策人员应考虑以下内容：a. 在规定项目人事工作要求时，应明确项目负责人事的管理人员有责任确保男女平等的参与和受益；b. 妇女和男人应有进入项目管理（如作为规划人员、经理人、组织者、顾问、委员会成员等）的平等机会；c. 项目管理和工作人员应该有社会性别敏感，并掌握在项目中操作社会性别问题并进行监测的技术，等等。

菲律宾妇女地位委员会是一个中央级别的行政机构，主要在宏观政策层面上影响政府，帮助政府制定妇女发展的规划和政策，并推动

①《菲律宾宪法》第二章"关于原则和国家政策的宣告"第二节"国家政策"第十四条"国家承认妇女在国家建设中的重要作用，并保障男女在法律面前的基本平等。"第十三章"社会主义和人权——妇女"第十四条"国家应保护就业妇女，根据母亲保健的需要提供安全的工作条件，以及必要的便利和机会，以增进她们的福利，并使她们能发挥潜力为国家服务。"

各部门在立法决策中注重妇女权益的平衡与特别保障。

（三）兴办教育与医疗等公共基础事业

菲律宾政府十分重视妇女儿童的教育与健康保障，认识到接受良好教育是妇女获得发展与提高自身地位的重要保障，为此，菲律宾政府十分重视兴办教育与医疗等公共基础事业。事实证明，教育的普及对女性获得生活技能、得到工作与晋升机会，奠定了坚实的基础。比如闻名世界的“菲佣（菲律宾女佣）”，就以其教育程度高于其他国家的家政劳务工人高而独占优势，[①]成为世界劳动力市场的著名“品牌”。菲律宾总统阿罗约曾自豪地说“这个亚洲国家，这个世界（性别平等）排名第六的国家在教育和健康方面没有性别歧视。”不仅如此，妇女与男子的教育机会基本均等，也为菲律宾妇女进一步树立平等意识和权利意识提供了有利条件。

经过菲律宾政府以及民间组织几十年的不懈努力，菲律宾在消除性别歧视、保障妇女平等就业权利领域取得了巨大成功。首先，妇女的就业比例不断上升，经济能力在国家和家庭中都十分突出。比如海外劳工创收占据国民经济总收入的10%，而这其中妇女的作用不可低估。菲律宾女性占外派劳工总数的一半以上，高达200万之多，经济地位的上升为妇女获得家庭以及社会地位的平等提供了重要的物质基础。其次，妇女的政治及社会地位不断提高，广泛参与社会生活，社会影响力越来越强。菲律宾总统，外交部长，移民局长等很多政府高级官员为女性，曾先后产生两位女总统[②]，世界罕见。在各个公司或事业机构中，女性担任领导人的比例比远远大于世界上任何一个其他的国家。

三、民间组织的积极推动

在菲律宾实现男女平等的历史进程中，民间组织（非政府组织

---

①比如香港是菲律宾女佣的集中地之一，据统计，在香港的菲律宾女佣中，具有初级以上教育水平的人占将近95%。很多菲律宾女佣是大学毕业生，有的甚至是教师。她们笃信天主教，能讲流利的英语。

②1983年8月，反对党领导人贝尼格诺·阿基诺被谋杀，导致政局动荡。1986年2月7日，提前举行总统选举，科拉松·阿基诺在民众、天主教会和军队的支持下出任总统。阿基诺夫人曾被《亚洲周刊》评为亚洲最有影响力的妇女之一。1998年5月，格罗丽亚·马卡帕加尔·阿罗约以绝对优势当选副总统，2001年1月20日就任总统。

NGO)是一支不可忽视的力量。20世纪八九十年代，民主浪潮席卷菲律宾，大批民间组织应运而生，它们在菲律宾各项人权事业包括消除性别歧视发展过程中做出了巨大而显著的贡献。

菲律宾民间组织主要分为几类：①学术研究机构，如菲律宾大学妇女研究中心、ATENEO法学院人权中心等，它们主要通过社会调查与理论研究，唤醒全社会重视和关心妇女问题（如性别歧视）以及其他弱势群体的平等保护等人权问题，同时开展一些相关的法律援助活动，为弱势群体提供切实的帮助。②各种法律援助中心，他们运用专业知识为歧视受害者提供各种法律帮助，如“菲律宾法律资源中心”（PLRC），注重运用法律增强妇女和贫困地区的能力，在反对强奸与性骚扰方面积极推动立法，取得了极大成就。该中心还长期与棉兰老岛的穆斯林合作，推动穆斯林妇女权益方面的进步。在菲律宾，类似这样的法律援助中心约有1 500多个。③各种人权中心、基金会等，著名的如“菲律宾妇女危机中心”，成立于1989年2月，主要是为救助1986年菲律宾人民革命中遭受军队强暴的妇女和因贫困而被迫从事卖淫的妇女，是菲律宾第一家为妇女提供多方面帮助的机构；“IMA基金会”，成立于1991年，当时火山爆发，很多妇女受到冲击。为了救助这些妇女而成立该组织，此后该组织逐步获得发展；“海外务工人员中心基金会”（KANLUNGAN），1989年成立，核心工作是向出于困境中的海外劳工提供各种咨询及法律援助，致力于海外劳工特别是妇女权益的保障。

菲律宾各类民间组织的工作覆盖面较大，主要包括：①以接待来访申诉、开辟热线服务电话、开展心理咨询为日常主要工作，帮助在家庭或社会中受歧视侵害的女性。②为女性受害人提供各种形式的实际帮助，如为其提供临时避难场所并与医院挂钩，为其医病疗伤；对需要提起诉讼的案件，为其提供法律咨询和出庭参与诉讼；培训生活技能或提供小额贷款，使其经济上能够独立；等等。③开展项目与培训、宣传，利用国际或外国资助，如联合国人权项目资助、美国各种项目资助等，开展各种消除性别歧视、促进男女平等的培训项目或社会宣传活动，以教育大众，帮助其提高人权意识、平等意识，加强女性对自身合法权益的保护。比如民间组织PLRC针对妇女权益问题开展的“性别与发展项目”等，在菲律宾影响很大。④监督法律和政策的执行，如监督政府、企业是否有侵犯妇女人权的行为，向政府、立法部门施加压力，进行倡导、游说，提供修订或制定法律的建议等。⑤加强与国际人权机构的合作，提供妇女人权进展的各种数据以及工作报告，以帮助和促进国内男女平等人权事业的进步。

综上所述，菲律宾民间组织为菲律宾消除性别歧视做了大量富有成效的基础性工作，这些工作从理论研究到实际援助，从宣传教育到监督法律的执行，从推动政府立法到与国际人权机构的沟通，几乎遍及反性别歧视的所有层面和全部领域，对于推动菲律宾男女平等事业的发展，做出了巨大的贡献。一些民间组织的建议和议案被政府采纳，直接影响、推动了政府决策及议会立法，例如民间组织提交的要求政府建立家庭暴力数据库的议案，已被政府采纳并于 1998 年建立了数据库，侵害人、被侵害人的资料都搜集到数据库里，为科学地了解案件情况提供了数据资料。再如，民间组织多次提议的反对家庭暴力、反卖淫的提案，也受到政府和立法机关的重视，加速了菲律宾一系列妇女权益保护法律如《禁止强奸法》、《禁止对妇女和儿童实施暴力法》、《禁止买卖人口法》的出台。PLRC 在 1989 年起草的禁止强奸的议案，成为菲律宾《禁止强奸法》的基础版本，其在性骚扰方面大量的研究成果，也成为菲律宾性骚扰立法的有效借鉴。此外，在民间组织的倡导和培训下，菲律宾国家警察署于 1992 年专门建立了儿童青年关系部，有 1 500 个妇女办公室，1 700 个女警察专门处理侵犯妇女儿童权益的案件，并已形成政府备忘录。医院也应要设立了危机中心，并有一系列表格记录样本等，在看病的同时，了解妇女、儿童被伤害的原因，建立医疗档案，为案件进入诉讼程序提供第一手材料。[①]

四、经验与启示

改革开放三十年来，伴随中国市场经济建设的迅猛发展，中国的人权与法制建设也在快速向前推进。同是作为发展中国家，虽然菲律宾这些年因政治动荡致使经济发展不如人意，但其在推进男女平等、消除性别歧视方面做出的积极努力是有目共睹的，其取得的成就也为

①沈秋媛. 菲律宾妇女权益保护. 人民法院报，2003-09-04. http://www.chinacourt.org/public/detail.php? id=78638.

世界所称赞。针对我国正在倡导与实践的和谐家庭建设，菲律宾在消除性别歧视、促进男女平等方面的取得的经验对我们而言，更具启发意义。

（一）政府重视并积极采取应对措施

菲律宾男女平等取得的成效，首先离不开菲律宾政府的重视与积极采取应对措施。本国经济发展与国际社会要求的双重压力，迫使菲律宾政府将人权保护与经济发展结合起来，正视和重视消除性别歧视、促进社会平等。为此，菲律宾政府积极立法，制定各种配套政策与相关项目，发挥政府的引导与管理作用，建立健全相关执法部门，这些积极举措为菲律宾消除性别歧视等人权事业的进步与发展，奠定了基础，指明了方向。比如菲律宾政府在提高妇女地位、保护妇女受教育权、平等就业权等方面的强硬态度与有力措施，比如在重视和保护海外劳工（特别是女性劳工）权益保障方面做出的各种积极努力，将消除贫困与妇女权益保障相结合的做法，都为国际社会所称道，也值得我国学习。在我国这样一个政府主导型的社会里，建设和谐家庭乃至和谐社会这样一个宏大而艰巨的工程，同样迫切需要政府的重视与积极行动，有赖于政府积极立法决策并严格贯彻实施。

（二）重视与加强国际合作，严格履行国际义务

菲律宾在消除性别歧视促进男女平等的具体实践中，十分重视与联合国及国际社会的合作，在人权保障方面努力向国际标准看齐，严格履行国际人权公约所要求的国际义务。菲律宾政府以及民间组织与联合国消除对妇女歧视委员会、人口委员会等人权机构保持密切联系，每年向联合国机构提交人权进展工作报告，自觉接受联合国有关机构的审查和指导。上述做法不仅可以有效促进本国人权事业的改善与进步，而且可以提高国家的国际声望，帮助国际社会正确了解本国的人权进展，争取更多的国际人道支持以及经济等各方面的资助，可谓“双赢”或“多赢”之举，这些做法值得我们认真分析并予以针对性地吸收。

（三）重视发挥民间组织的作用，政府与民间组织积极互动、相互支持、相互促进

在世界各国政治经济与社会发展中，民间组织已日益成为一支不

可忽视的力量，它们活跃在民主推进、环境与资源保护、弱势群体保护等社会各个层面、各个领域，发动与团结广大民众，成为沟通国际社会、本国政府与市民社会之间关系、促成其积极合作的重要“桥梁”。在菲律宾消除性别歧视促进男女平等事业的发展进程中，各种民间组织发挥了重要作用，在宣传教育公众、提高平等意识、为歧视受害人提供切实的经济与法律援助、积极向政府建言献策等诸方面，做了大量扎实有效的基础性工作，这是仅凭政府职能所无法代替的。民间组织这些扎实细致的群众工作，与政府职能之间积极互动，形成“合力”，这些经验和做法值得我们吸取与借鉴。

最后，每个国家有每个国家的国情，每个国家有每个国家的道路。在我国建设和谐家庭、和谐社会的进程中，我们首先要立足于自己的国情背景，在此基础上重视吸收其他国家的有益经验，扬其长、避其短，以推动我们的事业更好、更快地向前发展。

（作者单位：北京农学院人文社科学院）

参考文献

［1］菲律宾驻华网站，http://www.chuguo.cn/common/embassy/philippines.htm.

［2］菲律宾人权文员会网站，http://www.chr.gov.ph/.

［3］菲律宾法律网，http://www.chanrobles.com/index1.htm.

［4］Training Manual on Gender Sensitivity CEDAW. Ateneo Human Rights Center，2007.

［5］Paralegal Manual on Violence Against Women. SALIGAN，2007.

［6］To United Nations Commission of Human Rights：The Quest of the Indigenous Communities in Mindanao，Philippines：Rights to Ancestral Domain，a paper submitted to Commission on Human Rights. Erlinda M. Burton，2003.

［7］To United Nations Commission of Human Rights：Specific Groups and Individuals Migrant Workers，report of the Special Rapporteur，Ms. Gabriela Rodriguez Pizarro，submitted prusuant to Commission on Human Rights resolution，2002，62.

[8] To United Nations Commission of Human Rights: Economic, Social and Cultural Rights. Asian Legal Resource Centre (NGO), 2003.
[9] Jazmine Estacio. An Emerging Asian Tiger Chasing the American Dream: Labor, Politics and Economics in the Philippines. University Of California: Pacific Basic Law Journal, 1997.

日本的工作与生活平衡政策及措施

胡　澎

工作与生活的冲突是一个世界性的问题，日本也不例外。从“二战”后的经济复苏期到20世纪五六十年代经济高速增长期、再到七八十年代的经济稳定发展时期，日本社会基本上沿袭的是一种“男主外、女主内”，即“男子在外工作，妇女在家养育子女、承担家务”的性别分工模式。毕业后短暂工作、以结婚或生育为契机辞职回家做专职主妇、待最小一个孩子上小学前后再重返就业市场的M型就业模式，成为大多数日本女性选择的人生道路。因此，日本在20世纪90年代以前，职场和家庭是被性别分工模式割裂开来的两个场所，男女各司其职，工作与生活的冲突似乎尚未成为一个社会问题。20世纪90年代以来，随着日本经济、社会和家庭的变化，工作与生活的冲突问题日益严峻并广为社会各界所关注。

一、工作与生活平衡政策出台的社会背景

日本的工作与生活平衡政策的出台是有其社会背景的。20世纪六七十年代，日本妇女做专职主妇的比例非常大，日本的典型家庭是“丈夫为工薪人员、妻子为专职主妇”的专职主妇家庭。然而，从1980年开始双职工家庭数量逐年增加，专职主妇家庭数量逐年下降。20世纪90年代，随着日本女性就业率的提高，M型就业模式逐渐发生变化，表现在M型就业曲线中最底部的30～34岁年龄层和25～29岁年龄层劳动力率呈上升趋势。专职主妇在最小一个孩子上学后大多选择重新就业，从事非全日制工作的家庭主妇比例很高。因此，从1997年开始，双职工家庭户数一跃超过了专职主妇家庭户数。2007年，双

职工夫妇家庭户数比专职主妇家庭户数多了162万户。这就意味着，当今日本家庭正在由"丈夫挣钱养家"向男女共同兼顾工作和家庭的"夫妻双方挣钱养家型"转换。因此，双职工家庭工作与生活的冲突问题日益严峻起来。

20世纪90年代以来，日本的家庭模式发生了变化，然而，日本人的工作方式、生活方式并没有发生大的改变。男性工薪人员加班多，劳动时间长，特别是30～45岁年龄段的男子，长时间劳动常态化。与西方一些发达国家相比，日本男性参与家务劳动非常少。过长的劳动时间占用了充实自我的时间以及参与家务劳动和社区活动的时间。受性别分工等传统思维方式的影响，拥有工作的已婚妇女，依然主要担负着育儿、护理老人、家务等家庭内劳动。目前，需要全日本护理的老年人数逐年上升，导致家庭成员护理负担加重，而在家庭中担负对老年人护理、照料工作的大多是妇女。由此，造成了双职工家庭中已婚妇女负担的沉重。

工作与生活的冲突中工作与育儿的冲突表现得更为突出。由于日本社会育儿支援体制不够完善，家庭规模缩小也使得祖父母一代在育儿上提供的帮助减少，已婚的职业女性不得不在是生子、辞职做全职主妇还是不生孩子、继续工作之间进行选择。有调查表明，约70%的妇女以生孩子为契机离开工作岗位。因生孩子而中断职业的做法阻碍了日本妇女经济地位的提升，不愿放弃职业而选择不生孩子或少生孩子又势必会加剧日本社会的少子化现象。

另外，20世纪90年代后半期开始，日本经济不景气呈现长期化。企业为了削减成本，不断减少新员工的录用，而大量雇用临时工、计时工、派遣工等非正规就业[①]人员。据总务省统计局《劳动力调查》表明，非正规就业人数年年增加，从2002年1 451万人增加到2008年的1 760万人。而正规就业人数则从2002年的3 489万人减少到2008年的3 399万人[②]。当今日本，三个劳动者之中就有一人是非正规就业者，而日本妇女，半数以上从事的都是非正规就业。非正规就业者工作极不稳定，收入低，工作时间长，缺少福利保障，生活易陷入困境，

①与用人单位签订短期间的就业合同，在合同期间的就业，包含临时工、小时工、契约社员(合同工)、派遣工等与正规就业相对应的一种就业形式。

②http://www.stat.go.jp/data/roudou/longtime/zuhyou/lt51.xls.

工作和生活的冲突问题表现得更为严峻。

二、大力宣传工作与生活平衡

20世纪90年代中期,日本政府提出把要21世纪的日本建成"男女共同参与社会"的目标,即建立一个不分性别、在相互尊重人权的基础上,无论是工作岗位、学校还是在社区和家庭中男女共同承担责任、发挥个性和能力的"男女共同参与社会"①。工作与生活平衡政策是被置于实现男女共同参与社会的框架之中来筹划并实施的。日本是这样阐述工作与生活平衡的:让每一个国民在人生的每个阶段,无论是养育子女阶段还是中老年阶段都能够自由地选择生活方式,让他们在工作、家庭和社区中既能感受到挑战和充实又能发挥各自的责任。工作与生活平衡包含了以下三方面内容的:凭借工作和劳动获得经济上的自立:有时间去实现健康而丰富的生活;可供选择的多样化生活方式和工作方式。

20世纪90年代以来,日本政府和民间团体为促进妇女就业,减轻妇女育儿与工作的负担,在社会各界大力宣传工作与生活兼顾。为了让人们认识到家庭、社区的重要性,1995年厚生劳动省将每年的10月定为"工作与家庭思考月",在这个月集中普及宣传有关法律政策,支持工作与家庭兼顾。

为缓解男女两性工作与生活的冲突,实现一个国民能够在经济上自立、又有健康充裕生活时间的社会,内阁府设立了"工作与生活协调专门调查会"。2001年在男女共同参与会议下设立"关于支持工作与育儿兼顾的专门调查会",多方听取意见,调查研究,制定政策。2007年7月,以内阁官房长官为议长、相关内阁成员及经济界、劳动界、地方公共团体代表等组成的"推进工作与生活协调官民高层会议"成立,同年8月,该会议讨论并制定了《改变工作方式、改变日本的行动指针》,12月18日,通过了《工作与生活协调宪章》和《推进工作与生活协调行动指针》,显示了政府希望通过国民运动来推动和构建工作与生活协调制度的愿望。"宪章"和"指针"提议应积极采取行之有效的措

---

①由于不少人日本人认为过分强调"男女平等"会对家庭和谐造成负面影响,为此,相关部门采用了"男女共同参与"的说法,意为男女共同参与方针政策和规划的制定。由此,主管部门的名称为"男女共同参与局",相关法律、计划、会议也分别使用"男女共同参与"。现在日本社会中"性别平等"一词的使用频率越来越高。

施，改善和构筑实施这一制度的环境，还具体设定了就业率、每周劳动时间超过 60 小时的雇用者比例、短时间劳动可选择职场的比例、第一个孩子出生前后妇女的继续就业率等 14 个目标值，希望通过缓解工作与生活的矛盾，实现一个工作方式和生活方式多样化的社会。“宪章”和“指针”的顺利实施，需要企业、劳动者、都道府县市町村之间加强联系与合作。

从 2007 年度开始，内阁府将 11 月份的第三个星期日定为“家庭日”，将这一天的前后一周作为“家庭周”。“家庭周”期间开展“加强家庭与地区之间联系的国民运动”，大力宣传作为国民养育下一代的重要性，强调家庭成员和社区的重要性，提倡家庭成员为社区做贡献。2008 年被称为“工作与生活协调元年”。2008 年 1 月 8 日内阁府设立了“推进工作与生活协调室”，主要开展以下工作：作为“推进工作与生活协调官民高层会议”事务局发挥作用；联系、整合相关机构和地方共同团体；对政府主办的活动进行企划；开展信息收集、整理和调查研究。调查内容包括：工作与家庭协调的认知度，工作、家庭生活、地域和个人生活的现状及期望，用于家庭生活的时间，参加社区活动的时间，用于学习、研究、兴趣、娱乐、体育和休息的时间等。综上所述，日本的工作与生活平衡政策和措施是在政府的重视和大力推动下进行的，政府的主导作用不容忽视。

三、将育儿休假制度法制化

20 世纪 90 年代以来，持续的出生率下降令日本政府和国民忧心忡忡。2005 年日本的总和生育率仅为 1.26。少子化现象与日本妇女就业率的上升有着密切的关系。日本政府在缓解工作与生活冲突问题上，把工作重点放在了解决妇女育儿与工作的矛盾、创造一个使妇女比较容易取得“育儿休假”、产假过后顺利复职的环境。1991 年出台了《育儿休假法》，该法规定女职工可获得产前六周、产后八周的休假，且重返工作岗位可累计工龄，丈夫也可休产假，如职工提出休假一年养育婴儿，雇主不得加以拒绝。2001 年修改后的该法改为《育儿护理休假法》，并于 2002 年全面实施。该法规定不论男女，只要是养育不满一岁婴儿的全日制从业人员可向工作单位提出休假，单位不能拒绝，也不能以此为由予以解雇。为减轻那些边养育孩子边工作的劳动者的负担，确保养育孩子的时间，该法还将缩短勤务时间照看孩子的期限由孩子一岁提高到三岁。该法加强了对妊娠期女职工的劳动保护,促进了妇女就业与育儿的兼顾。2002 年 9 月厚生劳动省在《少子化对策+1》[①]中明确提出 10%的男性和 80%的女性取得育儿休假、25%的人员享受育儿休假制度,12%的人员享受孩子上小学之前缩短工作时间等目标。

从《育儿休假法》实施之后几年来的整体情况来看,日本社会对育儿的支援体制不断完善,取得育儿休假的人数也呈不断上升趋势。据 2008 年 8 月 8 日厚生劳动省公布的《雇用均等基本调查(2007 年度)》表明,妇女取得育儿休假的比例为 89.7%,男子为 1.56%。妇女申请育儿休假的比例比前几年有了不少增长,但男性申请育儿休假比例依然偏低。另外,从育儿休假的覆盖率上看,一些大企业执行得较好,中小企业有待提高,这主要是由于企业面对市场竞争压力,顾虑产假成本而不愿采取行动造成的。有些妇女怀孕后没有申请育儿休假而是选择辞职,主要是由于迫于企业的压力和氛围。妇女在中小企业中就业的人数较多,如何推进中小企业执行育儿休假法是今后日本政府和企业努力的方向。

四、对妇女的再就业提供支持

工作与生活平衡政策不仅包含解决职业女性的家务负担和工作负担,同时还包括帮助有就业意愿的妇女重新找到工作,实现工作与生活的兼顾。妇女的生育对她们的职业生涯不可避免地带来影响,当完成养育子女任务的中年主妇重新回劳动力市场时,会发现合适于她们的工作机会非常少,只能选择计时工、派遣工、临时工、小时工、合同工、在家工作、契约员工等非正规就业方式。近年来,从事非正规就业的日本妇女人数直线上升,占非正规就业者的绝大部分。有不少妇女有着很强烈的就业意愿,但又很难找到满意的工作。

针对这一状况,为解决妇女再就业的困难,政府在几个大城市里设立了专门提供计时工工作岗位的职业介绍所"计时工银行"。2008 年全日本共有 56 家这样的职业介绍所。内阁府制定《支援妇女再就业计划》,在内阁府开设咨询窗口,为再就业妇女提供各类信息。2008 年 4 月,制定了《新雇用战略》,督促企业改善雇用环境,对有就业愿望

①雇用合同为 1 年,在特定领域中有一定专门知识和技术的人。

的妇女提供就业信息和咨询，对育儿等因素中断就业的妇女进行再就业的综合支援。另外，政府利用“HELLO WORK”(公共职业安定所)等机构，对育儿期的妇女提供招工用人方面信息以及保育所和育儿支援中心等各种信息，目前“HELLO WORK”的覆盖网点和服务地段不断扩大。

为了促进母子家庭中母亲的就业，各自治体都将推进母子家庭的育儿、生活、就业进行支援，针对母子家庭而成立的自立支援中心遍布都道府县的大小城市。自立支援中心开展针对母亲家庭的就业咨询和养育费等方面的咨询，为母子家庭排忧解难，还为母子家庭提供就业信息，对那些没有工作经验的母亲实施职业训练。另外，中心也经常开办一些演讲会、讲习会和座谈会，帮助母子家庭的母亲建立乐观、积极、自立的人生态度，努力去开创新的生活。

五、鼓励企业采取措施缓解员工工作与生活的冲突

日本男性对工作的热忱、“以社为家”、兢兢业业以及敬业、奉献精神为世界所公认，同时，也因工作时间长、缺少娱乐、忽视家庭生活而被称之为“工作狂”、“工蜂”、“经济动物”等。20 世纪 90 年代以来，日本政府、民间开始反思这一重视工作轻视家庭，重视集体轻视个人生活的传统思维。

使育儿期妇女能够安心工作，使职业妇女能够按照自己的意愿生育孩子而不以结束职业生涯为代价，这不仅是政府的期望，也是企业的社会责任。企业要想建立一个使妇女兼顾工作与育儿的环境，必须彻底执行育儿休假制度，为女性从业人员再就业创造条件。同时，企业还要积极采取措施，实行有利于妇女兼顾工作与育儿的多样化雇用方式，为其提供相应的待遇和弹性劳动时间，纠正性别分工和男性优先的传统风气。

厚生劳动省为推广那些积极采取措施，制定各项措施，使劳动者能够以自由选择工作方式的企业，每年评选和表彰那些在执行育儿休假制度上有突出成绩的“家庭友善企业”。一些企业在政府的号召下，制定了鼓励妇女事业和家庭兼顾的措施。如妇女怀孕可得到一定期间的生产休假，在生产休假期间虽不享受工资，但企业为其支付补贴和酬金。妊娠和产后一年期间，需要去医院检查的女职工可以得到一定天数的休假以及允许迟到、早退。另外，可增加工作中休息时间，在

工作内容上得到照顾，育儿期女职工不安排夜班。“育儿休假”后希望继续工作的、与育儿辞职后希望复职的女职工，可提出申请，符合单位需要时予以批准。经济产业省对那些在企业内部设置托儿设施的单位予以税收上的优惠。

在政府的推动和引导下，不少企业施行了缩短劳动时间，减少加班，推广灵活工作方式（如在家工作、短时间工作、弹性工作时间）等措施。一些企业给有小孩子的职工发放保育费等补助；培养能胜任多项工作的员工；对女职工重返工作岗位提供援助。一些大企业还在企业内部设置了保育所。这些举措为女职工创造了良好的工作环境。今后，企业还应奖励男性从业人员申请育儿休假，并逐步将育儿休假制度推广到从事非全日制工作的劳动者。

六、解决双职工家庭的育儿困难

20 世纪 90 年代以后，社区居民之间、家庭成员之间交流弱化、邻里关系疏远、周围对育儿有所帮助的人减少等，成为造成工作与生活冲突的原因之一。为了解决妇女养育孩子的辛苦，以社区为中心建立为妇女解除后顾之忧、支援妇女就业、使其兼顾工作与家庭的环境十分重要。

20 世纪 90 年代以来，在双职工家庭与核心家庭不断增多的背景下，人们对接收三岁以下儿童入托的保育所以及保育时间延长的需要也随之增大，政府也实施了一系列具体举措，如：增设接收三岁以下儿童入托的保育所，解决儿童入托难状况，延长保育时间，推广休息日保育、临时保育、夜间保育，鼓励设立私营保育所等，还开展了“将等待入托儿童人数降为零的作战”。2001 年 10 月厚生劳动省公布的《社会福利设施等调查概况》表明，有 40.3%的保育所工作时间延长到早晨七点半至晚上六点半。

为了解决劳动者白天工作、保育困难问题，日本政府施行了一种被称之为“保育妈妈”（家庭福祉员）的家庭保育制度。“保育妈妈”需要具有保育士或教师的资格、身边没有六岁以下儿童的有育儿经验的人士，还需由区政府来认定其资格。当那些父母或保护人出于工作等原因不能对出生 43 天至两岁以内婴幼儿进行保育的时候，“保育妈妈”可以在自己家中进行保育。对 3 岁以内婴幼儿在家进行保育的制度被明确写入了修改后的《儿童福祉法》，2008 年 11 月 26 日在参议院获得通过，除以部分法律外，该法在 2009 年 4 月实施。

"社区育儿支援中心"一般设置在保育所内，向社区内的家庭开放保育所的庭院、设施，提供育儿家庭聚会场所，设立育儿相关的咨询，解除家长在育儿上的烦恼，进行育儿支援。1990 年作为特殊保育事业创设了"临时保育"措施，为了照顾那些自己生病、生孩子等紧急情况下无法亲自照顾孩子时也可以利用。4 个月以上婴幼儿到上小学以前的儿童都可以利用。原则上每周可利用 2 次，利用者需根据保育时间的长短负担一定的费用。

政府鼓励社会福利法人、企业、非营利组织（NPO）等机构灵活使用或经营那些学校空闲教室、既有的公共设施和民间设施。一些社区在志愿者的支持下，利用空闲的小学教室、校园以及社区公民馆、儿童馆，建立孩子放学后和周末安全的学习和活动场所。截至 2004 年日本共建立了 15 000 个放学后儿童游玩处这样的场所，组织孩子们开展体育和文化方面的各种课外活动，政府对此项活动给予必要的经费。这一措施减轻了双职工父母的后顾之忧，缓和了工作与教育子女之间的冲突。①

为缓解男女两性工作与生活的冲突，实现一个国民能够在经济上自立、又有健康充裕生活时间的社会，1994 年开始，厚生劳动省开始了名为"兼顾工作与家庭的特别援助事业"的"家庭支援中心"。中心的会员由社区里希望在育儿上获得帮助和希望提供帮助的人员组成，有工薪人员、个体营业者和家庭主妇等，服务对象主要有一岁到十岁孩子的家庭。中心对那些因为加班或紧急事情需要对孩子进行临时保育的家庭提供帮助，并在社区内的家庭之间开展各种互助活动。

综上所述，工作与生活的冲突问题需要全社会各行各业大力支持，需要民间组织、企业、家庭和每个人的共同努力，政府的主导作用尤为重要。20 世纪 90 年代以来，日本在缓解工作与生活冲突上的政策和措施，在一定程度减轻了双职工家庭男女两性工作与生活的矛盾和冲突，特别是减轻了职业妇女的负担。今后，随着日本经济和社会的不断发展，工作与生活的冲突依然还会困扰着每个家庭，这就需要政府、民间和企业对这一问题保持持续的关注，不断地探索新的解决办法。

（作者单位：中国社会科学院日本研究所）

①［日］《少子化对策＋1》，http://www.mhlw.go.jp/houdou/2002/09/h0920-1.html.

参考文献

[1] 日本内阁府. 男女共同参与白皮书.
[2] 日本厚生劳动省. 职业女性的现状.
[3] 横山文野. 战后日本的女性政策. 劲草书房，2002.
[4] 日本内阁府工作与生活网，http://www8.cao.go.jp/wlb/index.html.
[5] 日本内阁府男女共同参与局网，http://www.gender.go.jp/main_contents/category/wlb.html.

家庭教育的理论与实践

从公安工作的视角谈流动青少年违法犯罪嫌疑人[①]特殊处遇性

苗欣兰

一、我市流动青少年违法犯罪状况的趋势分析

近几年来，在社会治安问题较为严重，黑社会性质的犯罪、暴力犯罪呈上升趋势的背景下，我市青少年[②]违法犯罪案件日益攀升，其中流动青少年人口违法犯罪正在成为我们面临的一个社会问题[③]。尽管目前还无从掌握全国流动青少年犯罪的权威统计资料，但一组来自基层法院的数据足以说明近年来流动青少年犯罪案件的迅猛走势：18 岁以下，离开家庭或监护人 24 小时、基本生存条件失去可靠保障而陷入困境的被告人 2004 年占所有未成年[④]被告人的 7%，2005 年则增长为 15%，而 2006 年仅上半年就已增长到了 17%。[⑤] 2008 年、2009 年等近几年虽然宽严相济刑事司法政策在未成年人违法犯罪处遇当中广

---

①本文主要以北京市流动青少年违法犯罪情况为样本进行研究。

②本文所研究的"青少年违法犯罪"并不是一个法学意义上的严谨概念，而是笔者从社会学角度定义，25 周岁以下、行为人辨认能力、控制能力等生理和心理所决定的主体特征具有特殊处遇性的年龄阶段当中的违法犯罪。

③关于这一点，一个较为鲜明的例证就是，2006 年 1 月 20 日，民政部等 19 个部委联合下发了《关于加强流浪未成年人工作的意见》，文件中提到："伴随着经济体制转轨和社会转型……流浪未成年人数量逐年增加，犯罪率不断上升……流浪未成年人容易被犯罪分子利诱和利用，误入歧途，走上违法犯罪道路，影响国家的长治久安。"

④本文所称"未成年人"，是指已满十四周岁不满十八周岁的人，这也是刑法意义上的相对刑事责任年龄。年龄，一律按照公历的年、月、日计算，过了某周岁生日，从第二天起，为已满某(周)岁。

⑤数据援引自北京市海淀区人民法院案件统计数据库。

泛适用，但违法犯罪态势本身仍不容乐观。我局在办案过程中严格遵循对未成年违法犯罪人员以教育为主、惩罚为辅的法律原则，坚持对未成年人慎用强制措施和处罚手段，使依法处理的未成年违法犯罪人员保持了较低的数量和较为平缓的增长趋势。但是，以下因素将导致我们所面临的流动青少年违法犯罪的形势更加严峻：

第一，城市化进程的负面效应。从我们国家的实际情况来看，东西部、南北部经济发展不平衡，贫富差距有拉大的趋势。广大农村面临着有限的经济增长点与农民日益扩张的致富愿望之间的矛盾，而经济发展较快的大中型城市在城市发展进程中急需性价比较高的廉价劳动力。正是这种供求关系造成了大量劳动力由农村涌向城市。在北京这种现象尤为显著，截至 2007 年 6 月底，全市登记暂住三日以上流动人口总量同比增加 91.8 万人，增长了 21.9%。25 岁以下的青少年占流动人口总数的 36.4%。

大量廉价的农村劳动力为北京的城市化进程做出积极贡献的同时，也带来了不少负面效应。一方面，我市流动人口违法犯罪现象突出。2006 年，在全市破获各类刑事案件中涉及流动人口的占全部案件的 70.1%，同比上升 2.8 个百分点；抓获流动人口犯罪嫌疑人员占抓获人员总数的 72.1%，同比上升 2.1 个百分点；刑事拘留处理流动人口占刑拘总人数的 71.8%，同比上升 2.2 个百分点。从 2004 至 2006 年流动人口违法犯罪在全市破案总量和刑拘人员总数中所占比例看，三年间平均每年以 1～3 个百分点持续攀升，流动人口违法犯罪仍是影响社会治安整体平稳的主要因素，并呈现出数量大，所占比重大、持续增长的特点。另一方面，流动青少年犯罪和流动人口二代违法犯罪现象突出。2006 年，全市抓获 25 岁以下的流动人口占刑拘处理流动人口总数的 45.5%。2007 年 1～6 月份，全市抓获 25 岁以下的流动人口占刑拘处理流动人口总数的 44.1%。

第二，网络的负面影响。流动青少年正处于思想道德形成期，暴力、色情的内容大大刺激了他们犯罪的胆量，也使犯罪的手段更加残暴和多样化。在 2006 年的杀人案件中，流动青少年作案占 42.9%；在拦路抢劫案件中，所占比例高达 86.5%。

随着通讯、网络技术的不断普及，流动人口犯罪手段也随之变化翻新，其中以诈骗案件最为突出，2006 年共破获流动人口诈骗案件 6 074 起，占此类案件总数的 81.3%，所占比例同比增长了 21 个百分点。其中利用网络交易、网络中奖、银行卡异地消费、退税、短信交易、电话中奖等进行的诈骗案件 2 798 起,同比增多 1 824 起,上升 1.8 倍。仅 2006 年 4 月至 8 月期间,全市就发生利用银行卡消费、转账进行诈骗的案件 130 起,被骗总金额在人民币 510 万元以上。目前,通过互联网、手机、电话等媒介进行的诈骗案件快速增长蔓延,成为流动人口侵财案件的主要增长点。在信息网络时代,各类互联网站应当充分认识所肩负的社会责任,重视网络内容对青少年的影响,加强健康向上的网络内容建设,控制不良信息传播,积极传播先进文化,倡导文明健康的网络风气,从而为青少年营造绿色健康的网络信息空间。

第三,经济体制改革的必经过程。经济体制改革在为我们国家的经济注人新鲜活力的同时,也带来了日益增多的城市失业、下岗、待业人口和农村廉价劳动力,如果政府和社会不能为他们创造一个更加宽松的就业机会,没有固定工作,没有生活来源,那么,流动人口这个群体以及第二代无序流动,走上犯罪的道路也是不言而喻的。

调查显示,流动人口犯罪嫌疑人中有 45.4%走出家门的动机是为了“快速致富”,54.6%来京前的身份为农民,41%的犯罪原因是因为一时冲动。由于他们大多数来自农村地区,受教育程度普遍比较低,不知法、不懂法,当其权益受到损害时,不懂如何采取合法的方式和途径来维护自己的合法权益,往往以冲动的武力方式来解决问题,引发大量违法犯罪行为。这与社会转型期,个人所承受负担重、压力大以及流动人口在城市中受排斥、受歧视,劳动与居住环境差,职业缺乏稳定性,流动人口青少年对城市缺乏归属感、认同感等因素均有密切的关系。转型时期整个社会管理的漏洞、空隙增多,防范管理机制薄弱,管理不到位的现象比较普遍,政府对流动人口规模控制、流动青少年合理引导能力的弱化,公安机关动态下的有效整体管理网络和模式尚未形成,相对静态下的传统管理模式和手段作用受到限制,造成流动青少年人口治安管理强制力的削弱。

二、流动青少年违法犯罪嫌疑人特殊处遇的必要性

流动青少年作为一个特定的年龄群体,生理与心理的不成熟导致其对自己行为后果的预见性不强,自我保护能力的缺乏使得他们在面对社会各种诱惑时容易丧失自己的原则,这种由生理和心理所决定的主体特征,决定了其在处遇中的特殊性:

第一，“行为人的辨认与控制能力本身能说明行为的社会危害性”[①]，两者是成正比的关系，当行为人的辨认能力和控制能力低时，其反映出来的主观恶性就小，社会危害性随之也轻。而人的辨认能力和控制能力不是与生俱来、自小就有的，它需要人的身心发育的逐步成熟和对社会知识的学习和积累，因此，人的辨认能力和控制能力肯定会受到年龄的制约。流动青少年由于心智尚未成熟，社会知识相当粗浅，尚不能完全正确地认识周围事物和自己行为的社会性质和意义，因此其辨认能力和控制能力相对成年人来说要低，其犯罪行为的社会危害性相对成年人来说也要小。所以，对流动青少年犯罪主要适用非刑罚处置措施，在刑事责任的承担上充分考虑加害和受害同时存在的未成年犯罪人，对流动青少年的刑事政策进行细化，大多也可以做到罪责刑相适应，普通社会公众和被害人也大多能对此予以宽容和理解。

第二，流动青少年具有很强的可塑性。流动青少年实施危害社会的行为在很大程度上是不良环境因素影响、家庭教育缺位和行为人幼稚无知综合作用的结果。流动青少年，尤其是其中的未成年人大多涉世不深，生理心理刚刚开始发生显著变化，正处于人生观和世界观形成的时期，易受周围环境和他人言行的影响，具有可塑性。如果对他们采用刑罚，简单、直接适用针对成年人的刑罚手段，让他们在封闭的监狱里生活，并不能有助于违法、犯罪问题的真正解决。不仅会导致他们丧失各种正常的学校教育、家庭教育或社会教育的机会，而且在监狱这样复杂的环境里，容易导致交叉感染，使其心理进一步扭曲，人格进一步异常，对社会和他们未来的生活产生不利影响。

第三，部分流动青少年的违法犯罪行为并非标准的刑法类型化行为。犯罪行为是被刑法类型化的行为，行为是犯罪概念的基石。[②] 而行为概念又必须以动机为基础，实现目的为归宿。[③] 所以动机、目的会影响行为的刑法类型化。但是通过熟识法条，也通过对一些刑事司法的调研，我们不难发现那些被刑法类型化的行为绝大多数是以成年人为参照标准的，这一点在强奸罪上反映得尤为明显。不但在犯罪构成

---

①张明楷，等. 刑法格言的展开. 北京：法律出版社，2003.

②赵秉志. 外国刑法原理（大陆法系）. 北京：中国人民大学出版社，2000.

③［德］弗兰茨·冯·李斯特. 德国刑法教科书. 徐久生译. 北京：法律出版社，2000.

的行为类型上，而且主观恶性程度、人身危险程度以及由此配置的刑罚轻重也基本是参照成年人的标准而拟定的。但是青少年的许多动机、目的，包括行为的客观表现经常会偏离类型化行为的特性，对这类行为完全适用成年人的行为类型进行评价，并不全部符合司法实际，也不符合罪责刑相统一的要求。

第四，我国有关保护未成年人合法权益的法律规定及刑事政策零散地见诸于各个法律，不成体系。虽然《未成年人保护法》和《预防未成年人犯罪法》已经颁布多年，但这两部姊妹法律缺乏具体操作性，存在执行主体不清、责任主体不明、没有明确相关部门责任等明显缺陷。关于未成年人犯罪的处理规定缺乏系统化，分散在《宪法》、《刑法》、《刑事诉讼法》、《未成年人保护法》和有关司法解释以及我国参加的一些国际公约和条约之中，内容过于分散。在实体法的适用上往往成人化，对未成年人的定罪处罚与成年人共同适用刑法。对未成年人犯罪从轻、减轻、免除处罚或者不认为是犯罪的规定在我国刑法种没有明确规定或过于概念化，以致在实际操作中难以掌握；《刑事诉讼法》完全是以成年人为基准构建的，缺少适用未成年人刑事案件审判的诉讼程序，尽管最高人民法院和最高人民检察院（以下简称“两高”）相继颁布了一些司法解释对此进行弥补，但仍不能满足目前未成年人法律保护的实际需要。

三、充分发挥公安职能作用，与和谐社会、和谐家庭相配合，有效疏导解决流动青少年违法犯罪问题

在公安工作的实践中，我们要以科学、务实、尽职、尽责的工作态度，紧密围绕当前构建和谐社会、和谐家庭，建设世界城市的实际要求，从为社会主义事业培养合格建设者和接班人的高度出发，创建首都和谐稳定社会治安环境、充分认识我市流动青少年违法犯罪问题的重要性和紧迫性，积极开拓新思路，努力挖掘新资源，多角度、全方位地采取措施，在教育保护和控制打击之间寻找契合点，推动全社会有序、良性地发展：

第一，要客观全面、理性地看待流动未成年人的发案、犯罪率等问题。从刑事政策学的角度，存在犯罪必然论、犯罪容忍论两种观点。犯罪必然论（crime and its inevitability，又译作犯罪不可避免论）认为，现代人类社会不可能消灭犯罪，人类可以通过各种方式抑制和减

少犯罪,单凭法律本身不可能控制犯罪,只有通过整个社会才能减少犯罪,因为社会种种混乱现象是产生犯罪的根源。犯罪容忍论(tolerance of crime)认为,犯罪是人类社会的一种自然现象,不可能在短时间内消灭。与其大惊小怪,不如承认现实,在主要西方国家,犯罪虽然不断上升,但上升的幅度不大,犯罪已进入一种平稳时期。例如美国长期以来犯罪一直在600件/万人浮动。英国的犯罪率一直在600~700件/万人徘徊。

正如本文第一部分“我市流动青少年违法犯罪状况的趋势分析”中所提到的,在特定的经济社会发展时期,由于社会综合治理措施的缺失、空置,流动青少年违法犯罪的现象就仿佛与整个社会达成了一种协议:违法犯罪已成为整个社会的一种常在和稳定的组成部分。无论是警察还是犯罪学家都会认为犯罪率不能真实反映犯罪现状,随着社会发展,法律的健全,犯罪率自然要经历一个由低到高的过程,这是犯罪本身的规律性,它不以警察的意志为转移。而且隐案、漏案现象是普遍存在的问题,片面追求低犯罪率等于变相鼓励弄虚作假。立案率高、犯罪率上升也从一个侧面正确反映了警察工作效率。因此,单纯的流动未成年人的发案、犯罪率并不能正确的评价、科学地衡量警察工作,同时还需要参考公众安全感和公众对警察工作的满意程度等多种指标,全面评价。

第二,针对每一位流动青少年违法、犯罪嫌疑人,办案警察应根据其家庭背景、日常表现、违法犯罪的原因、主观恶性等及时做一份社会调查报告,提交其执行场所和来源社区,并确定提高其生存能力和文化层次的辅导建议方案。

在辅导建议方案中一方面要针对违法犯罪的特点,从实际出发,坚持“惩教结合,教育为主”的原则,强调在保障其权益的基础上,积极采取各种教育矫治措施,帮助其认识自身违法根源,定期开展法制、道德教育,组织未成年在押人员开展法制道德教育;另一方面除了注重于实用方面的知识,如中文、英文、数学以及自我发展与社交发展方面的课程,以培训他们面对困难的能力和积极的人生态度的同时,还应着力训练未成年人的室内设计、装饰和电子维修等技能,为重返社会做好准备。流动青少年中累犯的犯罪行为,尤其容易归因于个体的性格因素以及监狱对这种不良性格的改造的失败,从马斯洛的需求层次来看,职业能力的欠缺、社会安置的落实不力使未成年犯罪人出狱后面临非常现实的生存困难和再犯罪的危险。违法犯罪人，尤其是流动青少年人口中刑释人员的生存技能、职业能力对其重返社会有着关键作用。

第三，建立以流动青少年为对象和主体的专项案件督办制度，凡是被害人或者违法犯罪嫌疑人是未成年人的案件，设专人进行督办，并且将部分流动青少年违法、犯罪嫌疑人及时转交至强调教育、监护及社会和福利支持的福利机构。

从案件的受理开始，到侦查、破案、采取强制措施，每一阶段都有专人督办，确保案件的及时、准确处理，切实保护流动青少年违法犯罪嫌疑人的合法权益。一方面要完善流动青少年违法犯罪嫌疑人的羁押救济权力。流动青少年违法犯罪嫌疑人的羁押法律救济权力存在救济盲点，在司法实践当中不容易实现：由于通常缺乏必要的经济来源和积极负责的亲属，即使犯罪情节较轻，危害后果不大，也可能因为缺少必要的保证人或者保证金失去被取保候审的机会。"救济"通常是指"纠正、矫正或改正已发生或业已造成伤害、危害、损失的不正当行为"[①]。另一方面要逐步建立强调教育、监护及社会和福利支持的福利机构以及面向社会、依靠社会、服务社会的行刑模式。莫里森在《少年犯罪人》一书中反对对未成年人犯罪使用监禁，认为监禁会将一个天真的少年犯罪人变成一个顽固的、习惯性的犯罪人，只有在迫不得已时才能使用监禁，监禁机构和自由社会差别极大，它不可能交给少年犯罪人在自由社会中所需要的行为方式，监狱如果要有效地教育犯罪人，就必须使它的条件和外面的自由社会大致相似。[②]

对流动青少年违法犯罪人中的未成年人在监所要实行分管分押，配备专门负责未成年人案件的警察专门管理。曾经担任法官的梅德因不满在拘留所关押少年犯以及将成年罪犯和少年犯共同关押，早在1893 年就建立了"父亲协会"从事少年犯感化事业，并为以后在欧洲大陆及英、美实行类似制度奠定了基础。笔者认为，各监所严格按照法律法规的规定，结合本监所的关押情况，设立数量不等的未成年人监室，专门设立未成年在押人员管理区域，并指定专人对他们进行教育管理，将这部分特殊群体与其他在押人员隔离开来，防止交叉感染，

---

①贺海仁.从私力救济到公力救济：权力救济的现代性话语.法商研究，2004.

②吴宗宪.西方犯罪学史.北京：警官教育出版社，1997.

全力协助违法犯罪的流动青少年改过自新。

第四，给流动青少年违法犯罪人员提供各项心理辅导，使他们有更健康的心理，以便释放后更容易融入社会。当罪犯盗窃、杀人、抢劫、强奸时，已经丧失了尊重财产、荣誉、自由和生命的习惯。尤其是其中的残疾少年犯，他们面对的挫折更多，也更常遭遇误解、歧视、嘲弄和否定，因而更容易引发自卑、孤独、焦虑、失落、抑郁、冷漠等心理问题①。如果用教育无产阶级先进分子、共产党员、国家干部的标准来要求他们，显然是揠苗助长。对于没有自我肯定感、生存空间感、存在感的少年，根本谈不上培养规范意识。② 所以，再教育时，必须从他个人的利益入手，重新培养他对财产、荣誉、自由和生命等美好情感的尊重，逐步培养、提高其心理素质。

人类最初发明监狱的目的就是为了将侵害社会的罪犯“关”起来，使之与社会隔离。这既是为了避免罪犯再次危害社会，也是为了剥夺他们的自由，以示惩罚。随着社会的发展和时代的进步，行刑的目的从剥夺、隔离转向矫正、再社会化，使罪犯经过受刑之后成为合格的社会公民，行刑活动的追求从消极地破坏罪犯的犯罪人格转到积极地塑造罪犯的公民人格，这一点对流动青少年违法犯罪人尤为重要和关键。对流动青少年违法犯罪人的帮教活动，应重视从亲情感化上入手，有可能与其家人沟通联系时，与家属携手共同开展帮教活动，使家属了解其教育改造的情况，进一步取得家属的支持，加快其的转化过程。在其犯释放后都应接受一段时间的心理调适辅导，成立社会矫正机构作不定时的家访，以便提供即时辅导，若发现释放后的流动青少年有再犯倾向，可以重新召回矫正机构再接受一段时间的训练。

第五，认真组织专业调研，全面服务社会主义和谐社会、和谐家庭构建工作。对待流动青少年的违法犯罪问题，单有刑法的惩罚、公安机关的打击是远远不够的。社会秩序的有效性取决于刑法的惩罚和预防功能的现实成效。刑罚谦抑性要求必须对刑罚的启动持审慎的态度，刑法须作为具有法益保护最后性质的补充性、非处处介入市民生活的片段性以及非一切不法行为均须以刑罚加以制裁的宽容性等

---

①H. Thompson Prout，等. 儿童青少年心理咨询与治疗. 林丹华等译. 北京：中国轻工业出版社，2002.

②尹琳. 日本少年法研究. 北京：中国人民公安大学，2005.

性质。[①] 所以刑法具有残缺性，是第二次规范，它本质上是保障法，因而不可能也不应当全面干预社会生活，只是其他法律不足以抗制且选择刑法具有效果时的最后法律手段。因此，我们要结合本职工作，通过专业调研，了解全市流动人口、流动青少年违法犯罪及侵犯流动青少年合法权益的情况和亟待解决的问题，并及时提出解决方案，依靠社会综合治理的手段，有效疏导解决我市流动青少年违法犯罪问题，从而服务于和谐社会、和谐家庭的构建。

总之，20 世纪以来，大多数现代国家和地区对未成年人犯罪大多奉行所谓"国家思想"，即国家如少年的双亲一样，应为缺乏管教和缺乏寄托或依靠的少年谋福利，并应对他们尽一定的扶助义务。[②] 结合我市经济社会发展的程度以及综合治安状况，公安机关在全面贯彻依法治国的基础上，应与家庭、社会协调配合，各司其职结合流动青少年这个群体的心理状态、个人境遇的特点，创建有利于各层次流动青少年成长发展的社会公益事业和再就业指导体系，以良好的行为方式和公益效果，矫正流动青少年的不良倾向，进行疏通和倡导，帮助他们在社会发展的坐标系中找到适合自己的位置，成为社会有用之才。公安机关应切实履行职责，采取多种形式，充分利用各种渠道做好相关法律法规的宣传、增强流动青少年的法制观念和自我保护意识，努力消除危害流动青少年成长的不良因素，依法查处流动青少年违法犯罪，大力营造有利于流动青少年健康成长的、和谐稳定的社会治安环境。

（作者单位：北京市公安局法制办公室）

参考文献

[1] 关于加强流浪未成年人工作的意见. 民政部，2006-1-20.

[2] 张明楷，等. 刑法格言的展开. 北京：法律出版社，2003.

[3] 赵秉志. 外国刑法原理（大陆法系）. 北京：中国人民大学出版社，2000.

[4] [德] 弗兰茨·冯·李斯特. 德国刑法教科书. 徐久生译. 北京：法律出版社，2000.

---

①[日] 大谷实. 刑事政策讲义. 日本成文堂，1994.

②甘雨沛，何鹏. 外国刑法学（上册）. 北京：北京大学出版社，1984.

[5] 贺海仁.从私力救济到公力救济:权力救济的现代性话语.法商研究,2004(1).
[6] 吴宗宪.西方犯罪学史.北京:警官教育出版社,1997.
[7] H. ThompsonProut,等.儿童青少年心理咨询与治疗.林丹华,等译.北京:中国轻工业出版社,2002.
[8] 尹琳.日本少年法研究.北京:中国人民公安大学,2005.
[9] [日] 大谷实.刑事政策讲义.日本成文堂,1994.
[10] 甘雨沛,何鹏.外国刑法学(上册).北京:北京大学出版社,1984.

更新家庭教育理念
掌握科学教子方法

杨 颖

孩子是家庭的希望，祖国的未来。每一个孩子的健康成长都需要家庭、学校、社会共同来完成，尤其是家庭教育是孩子成长的重要因素。每个孩子的成长都与成长的环境密切相关。“父母是孩子的第一任老师。”家长的言行对孩子而言具有直接的示范意义。家庭是孩子成长的第一个环境，良好的家庭育人环境和和蔼的家庭氛围对孩子的成长影响重大。身为家长，应该努力为自己的孩子营造一个良好的家庭环境，创设一个和蔼的家庭氛围，让孩子感受到家庭的温暖和家长的重要。

家庭教育是在家庭生活中，父母或其他年长者自觉而有意识地对子女施加教育影响，具有全程性、紧密性、潜移默化等特点。由于孩子对家庭成员的信任和依赖，他们的言行、欲望等表现得较真实而充分，因此家长能及时地、更有针对性地进行教育。家庭教育与学校教育的任务是一致的，即把孩子培养成德、智、体全面发展的人才，但各有侧重，内容方法不尽相同。家庭教育的首要任务是对孩子进行思想品德教育以及个性品质的培养；其次是培养孩子广泛的兴趣和爱好，激发孩子的求知热情，提高孩子的智力水平；同时要关注孩子的身心健康发展。

一、家庭教育的重要性

人民教育家老舍先生在怀念母亲时说过如下一段话：“从私塾到小学，到中学，我经历过起码有百位教师吧，其中有给我影响很大的，也有毫无影响的。但是我的真正的老师,把性格传给我的,是我的母亲。母亲并不识字,她给我的是生命的教育。"由此可见家庭教育在人的发展中所起到的重要作用。

如何正确地面对孩子的教育问题,是摆在我们教育工作者和家长面前的一项艰巨而又富有挑战性的工作。家庭是孩子受教育的最早启蒙地,苏联著名的教育家布卢姆说:"家庭环境对学生如何学习有巨大影响,它与教师或课程质量同样重要。"家庭教育是现代社会个别教学的最好形式。专家们认为,家庭里所发生的事情比任何智力或成就测验更能预示孩子在学校里所能取得的成就。因此,为孩子营建良好、温馨的家庭环境非常重要。

二、当前家庭教育中存在的一些突出问题

(一)重智轻德

重视智力因素而轻视非智力因素的培养,重视学科成绩而视品德教育和意志品格的培养。我们曾对700多位在校学生家长进行问卷调查,结果发现92.8%的家长关注的首要问题是孩子的学习成绩,尤其是主科成绩。在探究孩子学习成绩为什么不好时,一些家长往往只考虑智力因素方面的原因。他们错误地认为,把孩子培养成才,智力因素是决定性因素。是提高学习成绩的关键,因而走入智力第一、成绩第一、升学第一的误区。

(二)方法得当

1.缺乏连续性

对子女的教育培养缺乏周密的计划和明确的目的,零打碎敲,随意性大,断断续续,时紧时松,造成孩子在成长中起伏较大,改正缺点,纠正错误行为的时间长,有反复。

2.缺乏针对性

教育自己的孩子时,不是首先通过观察、分析,发现自己孩子的兴趣爱好和个性等特点,有目的地培养和发展孩子的特长和优势,有针对性地弥补孩子的不足,而是套用别人的经验方法,不考虑对自己孩子是否有益有效。

3.缺乏层次性

常采用同一种方法、内容,不考虑孩子在长大成人这一动态过程

中生理、心理发展变化和思想认识水平的提高。遇到问题，苦于缺乏良策，只是简单的说教，反复唠叨那几句话，不考虑孩子的心理需求，从而引起孩子的反感和消极抵制。

4. 轻视劳动教育

认为孩子的任务就是读书学习，因此，不但不支持孩子参加公益劳动、社会实践活动，而且还不让孩子承担力所能及的家务劳动。孩子对家长的辛苦劳动缺乏体验和感受，必然养成好逸恶劳，怕苦怕累的不良习惯，缺乏坚强的意志品格和责任感，最终也会影响到学习本身，还会导致在未来的社会生活中构能而缺乏竞争力。

5. 轻视行为习惯养成教育

对孩子学习成绩的进退十分敏感，对培养孩了良好的行为习惯却不以为然。殊不知不良行为习惯必然会以粗枝大叶、杂乱无序、虎头蛇尾等形式在学习中反映出来，成为提高学习效果和学习成绩的主要障碍。

6. 忽视孩子心理情绪的发展变化

家长在实施家庭教育时，不注意孩子在婴幼儿、儿童、少年、青年各时期中思维、情绪、心理活动的特点与变化，教育方法死板、生硬，仅仅依靠外部指令式的他律而不注意培养孩子的内在动机和主动自律精神，导致孩子对教育内容的怀疑和否定，甚至以消极、对抗、逆动的态度对待家庭教育。

7. 重言教轻身教

对子女的要求很严很高，却不注意自身形象对孩子的影响。试想，如果家长缺乏上进心，整日沉湎于打麻将、跳舞、看电视，不读书不看报不学习，又怎么可能要求孩子做到热爱学习，积极进取呢？又怎能对孩子有威信可言呢？要知道家长自身形象在孩子成长过程中发挥的潜移默化作用是非常之大的。

8. 重大轻小

对孩子的小错误小问题不够重视，不及时给予批评教育，认为只要不犯大错就行。长此以往，小错得不到纠正，积累发展下去，就会使孩子的思想发生质的变化，到那时，出现的大问题就难以纠正和解决了。

9. 反差大

在家庭教育中，父母教育孩子时，态度、方法反差过大，往往是一方一味迁就,一方简单粗暴,这会造成孩子思想上的混乱,甚至让孩子钻了空子,以投机应付的心理对待家长的教育,因而整体教育效果极差。另外,有的家庭教育与学校教育不能协调一致,在一定程度上削弱了学校教育的作用。

10.单亲家庭对孩子的教育问题

生活在单亲不稳定家庭中的孩子,由于缺乏完整的父母之爱,心理压力较大,所以他们不但学习、行为表现方面的问题较多,也更容易出现抑郁、孤僻、内向、胆怯或攻击性强等心理障碍。

三、搞好家庭教育,必须树立正确的家教观念,掌握科学的家教方法

第一,创造良好的家庭氛围,以平常心看孩子。家庭本来是充满亲情的特殊育人环境,现代家庭尤其应该有一种浓郁的民主和谐的气氛。子女不仅属于父母和家庭,更是国家未来的公民和接班人。父母和子女,在人格上应该是平等的。孩子应该尊重家长,家长也应该理解孩子,真正了解孩子的心理需求和成长需要,多与孩子交流、沟通。说话应该用商量的口气,有问题应该用讨论的办法解决。这样才能够形成良好的家庭氛围。要知道,有什么样的家庭氛围,就容易造就出什么特点的孩子。良好的家庭氛围是塑造孩子幸福人生、保证其全面发展的基础,也是进行成功的家庭教育的必备条件。

第二,对待孩子应以表扬、鼓励为主,杜绝训斥、喝责。要求孩子不出任何差错既是不可能的,也是没道理的。不允许孩子出错,会使孩子丧失探索的欲望。“不做无把握的事”,会使孩子不敢于去创新,出错后遭受批评的孩子会变得缩手缩脚。正确的态度和做法是,孩子出现差错后不去横加指责,而是热情耐心地去疏导,帮助他们分析出错的原因,找出避免出错的方法,从而有效地培养孩子的探究意识和不怕失败的心理。

第三,放手让孩子做他想做又能做的事。热爱孩子,就要按照孩子成长的规律去培养他们,让他们在独立成长中学会自立。要给孩子以行动自由,使其养成独立处事习惯和自主选择能力。学校或班级、社区组织的任何一项活动,都是有利于学生身心发展的。结果如何并不重要,关键是要使孩子具有张扬个性、展示自己的勇气。这是一个树立自信、张扬个性、发挥特长的时代,一个连参与意识和自信心都没

有的人，怎能向别人昭示自己？

第四，帮助孩子建立广阔的智力背景。人民教育家陶行知主张要解放儿童的头脑、手脚，让孩子自由地活动。这对帮助孩子建立广阔的智力背景是十分必要的。我们现在的孩子课业负担本来就重，有限的课外时间家长又往往给填得过满，限制太死。孩子几乎所有的时间都用来做功课，其结果是造成智力背景狭窄，功课也难以学好。要使孩子健康发展、全面发展，必须让孩子有自主支配的时间，有自我选择的权利，广泛地去接触课本以外的各种知识载体；必须让孩子有机会去接触家庭、学校之外的环境与生活，去亲近大自然，去感受生活氛围，以帮助孩子建立广阔的智力背景。孩子的智力背景越宽厚，其智能发展就越快，课内知识的学习就越轻松，就越有可能成为最优秀的学生。

随着家庭教育观念的转变，我们相信，良好的家庭教育将会与学校教育、社区教育更好地结合在一起，把更多的孩子培养成符合社会需要的现代化人才。

（作者单位：石景山区八宝山鲁谷住宅社区居委会）

参考文献

[1] 张云. 如何能进行科学的家庭教育之我见. http://info.edu.hc360.com/2008/12/121128162342.shtml.
[2] 如何进行科学的家庭教育. http://www.age06.com/gardenportal/Detail.aspx? InfoGuid＝a9eaf8cb-56cd-4825-9d03-fd920af3c45b.
[3] 如何科学有效地对孩子实施家庭教育. http://www.xye21.cn/jiaoyuzhongxin/ShowArticle.asp? ArticleID＝6715.

关注城市新市民的家庭教育

——农民市民化进程中生活方式转变的视角

钱志亮

亚里士多德说："人们为了生存而来到城市，为了生活得更加美好而居留于城市"。城市是以非农业产业和非农业人口集聚形成的较大居民点及其街道、医院、学校、写字楼、商业卖场、广场、公园等公共设施。

新市民是指由农村到城市生活的人即市民化中的农民。农民市民化是世界各国历史发展进程中的普遍性规律，2010 年 5 月 11 日，中国市长协会在北京发布的《中国城市发展报告》指出，中国已进入城镇化加速时期。根据麦肯锡（McKinsey）近期发布的《迎接中国十亿城市大军》报告，过去的 20 年里中国城市人口净增 3 亿，今后 20 年中国城市人口还将增加 3.5 亿；到 2025 年，中国将有 219 座城市人口在 100 万以上（欧洲目前只有 35 座人口在 100 万以上的城市），24 座城市人口超过 500 万，2050 年则有 70％的中国人口居住在城市。

随着人口由农村进入城市，其生活方式（Lifestyle）也将发生深刻的转变，生活方式包括人们的衣食住行、工作、交通、消费、休闲娱乐、社会交往等物质生活和精神生活的价值观、道德观、审美观等。生活方式的转变，其家庭教育也要有相应的变化。

一、劳动方式的变化与家庭教育的因应

新市民去单位上班，工作方式由过去自由散漫无组织转变为按部就班的组织中人，生活节奏"被加快"，精密度要求迅速提高，按时按点到岗接受一定的制度约束，格式化、规律化的生活方式使得个

人自由与原先相比受到极大限制，接送孩子上学、辅导孩子功课、陪伴孩子娱乐等都受到制约，日益导致孩子生活上缺人照料、行为上缺人管教、学习上缺人辅导的“三缺”现象，需要引以重视。

由于一个人工作难以维系家庭开销，城里一般双职工现象很普遍，妇女解放了，能顶半边天，可以参加革命工作了，和传统的女主内——女人在家相夫教子、操持家务——相比发生了很大的变化。“夫妻无别”与传统乡村生活中“男主外女主内”截然不同，女人一旦经济独立之后往往寻求人格独立与“解放”，传统“严父慈母”的分工极有可能被颠覆，“有神经病的‘母老虎’”现象成为农民市民化之后的常见现象，而在家待业的“全职母亲”在教育孩子的过程中极有可能出现“父教缺失”的现象，因此劳动方式所导致的家庭分工的变化，需要夫妇在教育孩子的分工方面也重新做相应调整。

相对封闭的乡村生活，父母亲和孩子之间每天生活在一起，即“父子有亲”，亲爱亲爱，由亲近而生的爱。而城市生活的激烈化使得为生计而奔波的父母不得不把孩子送到寄宿制的幼儿园、小学，一个星期见一次；有的甚至外出打工或常年驻外，不得不把孩子交给祖辈看护，家庭中的责任和义务很难传承，爱链的断裂使得孩子的情商和社会化能力严重受挫。

二、居住方式的变化与家庭教育的因应

新市民们离开自己的父母到城里组建自己的家庭，城市家庭多以父母带着一个孩子的核心家庭模式居多，传统中四世同堂、共同抚育孩子的现象越来越罕见了，参与教育子女的人数相对减少意味着孩子互动发展机会的减少，对孩子心理发展极为不利。

城市里受国家人口控制和城市抚育成本的影响，一般一个家庭只生一个孩子，同辈交往的缺失使得独生子女很难理解什么叫友爱、什么叫宽容、什么叫仁慈。独生子女使得父母的育儿观念发生了很大的变化，以及我们在教育孩子过程当中不经意之间对孩子的娇生惯养以及无原则的去爱孩子，这种战战兢兢的抚育心态很容易导致孩子孤僻、任性、自负、唯我独尊等负面人格。

城市拥挤的住房面积，城市居民住宅以单元式的楼房环境为主，具有“封闭式”的特点：天地狭小，离群索居，水电气声相通，老死不相往来。一个楼洞里三教九流良莠杂居，很难找到农村那种借来往还、

互相帮助、互相怜惜的浓浓的人际况味和绵绵的温馨乡情。双重防盗门一关，谁也别关心谁、干涉谁、搭理谁的生活方式，虽然除去了一些安全隐患，却大大限制了儿童与社会接触的时间和空间，容易使孩子孤陋寡闻，形成孤独、依赖、忧郁、不善交际的性格弱点。长期呆在家里不与外人接触，很容易造成孩子视野狭窄、心胸狭窄，看问题偏激、片面的毛病。

城市的天被高楼大厦挤成一条缝，城市的地大都压在高楼大厦底下；城市的阳光被高楼大厦截留；城市的空气被车流、人流、工厂搅得污浊不堪……城市孩子的周围除了苍蝇和蚊子以外，几乎没有任何别的野生活物，冷冰冰的混凝土马路，听到的是隆隆的机器声、叮当作响的建筑声和呼啸不断的车辆声，呼吸的是机器排出的气体，污水、垃圾、光污染、电磁波、噪声等都在不时地侵害着孩子的健康。

三、饮食方式的变化与家庭教育的因应

农村生活最便利之处就是不花钱在田间地头生产自己的大量食物，自给自足，城市里柴米油盐酱醋茶样样都要花钱买，生活成本的提升使得饮食结构和饮食方式也悄然发生变化：

饮食“西化”颠倒了东方农耕民族粮食蔬菜为主、肉蛋奶辅之的“食物金字塔”，导致孩子肥胖、早熟、多毛、“食肉动物化”的性格（咆哮、粗暴、侵犯性行为）。

快餐化颠覆了传统饮食“色香味”“养胃、健身、怡情”的理念，进食纯粹是为了“填饱肚子”，完全失去了进食的品味、雅致、乐趣。

餐饮社会化即在外就餐，省去了很多劳顿，但也失去了亲子交流与劳动教育的机会。

由于新市民家庭中的父母主要将精力都放在生计奔波上，没有更多的时间来照料孩子的生活与学习，要教会孩子学会自己照顾自己，甚至反过来照料父母，使新市民子女养成吃苦耐劳的性格，具备较强的生活自理能力和独立性。

四、交通方式的变化与家庭教育的因应

交通是城市居民实现就业、居住和游憩等日常活动的中间过程，是城市生活的重要组成部分。在中心城区多用于居住、商业、金融等产业的开发。但由于中心区高昂的地价和住房商品化、社会化及货币

化分配的逐步实施，新市民一般无力承担中心区高昂的房价，他们往往选择近郊区甚至远郊城镇较经济的住房，受经济和交通拥堵的制约，新市民往往选择公共交通，而他们居住的地区公共交通资源配置往往相对紧张。他们“就近上班”的几率往往不是太高，此类“钟摆族”使得城市“流动人口”生活半径扩大，其每天用在交通的时间相对增多，这些“无谓的时间牺牲”极有可能挤掉的是亲子互动的时间。

为了生计，有人不得不每天“穿城”，甚至选择到邻城上班，“周末夫妻”、“准单亲”对孩子人格的负面影响很大。

同时车流量的增加、道路交通体系的复杂化对儿童交通安全教育也提出了新挑战，毕竟目前我国儿童的头号杀手是交通事故。

五、消费方式的变化与家庭教育的因应

城市人口能够享有更多的公共生活空间，得到更多的生活设施和配套服务，商场、餐厅、影视城、娱乐城、公园、医院、公交车站、邮局、银行，从全天候的保安服务、家政服务到专业的公共清洁服务、设施维修服务，从交通服务到商务服务，事无巨细，只要市民有需求，都能构成专业服务的内容。市场经济提倡消费，而且消费日益方便了，收入增加提高了消费水平，加之消费方式多样化，最终把很多家庭服务和家务活慢慢地都推向了社会。自动化程度越来越高的洗衣机、微波炉、吸尘器、电烤炉等家用电器的普及，以及生育子女数的减少，使家务劳动强度大为降低，把家长从繁重的家务活当中解放出来，城市居民的家务劳动时间明显缩短、家庭的功能逐渐在缩小，孩子再也看不到父母为孩子忙碌的身影，亲情越来越远。

农民转变为市民，消费性支出重点也悄然向住房、交通、通讯、旅游等方面发生转移；在生活质量方面，市民相对于农民的生存需要而言，享受和发展需要更加强烈，因此孩子的教育开支应该作为一项特别资金加以重视，以求通过知识改变命运，避免发生“社会复制”现象。

六、交往方式的变化与家庭教育的因应

乡村的社会组织不发达，首属群体如家庭、亲属、邻里、街坊等互动频繁，相互关系也比较密切，在人们的生活中发挥着重要的功能，如思想与情感交流、生产互助、生活扶持等。而城市社会分工体系较为复杂，工厂、公司、学校、机关、工会、政党等各种社会组织在城市居民

的工作与生活中占据了重要的甚至是主要的地位。社会组织逐渐取代了首属群体的功能，所以城市首属群体成员从事共同活动的机会减少，使得其成员之间的关系日渐松懈，所以城市家庭成员、亲属之间的关系就远不如传统农村的此类关系亲密。邻里、街坊之间的联系就更为松散了。

现代城市的商业文化属性，一方面使它冲淡了门第、家族的制约，人们获得了更多的自由、平等和民主。但是另一方面，城市人、尤其是大城市人，人们的价值观念更趋向于理性化和实际化；社会流动性大，社区构成要素的异质性强，为自我保护，人际接触中不得不有较强的匿名性，这些使得交往的表面化与事本主义倾向更为突出；人际关系由血缘关系和地缘关系向业缘关系转化，以业缘关系为主；商业化城市社会的人际关系基本上是利益关系，利益驱动原则使人际关系的变化和转移的准绳沦为利益和金钱，乡村的亲切微笑的面庞，在城市开始变得遥远而模糊，于是人们也便分明地感到城市的残酷和薄情。如何将社会的冷漠无情与人性的善良巧妙地结合在一起并传递给孩子，是每个家庭面临的难题。

现代城市社会成员来源复杂，除少部分的原居民外，大部分是后来移入的，既有不同乡村社区的移入者，也有其他城市乃至国外的移入者，造成他们在文化背景上的异质化。原有居民保留着他们原有的生活习惯、价值观念、宗教信仰与传统风俗，而外来移民在这些方面不仅与原居民之间，而且与不同来源的移民之间，往往大相径庭。教会孩子懂得尊重传统、多元共存是家庭教育的重要内容。

城市里的诸多现代化便利条件和全球化联系，既给人提供了发挥人的创造才能的诸多机会，也把人捆绑在了社会大机器飞速转动的齿轮上，无法自拔，而身心疲惫，麻木不仁。如何使得孩子在残酷的竞争中立于不败之地，同时又有良好的人气和人脉资源，也是家庭教育面临的新问题。

新市民孩子经历过困苦的生活，来到城市以后，要努力克服自卑感、不平等感、被歧视感和对立感，即使遇到一些困难和挫折，也要能坦然面对，顺利度过。教他们别为小事和同学斤斤计较，别为一次考试没考好闷闷不乐，别为老师的一句批评离家出走……他们一方面能客观地评价他人，理解他人，为同学的成功而感到高兴；另一方面也能正确评价自己，尽自己最大努力取得好成绩。

七、休闲娱乐方式的变化与家庭教育的因应

市场经济为城市年轻人发挥才干、快速成才提供了极好的机遇，可是城市生活节奏快，紧张压迫感强，年轻人为了减压而娱乐；加之现代人们追求新的娱乐方式更为热情和大胆，加之现代文化生活丰富多彩、娱乐方式的多元化、娱乐场所的便利化，使得城市年轻父母用于休闲娱乐的时间明显增加，而当娱乐休闲成为生活的必备重要内容时，抚育孩子的时间和精力必然被侵占。

青年新市民为生计所迫不得不提升自身素质，“赶考风”日盛，考学、考研、考博、考本（驾照）、考级（计算机、英语级别等），接受各种进修培训，在给孩子树立榜样的同时，也错失了陪孩子一起长大的机会。

新市民通常留有一些旧的不良生活习惯，人进城思想没有进城，这就需要加强家庭教育中的文明意识、法制意识、卫生意识、公德意识、交通意识、公共生活意识、规则意识等，家长在充分享受城市的休闲与娱乐的同时，应该让孩子一起懂得如何尽快融入城市，将安宁幸福的感受化为动力、活力和财富。

八、社会身份的变化与家庭教育的因应

城市里政治复杂、组织发达，科层化的组织结构使城市社会成员的社会参与程度和在社会生活中发挥的作用产生了差异，造成他们在社会地位方面的异质化。城市里有从勤杂工、办事员、普通工人、职员到科级、处级、司局级乃至省部级的行政级别差异，这同乡村社区中一般只有村民与村民组长的两个“行政级别”差异有着明显的不同，这些等级与门第很容易造成社会的攀比和心理失衡。

工业化和科学技术的发展大大地改变了城市的职业等级结构，增加了许多受尊敬的和收入丰厚的职业，并消除了不少低报酬的体力工作；在工业化社会，教育不再是上层阶级的特权，而成为人们谋生的必备条件。因此，在工业社会，教育机会在日益普及。现代城市社会阶层日趋开放，社会流动率高，增加了各阶层之间的相互了解与沟通，减少了相互之间的误会、摩擦与冲突，提高了社会整合度。社会生活也因此而变得更加生机勃勃，充满活力。

城市社会阶层体系更加开放，传统的等级森严的阶层体系已被打破，出现了高度的社会流动，不少出身工农的子弟正日益成为城市管

理工作者，企业家和知识分子；社会流动的不断发生，反过来又推动了现代城市社会阶层的进一步开放。人们感到可以通过自己的努力获得自己应有的享受，认识到自己可以控制自己的命运，认识到人间所有的问题，都是人为的结果。因此在家庭教育中需要渗透勇于竞争、勇于进取、自我奋斗、自我实现的内容，使孩子具备既不卑不亢又有序生活而积极努力、试图提升的良好心态。

九、价值观念的变化与家庭教育的因应

今天城市工业社会追求物质文明正导致物质至上、功利主义；市场经济强调经济发展也导致金钱至上、拜金主义；追求个人生活自由性和个性化，使得离婚率年年攀升；影视作品“三俗”恶搞导致文化空虚；男不谦谦君子、女不贤良淑德，不男不女大行其道；社会观念正经历着由求统→兼容、依赖→创新、封闭→开放、平等→竞争、义气→契约、慢节奏→快节奏、道德为先→德法并重、义利统一的转变，而这些价值观念使得家庭教育也面临着很多的艰难抉择与挑战。

“城市使得生活更美好”，是因为“城市精神”使得生活更开放、宽容、自由、平等、活力、自然、和谐等，作为人类文明载体的城市在发挥其积极、巨大推动力量的同时，人口的相对集中也带来了交通拥挤、堵塞、事故频繁，城市的大气和水体污染、噪声污染、土壤污染、垃圾成堆、酸雨侵蚀、日照遮挡、热岛效应等恶化了环境，破坏了生态平衡，还带来了严重的失业、越轨行为增多、犯罪等问题。《中国青年报》社会调查中心的一项调查显示，55.8％的人对目前的城市生活不满意，42.8％的人感到满意。城市生活的美好之处在于购物方便、医疗水平高、教育条件好、文化生活丰富、就业机会多、社会保障好、居民文明程度高、生活品质高、职业发展前景好、收入高等。城市生活不美好之处在于房价太高、交通拥堵、环境污染、物价高、人情疏离、压力大、竞争激烈、生活节奏太快、择校现象严重、不接地气等。家庭教育中，家长需要把城市的利与弊都全面地告知孩子，引导孩子客观、辩证地看待城市生活、适应城市生活、改造城市生活。

（作者单位：北京师范大学教育学部）

参考文献

[1] 黄慧.我国社会转型中新市民融入城市问题.上海:同济大学硕士论文,2008.

[2] 康少邦,张宁,等.城市社会学.杭州:浙江人民出版社,1986.

[3] 李迎生.现代城市社会运行与发展的特点和趋势.北京:北京社会科学,1997(01).

[4] 李勇.中国城市建设管理发展研究.长春:东北师范大学博士论文,2007.

[5] 鲁楠.我国小城镇建设发展问题探讨.商业时代,2009(34).

[6] 吕青.新市民的社会融入与城市的和谐发展.江南论坛,2005(05).

[7] 谭昆智.现代城市的建设和管理研究.中山大学学报论丛,2005(01).

[8] 王聪聪.城市生活成本太高导致的“钟摆族”.中国青年报,2010-08-03.

[9] 闫妍.无锡崇安区新市民子女思想道德现状调研.中国妇女网,2009-12-02.

[10] 章仁彪.有更好的城市,才会有更美好的生活.南方都市报,2007-11-20.

残疾儿童家庭和谐氛围建设的问题及对策

兰　花

根据2006年第二次全国残疾人抽样调查主要数据公报，我国有残疾人的家庭户共7 050万户，占全国家庭户总户数的17.80%；0～14岁的残疾人口为387万人，占全国残疾人口的4.66%[①]。387万残疾儿童的绝对数值是庞大的，围绕这387万残疾儿童的家庭成员更是不计其数。根据我国出生缺陷监测和残疾儿调查结果，目前累计有近3 000万个家庭曾生育过出生缺陷儿，约占全国家庭总数的近1/10。有关专家指出，我国是出生缺陷高发国家之一，每年有80万～120万名出生缺陷儿，平均每30秒就有1名缺陷儿出生，其中，约40%患儿将成为终生残疾，这意味着每年将有40万家庭被卷入终生痛苦的漩涡中[②]。由于残疾儿童的诞生，许多家庭承受了巨大的生活压力，生活的艰难引发了各种社会问题，残疾儿童家庭迫切需要得到社会的关注和支持。

一、阻碍残疾儿童家庭和谐氛围建设的主要问题

笔者通过文献资料研究以及多年参与残疾人家庭调查研究的经验，得出目前阻碍我国残疾儿童家庭和谐氛围建立的主要问题有如下几点：

---

①第二次全国残疾人抽样调查领导小组.2006年第二次全国残疾人抽样调查主要数据公报(第二号).中华人民共和国国家统计局,2007.

②李晓宏,马潇.出生缺陷能预防吗.人民日报,2010-09-13.

(一)经济压力普遍较大

1.家庭经济支出数额大

残疾儿童从出生之日起,许多家庭就开始源源不断地支出用于孩子康复的费用,这笔费用是健康儿童家庭所无需承担的。在我国,很多康复项目都是自费承担,看病治疗尤其是手术的高额花费往往让残疾儿童家长力不从心,笔者曾经在天津市儿童福利院康复部访谈智力障碍残疾儿童的家长时了解到,来到康复部的很多残疾儿童的家长都为支出不菲的医疗费用感到焦虑不安,认为自从有了残疾子女后家庭开支变得拮据不堪,有的家长还在访谈中为生活的艰辛落下了眼泪。国家人口计生委副主任江帆指出,"我国每年出生缺陷患儿的治疗费用高达数百亿元,维持最基本生活费用高达数百亿元,给国家造成的间接费用约数千亿元。"①北京市残疾人康复服务指导中心康复训练部的调查表明,至2010年,与普通儿童相比,北京的三类残疾儿童的抚养负担依次为:孤独症儿童(19 582.4元/年)、肢体残疾儿童(16 410.1元/年)、智力残疾儿童(6 391.0元/年)。残疾儿童的医疗支出、看护支出明显多于普通儿童,而教育支出、衣着支出、游乐支出明显少于普通儿童。相比普通儿童,肢体残疾、智力残疾和孤独症儿童的家庭有着较大的经济负担②。

2.家庭收入普遍较低

2006年第二次全国残疾人抽样调查的数据表明,我国有残疾人的家庭中,有2个以上残疾人的家庭户为876万户,占残疾人家庭户的12.43%,这说明有的家庭面临着劳动力资本存量严重不足的情况,使得这样的家庭面临"因病致贫"的风险更大。由于我国社区中看护照顾残疾儿童的服务项目远未发展起来,家庭中一旦出现残疾儿童,照顾孩子的重担往往就落在了父母其中一方的身上,许多情况表明,父母其中一人的精力被照顾孩子所捆绑和分散,另一人则更多地承担起赚钱养家的任务,家庭中的劳动力减少,经济收入也随之减少。

根据全国第二次残疾人抽样调查的数据,我国城市的0~14岁的残疾儿童家庭的户人均收入为3 832元(表1),有三口人的核心家庭

①李晓宏,马潇.出生缺陷能预防吗.人民日报,2010-09-13.

②熊妮娜,杨丽,于洋.孤独症、肢体残疾、智力残疾儿童家庭经济负担调查.中国康复理论与实践,2010(8).

户均收入可粗略的估算为 3 832×3＝11 496(元)，通过上文中提到的北京市残疾人康复服务指导中心康复训练部的调查可知，北京市肢体残疾儿童的抚养负担为年均 16 410.1 元，假设北京市的核心家庭户均收入超过全国普通核心家庭的户均收入一倍，在不计算物价上涨等因素的情况下，北京市 2010 年核心家庭除去抚养肢体残疾儿童的年均剩余收入只有 11 496×2－16 410.1＝6 581.9(元)，即父母每月可支配的除子女抚养费以外的收入只有 6 581.9/12≈548.5(元)。在北京，500 多元的月生活费对于父母二人的开销来说，生活还是比较艰难的。

表1　全国 0～14 岁残疾儿童及其家庭收入情况

指标	单位	数量
0～14 岁残疾儿童总人数	人	7 569
有残疾儿童的家庭户	户	7 346
残疾儿童家庭户 2005 年人均收入水平		
户人均收入	元	2 264
城市	元	3 832
农村	元	1 918
人均收入在 0～683 元	户	919
人均收入在 684～994 元	户	659

数据来源：2006 年全国第二次残疾人抽样调查数据。

研究表明，除孤独症儿童外，肢体残疾、智力残疾儿童的家庭经济援助明显多于普通儿童。家庭残疾儿童个数越多，经济援助越少。因此，有多个残疾儿童的家庭，其收入来源减少，经济压力大。

3.参保率低

虽然国家规定二级以上的残疾人不论其收入水平都可以获得最低生活保障，到 2001 年我国已经实行了最低生活保障制度的城乡，共有 201 万残疾人享受到了最低生活保障，但 2001 年我国只有 53 万残疾人参加了社会保险，相对于我国残疾人总数而言，综合参保率还很低。如深圳市未参加任何社会保险的残疾人高达 64.8%，参加养老保险的占 28.8%，参加医疗保险的占 29.9%，参加失业保险的占 4.7%。农村地区的残疾人参保率更低。

在调查中笔者发现，很多残疾孩子的家长都很担心孩子的未来，其中，重度残疾儿童的家长表示对这个问题非常担忧，尤其是智力残疾和精神残疾的家长。当问起孩子的未来时，尤其是问到家长不在人世后孩子怎么办时，有的家长甚至表示在自己无力照顾孩子的时候，和孩子一起喝毒药自杀，比如天津市南开区王顶堤社区的二级智力残疾人张 WD(为保护残疾儿童的隐私，此处名字用字母代替)的妈妈就是这么对访问员说的。张家口市残联理事长郭彦等人都注意到了这个问题的严重性，提出了将无业重度残疾人纳入国家社会养老保险体系的建议。

(二)心理压力超出常人

纽约大学医院的社会工作者韦勒和米勒共同观察分析了新截瘫患者适应残疾的过程，指出了残疾人经历残疾的四阶段心情是：震惊、否定、愤怒和抑郁；菲茨杰拉德也通过观察刚失明的残疾人的反应，得出了典型的四阶段论，即不信、反对、忧伤和复原[①]。而残疾人家庭成员在面对自己的亲人成为残疾人的事实面前，也大致会表现出以上描述的类似的心理过程，有的家长震惊自己的孩子有残疾，将孩子抛弃在火车站、医院和福利院等机构的门口，有的家长否认自己的孩子是残疾孩子，不给孩子在残联登记信息并领取残疾证。有的家长非常抑郁，比如上文中提到的张 WD 的妈妈，由于常年在家中陪伴有严重智力障碍的儿子，完全顾不得照顾自己，在接受访谈的时候她面容憔悴，头发蓬乱，且言辞中透露出了一些绝望的情绪，而此时她的儿子张 WD 正在四处乱扔东西，甚至朝着访谈员扔小木棍，四面墙上都被他划破了，他仍然停不下来，一直在活动着。据天津市部分社区的残疾人联络员介绍，社区中至今仍有一些精神障碍残疾儿童由家长看护足不出户，很多残疾小孩被隔绝在家里，家长们也由此自我封闭起来。长期不与外界接触导致家长及孩子们面临产生心理问题的风险。

彭虹等对北京市 193 名学前视力残疾、听力残疾、智力残疾、脑瘫和自闭症等 5 类残疾儿童的家长进行了心理压力、应对方式和社会支持的问卷调查。结果表明，不同残疾类别儿童家长心理压力具有差异，其中智力残疾、脑瘫和自闭症儿童家长的心理压力显著高于听力残疾和视力残疾儿童的家长；应对方式的差异主要体现在自责，其中

---

①(美)迈克尔·奥利弗.残疾人社会工作.谢子朴，谢泽宪译.北京：华夏出版社，1990.

脑瘫儿童家长的自责压力最大；自责、退避和幻想是影响残疾儿童家长心理压力最主要的因素①。

（三）教育严重缺乏

1.残疾儿童入学率较低

在我国的残疾人中，6～14 岁学龄残疾儿童为 246 万人，占全部残疾人口的 2.96%。其中视力残疾儿童 13 万人，听力残疾儿童 11 万人，言语残疾儿童 17 万人，肢体残疾儿童 48 万人，智力残疾儿童 76 万人，精神残疾儿童 6 万人，多重残疾儿童 75 万人。学龄残疾儿童中，63.19%正在普通教育或特殊教育学校接受义务教育②，与 2009 年我国小学学龄儿童高达 99.4%的净入学率以及初中阶段 99%的毛入学率③相比，我国在校的小学及初中残疾人儿童入学率仍然是比较低的。各类别残疾儿童的相应比例为：视力残疾儿童 79.07%，听力残疾儿童 85.05%，言语残疾儿童 76.92%，肢体残疾儿童 80.36%，智力残疾儿童 64.86%，精神残疾儿童 69.42%，多重残疾儿童 40.99%。不同种类的残疾儿童人数及入学率对比图见图 1 和图 2。

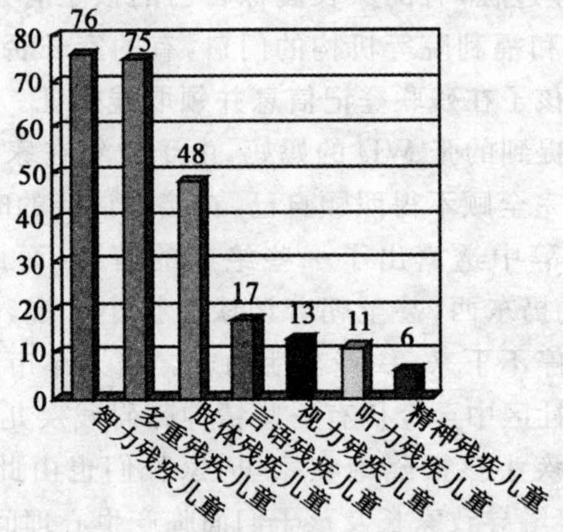

图 1　2006 年我国残疾儿童的残疾种类构成比例

数据来源：2006 年全国第二次残疾人抽样调查数据。

---

①彭虹，周海燕，陈淑云，等. 北京市学前残疾儿童家长心理压力问卷调查. 中国特殊教育，2010(5).

②第二次全国残疾人抽样调查领导小组. 2006 年第二次全国残疾人抽样调查主要数据公报(第二号). 中华人民共和国国家统计局，2007.

③今后十年我国仍然实行九年义务教育. 中国财经报，2010-08-31.

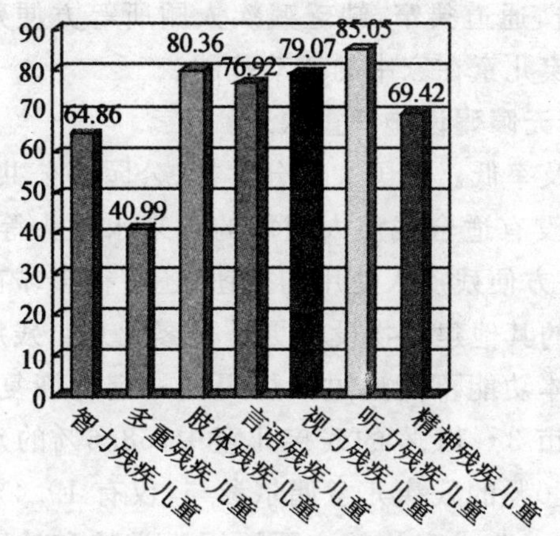

图 2　不同种类残疾儿童的入学率

数据来源：2006 年全国第二次残疾人抽样调查数据。

由图 1 和图 2 对比可见，智力和多重残疾儿童所占比例较高，但入学率相比其他残疾种类的儿童而言却较低，智力和多重残疾儿童的受教育问题迫切需要得到社会的关注。

2. 家庭教育缺乏

家庭和学校相同，都是教育孩子的重要场所之一，残疾儿童家庭教育也应该受到重视。由于残疾因素的存在，残疾人家庭父母亲的教化与普通家庭父母亲的教化存在很大差异，主要体现在两方面，即父母与教师的沟通以及父母与孩子的沟通上。很多残疾孩子的父母亲并非残疾人，他们和孩子在代际沟通的方式、沟通的内容、花费的时间上都与普通家庭有很大不同，如很多聋哑儿童的父母并不懂得手语，无法与其子女进行有效的交流，不能正确的掌握其子女的思想特点和心理特点，很难引导孩子健康地成长。孩子的父母如果是残疾人，则由于身体因素的限制，父母对孩子的教育也存在不足，如腿部有残疾的父母可能无法经常到学校找老师就孩子的状况进行沟通交流，这时就需要老师定期到残疾儿童家中进行家访了解情况、交流沟通。总体来说，残疾儿童受学校教育和家庭教育的情况都不乐观。

（四）无障碍设施建设严重不足

1. 居住环境无障碍设施缺乏

残疾儿童家庭所住楼房没有电梯、轮椅通道和声控灯，房间没有经过统一的改造，通道狭窄，缺乏残疾人厕所等方便残疾儿童生活的设施，限制了残疾儿童在家中的活动范围。

2.公共场所无障碍设施严重缺乏

(1)设施普及率低。我国大部分学校、公园等公共场所没有坡道，轮椅无法进入；没有适合残疾人使用的自来水龙头等公共卫生设备；电梯里没有安装方便残疾人使用的按钮；还有很多城市没有为盲人提供盲道，无障碍的其他建筑物设计更是寥寥无几。残疾儿童缺乏公共的锻炼场所，身体功能不能通过锻炼得到一定的恢复。有调查表明，河南省 10 个地市 3～14 岁的残疾儿童中，58.6%的残疾儿童从不参与体育活动，23.0%的残疾儿童偶尔参与，仅有 19.4%的残疾儿童经常参与体育活动。造成现状的主要原因为学校和社区无适宜的活动场地，教师和家长不了解活动方法①。

(2)设施质量粗糙，设计不合理。许多无障碍设施只是象征性的建造，实用性不够，给残疾儿童带来不便。比如盲道的铺设只在某一段路中，并且形状并非笔直，有的盲道的路线设计没考虑井盖的位置，需要围绕着井盖而行；有的盲道施工质量差，路面已经塌陷也无人维修；有的盲道尽头甚至是电线杆，或者是无路可走。

(3)设施配套程度低。残疾儿童要想成功达到学校或外出活动很难。比如笔者在天津红桥区对残疾儿童家庭进行访谈的时候，大部分残疾儿童几乎都不出远门，有的残疾儿童害怕出门，因为无障碍设施的建设实在不能满足他们的需求，比如所住楼层比较高的视力残疾儿童，如果楼房里没有电梯，他们就不能方便地下楼，即使有电梯，如果没有盲文按钮，在没有家长的陪同下，他们人仍然无法下楼。即使到了楼下，也需要有完整的盲道，而且这些盲道必须安全，另外还必须通向其他的建筑物。笔者在天津市调查的时候发现，在天津市，只有经济水平较高的区有部分盲道，而经济相对落后的区中，居民小区里没有盲道，很多居民楼也没有电梯。

以上四点是造成残疾儿童家庭不够和谐的主要因素，针对这四点原因，笔者提出四点对策建议以期促进残疾儿童家庭建立和谐氛围。

---

①郭照德.河南省残疾儿童参与体育活动现状调查及对策.实用儿科临床杂志，2010(13).

二、促进残疾儿童家庭和谐氛围建设的对策

一旦国家保障残疾少年儿童受教育的权利，给予他们康复的机会，残疾儿童家庭的压力会大幅降低，家庭的和谐水平也会随之上升。

(一)帮助减缓家庭经济压力

1. 建立“残疾儿童津贴”制度

国家应该将有残疾儿童的低收入家庭全部纳入低保，并在此基础上建立“残疾儿童津贴”制度，该福利津贴主要是残疾儿童因残疾而专享的福利津贴。在英国，政府规定只要老年人的收入未达到保障标准就可以获得补充年金和补充津贴，这个方式同样可以借鉴以应用到我国的残疾儿童低收入家庭中，应建立覆盖全国的残疾儿童津贴制度，该津贴发放依据的标准主要是残疾儿童的年龄、残疾程度和家庭收入状况。

2. 大力发展残疾儿童保险

应为残疾儿童提供新的医疗保险服务，开辟新的险种，比如在做好医疗保障之后，进一步考虑护理保险问题。另外可以借鉴和推广天津的儿童城乡医疗保险模式，给予残疾儿童医保四项待遇：住院医疗保险、门诊特殊病报销、门急诊报销、学生意外伤害附加保险。

3. 加强对保险资金的管理

在资金来源上，残疾儿童保险及补贴的来源主要是残疾人社会保障基金，该基金由三个部分组成，即政府财政拨款、残疾人就业保障金、社会自筹，并由中国残联统一管理，避免各级政府及任何其他机构对基金的影响和干预。残联应设立基金的监管中心，由政府和社会各界人士一同监督基金的使用情况，定期公开基金使用的账目以及明细，防止基金被违规挪用。监管中心具体负责制定财务、会计、审计和统计制度，监督、检查基金的征收、管理、经营和使用情况，通过招投标和外包的方式保持基金的保值增值及进行风险管理。另外，还可以动用非营利组织第三次收入分配的功能，建立起“残疾人社会福利基金”，将募集的善款部分用于贫困残疾儿童家庭中残疾儿童的医疗救助、教育救助上。

另外，国家除了提供残疾儿童残疾津贴、保险外，还应给予残疾儿童家庭一定的特殊优惠政策，比如凭借子女的残疾证可以优先推荐就业等，优先为残疾儿童家庭中的父母提供工作机会。

(二)提供医疗救治和社区托护服务

在医疗上以预防为主,国家应采取预防措施降低残疾儿童出生率和儿童致残率,一旦出现残疾,应给予及时的康复治疗,帮助残疾儿童进行康复矫正。农村地区普遍应设立残疾儿童康复站,康复站的具体事宜主要由各级残疾人联合会负责。在瑞典,65 岁以上的残疾人由地方当局为个人委派生活服务员,或提供经济帮助,使他们能够雇用生活服务员,根据瑞典社会救助补偿法案,服务时间少于每周 20 小时的,由各级地方政府支付费用,超过每周 20 小时的,由中央政府负担费用①。我国也可以借鉴瑞典的方法,在社区里建立托护站,由国家购买服务,由医生、专业社工和经过培训的护理人员进驻托护站,推出对于残疾孩子的日托服务,这样可以释放一部分家庭的劳动力,帮助家长走出封闭的家门,提高家庭收入,降低家长患上心理疾病的风险。同时,应设立社区心理咨询中心,定期给予残疾儿童家长心理辅导,以减轻家长的心理压力,使得家庭的氛围更加和谐。

(三)大力促进学校教育和家庭教育的发展

1.在学校教育方面

应制定《残疾人教育法》,严格执行违法的惩处措施,指明实施惩罚的单位及惩罚标准;目前我国的特教学校普及率还比较低,对于残疾儿童获取教育来说还不够便利,从 2006 年第二次全国残疾人抽样调查中特教机构对于社区的覆盖情况来看,我国大部分特教学校(班)都离社区较远,不利于行动困难的残疾儿童获取教育(表 2)。

表 2　特教机构对于社区的覆盖情况　　个

距离特教学校(班)			
0 千米	1～2 千米	3～5 千米	5 千米以上
413	465	426	4 660

数据来源:2006 年全国第二次残疾人抽样调查数据。

由表 2 可以看出,应在全国地级市普及特殊学校,对于已经设立特殊学校的地区,扩大特殊教育学校在当地招生的辐射面,扩招残疾学生,扩建校舍,增添无障碍设施,提高学校的硬件建设水平,为行动

①吴辉.瑞典社民党如何保护弱势群体.中共石家庄市委党校学报,2006(8).

困难的残疾儿童增开学校班车，由家长陪护上车。尤其是加大政策力度降低农村地区残疾孩子的失学率。开辟残疾儿童的学前教育研究领域，由国家开办残疾儿童学前教育机构。打破教育隔离现象，促进普通学校和特殊学校间的互动，组织开展残疾儿童和健全儿童之间的交流活动。另外，国家尤其应加强对智力残疾儿童教育领域的研究，尽最大努力开发出智力残疾儿童的学习能力。学校教育中学费的减免、歧视问题的消除，都能极大地减轻残疾儿童家庭的生存压力，使得家庭健康地运转。

2. 在家庭教育方面

应在社会工作者的帮助下，协助家长了解到与孩子沟通的重要性以及家长自身对孩子成长的影响甚至大于学校教育影响的观念，以此促进家长与残疾孩子多做沟通，另外，可以在残疾儿童特殊学校开展诸如“哑语培训家长班”、“残疾儿童心理知识介绍”、“残疾儿童看护知识技巧介绍”等培训活动，让家长学会一定的护理技巧以及与孩子沟通的技巧。

（四）完善无障碍设施建设，促进家庭的外部交流

1. 普及无障碍设施，提高设施质量

应该逐步在全国范围内包括农村地区全面修筑无障碍设施，保证建设质量和设计的科学性、合理性、配套性，如将建筑物狭窄的大门和楼梯进行改造扩建，设立便利的洗手间和电梯，在公共场所的设施中增添盲人按键、盲文标识和蜂鸣系统，去除高耸的门槛，增添具有明显标志的残疾人通道等。

2. 打破隔离，让残疾儿童及家长走出家门

政府应颁布一些优惠政策促使残疾儿童走出家门，比如借鉴台湾的做法，对残疾人乘汽车、火车乃至飞机，规定可陪伴一人，该陪伴人可享受半价优惠。

3. 集中改造残疾人的住房并给予一定的住房津贴，放宽残疾儿童家庭享受经济适用房和廉租房的准入标准

对于残疾儿童的住所，家庭设施如门、通道、卫生间不适合无障碍使用要求的，应由国家资助予以改造，尽量减少残疾儿童活动的不便。

在做好以上四个方面的工作之后，相信残疾儿童家庭的各方面生活压力会得到一定程度的减轻，残疾儿童家庭成员之间的互动和沟通会较以前增多，残疾儿童家庭作为社会的细胞能更加健康地存活，家

庭生活的氛围也会更加和谐!

（作者单位:北京物资学院）

参考文献

[1] 第二次全国残疾人抽样调查领导小组.2006年第二次全国残疾人抽样调查主要数据公报(第二号).中华人民共和国国家统计局,2007.

[2] 李晓宏,马潇.出生缺陷能预防吗.人民日报,2010-9-13.

[3] (美)迈克尔·奥利弗.残疾人社会工作.谢子朴,谢泽宪译.北京:华夏出版社,1990.

[4] 今后十年我国仍然实行九年义务教育.中国财经报,2010-08-31.

[5] 吴辉.瑞典社民党如何保护弱势群体.中共石家庄市委党校学报,2006(8).

[6] 熊妮娜,杨丽,于洋.孤独症、肢体残疾、智力残疾儿童家庭经济负担调查.中国康复理论与实践,2010(8).

[7] 彭虹,周海燕,陈淑云,等.北京市学前残疾儿童家长心理压力问卷调查.中国特殊教育,2010(5).

[8] 郭照德.河南省残疾儿童参与体育活动现状调查及对策.实用儿科临床杂志,2010(13).

和谐家庭在“富童”

朱颖慧　刘子榻

中华文明的根基是道德根文化，甲骨文中的“德”字的形状为一人一目看着天，意为天人合一，万物和谐。在中华文明发展史中，道家的中气为和，儒家的中庸之道，无不体现根文化的核心“和”。当代中国的和谐社会建设，依循的是传统道德根文化，提倡以众生之心为心，天下为公，处处合德。一个庞大的社会有机体的和谐运作，离不开成千上万家庭细胞的相互合作，使得和谐家庭建设成为和谐社会的根本，而家庭建设的核心是孩子，对新一代独生代的教育也因此成为和谐的焦点。

一、富童的内涵

1979 年中国政府开始实行“一对夫妇只生育一个孩子”的政策，这一史无前例的“创举”造就了大约 1 亿(2001)的独生子女人群，城市中 3 口之家比重高达 43.10%(《中华人民共和国年鉴 2002》)。1985 年 3 月 18 日，美国《新闻周刊》发表了题为《一大群“小皇帝”》的文章，引发了中国教育界、心理学界和社会学等领域对中国独生子女的关注，“独生代”(the Only Child Generation，简称为 OCG)成为研究的专有名词。进入 21 世纪后，中国处于前所未有的财富创造期，GDP 连续多年的高速增长为大多数城市家庭填充了腰包。“富童”成为新一代独生子女的显著特点，他们没有受过苦，没有和兄弟姐妹争衣服穿、争东西吃的经历，从小到大备受呵护，从未缺过零花钱。一方面，家庭财富的增长使他们富足的生活环境得到保障，没有生于忧患的艰苦奋斗意识；另一方面，家庭、社会的关注使他们的生活与教育获得足够的机会

"被丰富",家庭幸福、社会和谐成为他们的奋斗方向。

二、富童教育的类型

中国的父母重视孩子教育,已经成为中国家庭的特色,他们不惜在孩子身上投入大量的时间、精力、金钱,"一切为了孩子"甚至成为他们人生奋斗的动力。1992 年北京 360 个城市家庭调查发现,家庭支出的 66.3%用于独生子女身上,全国城市家庭支出中五成至七成用于独生子女①。金钱的推动激发了独生代教育理论的探索,个性教育、情商培养、素质教育等理论成为父母奉行的教育理念。然而,我们无法忽视全球化带来的多元文化,它所形成的多元文化价值观冲击着教育领域,主要反映在收入差异不大的家庭,却有着大相径庭的教育观念。

(一)有求必应型

一旦父母将满足孩子的需求作为第一要务,就极易采取有求必应的方式来对待孩子。这样的状况常分为三大类:一类是父母极为溺爱孩子,对孩子娇生惯养,唯命是从,造成的后果是,孩子养成唯我独尊心理,习惯于"人人为我"而不知如何付出。二类是父母由于各种原因造成对孩子的亏欠,希望用金钱来弥补,这样的做法往往使孩子把父母的愧疚当成满足欲望的筹码,把亲情当做金钱的傀儡而随意践踏,从而变得玩世不恭。三类是父母因自己出身贫寒,不想让自己的儿女重蹈覆辙,重新体验当初自己贫困时的尴尬与痛苦,而他们无限制的满足孩子各种欲求的做法,造成孩子没有金钱的概念,养成"只要你想要的,没有你得不到的"的任性妄为的性格。

对孩子有求必应的父母,造就了社会上一批新生的特殊群体,例如:"啃老族"——一群长大成人却无法自立的孩子,他们在优越的生活环境中迷失了自我,缺少应对社会竞争与压力的勇气,失去了健全的人格,只能蜗居在家攀附着父母过活。"草莓族"——外表光鲜却一触即破的年轻一代,他们习惯被呵护、被宠爱,一走出家庭的温室就无法承受外界的风吹雨打,生活自理能力、心理调适能力极差,是一群

---

①中国消费者行为报告:中国消费者行为的研究. http://xiexingcun.com/lizhi/G/07/index.html.

“最容易受伤的人”。“辣奢族”①——极为狂热地追逐名牌，“挣的不如花的多”，将传统的艰苦朴素视为落后，超前消费，超高享受被奉为生活真谛。这些族群的信仰与作为和中国社会的主流价值观格格不入，像一丝不和谐的杂音搅扰着独生代的视听，但是我们无法否认这是一些父母有求必应的教育方式造成的负面影响。

（二）成绩主导型

中国的应试教育曾让老一辈人尝到“走出农门，跳进龙门”的甜头，高考是否中榜几乎是决定一个人一生成败的关键，这就使得许多父母理所应当地把孩子的学习成绩、考试成绩作为关注的焦点。父母成为绝对的唯成绩论者，成绩改变命运，成绩意味着名利，今天对孩子的投资就是明天的巨额回报。父母一方面把大量的时间、金钱毫不吝啬地投入到形形色色的培训班，一方面将拜名师、上名校作为身份地位进阶的捷径，某些艺术专业也因此成为非富即贵的孩子学得起的专业。与此同时，他们剥夺了孩子与同伴玩乐的机会、接触社会的机会，使孩子无法进行正常的人际交往。为了消除孩子的敌对心理，父母将成绩好坏与物质奖惩挂钩，成绩好就有极具诱惑力的金钱、物质奖赏。由此，孩子从小就对成绩顶礼膜拜，不再谈及兴趣与爱好、不再锻炼身体与能力、不再奢望亲情与友情，最终成长为“小考奴”、“小证奴”。

然而，当孩子告别校园、踏入社会后，却发现万能的成绩变得万事不能，他们必须接受“高分低能”的命运，接受成绩并不等于金钱的现实。如此悬殊的心理落差使得越来越多的校园成绩精英开始躲避亲情、远离社会，成为“御宅族”，一群高智商的“独孤大侠”，自由自在地纵横于虚拟网络社会中。

（三）理性引导型

面对富童，父母的理性引导会助其成就完满人生。首先，帮助孩子树立正确的金钱观。孩子的零花钱是第一笔属于自己的财富，也是他们第一次接触如何使用金钱的问题。日本学者认为，不同零花钱的给予方式对孩子的人格培养有不同影响。定时定量的方式可以让孩子懂得统筹安排财富；需要用钱时与家长协商，则能锻炼孩子协调人

---

①“辣奢族”：英文 luxury（奢侈）音译，指对品牌时尚奢侈品有着常人难以理解的痴狂。资料来源：http://biz.cn.yahoo.com/060611/36/hpcfhtrml.

际关系的能力。而没有规律地随意给零花钱,可能造成的后果是,如果给得少,孩子有可能会压抑自己的欲望,一旦给得多的时候,很可能导致欲望的无节制[①]。中央电视台心理访谈节目于 2010 年 7 月 25 日播放了一期教孩子如何用钱的节目"别让孩子跟钱过不去",通过引导孩子如何善用零花钱培养其对金钱的认知能力、理财能力、交际能力。孩子在实践中学会如何合理配置零花钱,合情合理地将其用于学习、交友、娱乐,通过盘算、计划、自己做主,不仅让金钱成为有益于生活的工具,完成一些有意义的愿望,还逐渐形成了自己独特的金钱观,懂得了孝敬父母、赈济贫困、为人处事的道理。

其次,教会孩子积极向上的、乐观的生活态度。这类父母在自身发展过程中,有着许多独到的体悟,强调主体性生活哲学方式。例如:①他们重视先进的教育理论,但前提是让孩子获得和谐发展,要在尊重科学发展规律基础上获得发展;②他们不否认学习的重要性,但是强调如何引导孩子热爱学习、学会学习;③他们希望培养孩子的和谐人格,一种把人、自然、社会相互协调的整体利益作为目的的人格行为,是"个体内部心理各因素健康积极、完整平衡,并能组织好个体与他人、社会及自然等外在关系的稳定的行为倾向"[②]。这些父母积极向上的生活态度潜移默化了一大批"乐活族"[③],"健康、快乐、环保、可持续"地生活即是成功人生的一半。

(四)以贫励志型

优裕的生活环境,安逸的生活状态,使得独生代失去了奋斗的动力,迷失了前进的目标。对这些缺乏忧患意识、没有挫折经历、集千万宠爱于一身的富童,怎样才能实施有效激励,使其萌生斗志?有的父母信奉"家贫出孝子",有的赞成"男儿要穷养",他们牺牲自己的物质享受,刻意创造出"家贫"的逆境,督促孩子奋发向上,凭自己的能力改变命运。一个身家千万却十几年如一日地扮演着穷困潦倒的下岗女工的母亲,我们从中可以感受到她为激励儿子奋进的一片苦心。

---

①中国消费者行为报告:中国消费者行为的研究. http://xiexingcun.com/lizhi/G/07/index.html.

②陈艳秋.关于大学生和谐人格构建的德育思考.高教探索,2005(6):73-76.

③"乐活族":英文 LOHAS 音译,LOHAS 是英语 Lifestyles of Health and Sustainability 的缩写,"健康、快乐,环保、可持续"是乐活的核心理念。资料来源:http://biz.cn.yahoo.com/060611/36/hpcfhtrml.

有的父母还会巧妙地利用孩子的爱国心、好胜心来激发孩子的远大志向。经济的富足使他们有能力带着孩子周游列国，开阔眼界。当游走于发达国家时，他们为孩子指出自己国家在经济、科技、文化上的差距；对比不发达国家的状况，他们为孩子提出历史使命与任务。站在世界的角度看今日中国，有许多不足要改进，有许多差距要弥补，孩子的责任心与使命感将赋予他们无穷的斗志。

三、富童的"被丰富"教育探索

（一）丰富富童生态

撇开经济因素，儿童的生态有着异曲同工之处，即一种自然的、自由的、自主的生活状态[①]。富童虽空有经济优势，却生活在被人为恶化的生态之中：第一，他们的自然发展受到主客观的双重限制，一方面是IT技术无孔不入的侵入他们的生活，电视、手机、互联网提供了无所不包的信息，令他们无所不闻超早熟；另一方面是家长望子早日成龙、望女早日成凤，"为了不让孩子输在起跑线上"，过早的进行超前教育，孩子身在幼儿园就精通语数外的现象屡见不鲜。孩子的自然生长遭遇重重催化，他们无法做儿童应做的事、说应说的话、接受应该的教育。第二，富童无法自由地生活，他们没有足够玩的时间和空间，没有选择朋友交往的权利，人们不禁感慨："现在城市越来越大了，马路越来越宽了，楼房越来越高了，物质条件越来越好了，教育水平也越来越高了，可是儿童越来越不自由了，属于儿童的东西越来越少了。"[②]第三，富童缺乏自主性，父母的过多干预使他们无法决定自己的事情，甚至他们的"私有财产"——零花钱的使用也得由父母指导支配。这种情形下，孩子养成一味依赖的心理也是在所难免。

适合孩子的生态在很大程度上被父母破坏了，那么，重塑儿童生态就成为父母义不容辞的责任。父母需要转变观念，用爱心换童心，帮孩子找回自然的快乐童年；父母需要提高素质，归还孩子的自由与权利；父母要学会做孩子的知心人，尊重孩子自己的选择，做好孩子的

---

①转引自"儿童的名字是明天更是今天——访中国青少年研究中心副主任孙云晓". 中国教师，2008(11)：34-36.

②转引自"儿童的名字是明天更是今天——访中国青少年研究中心副主任孙云晓". 中国教师，2008(11)：34-36.

高参，让他们在做抉择时懂得衡量与尊重。当父母的爱心在横向、纵向间传递时，当孩子返回到童年的原生态时，我们的社会就会在其乐融融中看到希望，走向和谐。

（二）丰富富童教育理念

独生代富童的教育关系到中国未来的国运昌盛，关系到每一个家庭的幸福安康。面对这一重大新课题，教育工作者与父母需要联手合作，用先进的教育理念来丰富实践中的富童教育。

1.分享的艺术

优越的经济条件给独生代提供了超常的物质享受，但是兄弟姐妹的缺失却令他们的童年无限孤独，由此造成孤独自我的性格特征成为一代人的共性。有的专家呼吁，父母可以联合起来，创造条件把独养变为群养，让孩子能够定期地交往，像兄弟姊妹一样，嬉戏打闹，体验孩童的乐趣。通过分享玩具、图书、食物，进而达到分享喜悦、忧愁、恐惧等各种情感，从中学习人际交往能力、团结合作能力、解决问题能力。分享的最高境界是共享，共享能够促进人际的和谐与社会的和谐。

2.无为的艺术

在对孩子教育中，普遍存在父母操纵、干涉过多的问题，殊不知“无为乃大”是教育孩子的真谛。我们虽不能完全苟同“粗放式”教育的大撒把，但我们能做到适度的放松规制，遵循自然规律对儿童实施教育。不仅要保证孩子的自然生长，还要尊重他们自由、自主的权利，维护好孩子的生态，学会了“无为”才能做到真正的“有为”。

3.玩与学的艺术

玩是孩子的天性，玩与学的完美结合被教育学家们奉为开发情商与智商的法宝。在父母为怎样教孩子道理烦恼时，忽然发现他们已经懂了，不用听父母苦口婆心的唠叨，仅从交往的玩伴身上就看会了许多道理；在父母试图解释某种深奥的价值观时，常会震惊地发现他们正在游戏中模仿、矫正着自己的行为和价值标准。在孩子的交际圈中，他们遵循着某种语言和行为规则，在游戏交往中，他们学会了属于成人世界的道德标准和价值体系，当然，他们拥有自己的时尚标准和参照群体也不足为奇了。在玩的过程中，他们学会了怎样与人、与自然和谐相处。

4.点点滴滴的细节教育

如果说，从孩子呱呱坠地，教育就开始起步，那么，到他正式踏入社会将有漫长的二十多年时间。婴儿、学前、学龄、少年、青年各个时期的孩子都有不同的特点，社会的发展也会带来前所未有的变化，所以，我们的教育方式必须灵活多变。然而，有一点是从古至今都没有变化的，那就是细节教育。点点滴滴的细节教育来源于对孩子的关注，关注他的生活起居、人际交往、思想动态等的每时每刻。这种关注不同于监视，它要求有一颗爱心、一双慧眼、一腔热情，以此才能成就人性化的教育。

四、小结

中国人历来希望富而求德，用道德根文化来规范富人行为；对独生代的富童而言，富而求福才是我们对其教育的最终目的。他们是中国政策的特殊产物，不管生活对他们优待也好、苛责也好，他们需要幸福、也值得幸福。因为只有他们的幸福才能带来千万中国家庭的幸福，才能保证中国社会的和谐发展，"富"与"福"的统一才能体现真正的和谐，这正是无数家庭与教育者孜孜以求的目标。

（作者单位：武汉理工大学文法学院 长江大学通信工程学院）

参考文献

[1] 中国消费者行为报告：中国消费者行为的研究. http://xiexingcun.com/lizhi/G/07/index.html.

[2] 陈艳秋. 关于大学生和谐人格构建的德育思考. 高教探索，2005(6).

[3] 洪明. 儿童的名字是明天更是今天——访中国青少年研究中心副主任孙云晓. 中国教师，2008(11).

家庭教育双向沟通障碍及对策的研究

赵　健　马成奎

一、家庭教育双向沟通的概念及意义

在家庭教育中，如何提高教育效果是很多家长非常关心的问题，然而真正解决提高教育效果的问题又是很难的一件事情。难在了什么地方，我区家教研究会的调查表明，缺乏家长与孩子之间的双向沟通交流，或者说家长与孩子之间沟通不畅是其中最重要的原因之一。正像有的家长说的那样："我是好话说尽，好事做绝，但一点效果都没有。"为此，家长如何与孩子科学有效地沟通，孩子如何与家长正常沟通，成为家教中一个重要但又十分难解决的问题。我区家教会在充分调研的基础上，认识到家庭教育中有效的沟通是家庭教育质量的关键。

（一）家庭教育双向沟通的概念

家庭教育双向沟通是指在家庭教育中，家长与孩子之间建立在平等、尊重的基础上围绕着共同关心的问题，在观念、手段、方法等方面进行协商、交流以期促进双方和谐发展的过程。在这个概念中，有几个重要的要素是容易被忽略的：第一，家长与孩子之间的关系应当是平等的、相互尊重的，这是双向沟通交流的原则或基本准则。离开了这一条，沟通往往是无效的。第二，有共同关心的问题，或为了解决同一问题。家长与孩子之间对沟通的内容应当有很强的一致性。缺乏了这种一致性，沟通就会各唱各的调。第三，双向沟通交流是多方面的，既有观念方面的，也有手段方面的，更有方法方面的。在很多家长的沟通思维中，方法、手段是最重要的，是家长最关注的方面，而与孩子之间在观念方面的沟通既是被忽略的，同时也是最难解决的。有的家长明确地说："孩子是我的，我为他好，他必须听我的，没商量。"正是有这样的观念，许多家长不愿听孩子的陈述，也不听孩子的辩解，甚至不许孩子表达自己的意见。没有观念上的有效沟通，即使再好的手段也是暂时的，就是再好的方法也很难奏效。

(二)家庭教育双向沟通的意义

(1)家长与孩子共同参与，有利于建立良好的亲子关系。家长与孩子在共同参与中，通过沟通交流达到更多的了解，可以增进双方的感情。我区家教研究会在调查中了解到，现在的家庭教育中，存在的问题是家长说的多，家长得结论的多，家长一厢情愿的多，孩子往往处于被动的状态，很少有正常表达的机会，久而久之，孩子变得不愿表达情感，有的甚至感到家长很恐惧，个别孩子甚至想尽快地离开家庭，孩子与家长之间的关系变得生疏，与家长讲真话的可能性越来越小。如果家庭教育呈现双向沟通的正常状况，孩子也能有机会表达自己的情感，与家长之间能平等的沟通，那将是人间最美好情感的体现，也正是所有父母、儿女最期待的。

(2)家长与孩子共同参与，有利于减少家庭矛盾和纠纷。家长与孩子之间在生活中会产生许多矛盾和纠纷，其实这是再正常不过的事情。但许多家庭出现矛盾或纠纷之后没有很好的解决，有的矛盾激化，有的转入冷战，有的形成积怨，有的演化成战事不断，究其原因最重要的是没有很好地沟通和交流。家庭教育的双向沟通交流给家庭解决矛盾和纠纷以科学而有效的方法。孩子出现问题，开个家庭会，双方坦诚地发表意见，平和地交流沟通，很多问题都可以得到解决。现在很多家长不愿这样做，于是听孩子说，征求孩子的意见，特别是了解孩子的内心感受被省略，孩子只能被动地接受。孩子的真实感受被压抑，孩子的真实情感被忽略，孩子与家长之间的恩怨就此形成，有的最终演变成我们不愿看到的局面，这样的案例已经发生在我们的生活中。

(3)家长与孩子共同参与，有利于家庭幸福。家庭的温馨和幸福是所有家庭成员的共同追求，家庭的任何一个成员不开心、不快乐，其他成员的幸福就是一句空话。在我们的生活中，孩子的快乐是家长期望看到的，家长的幸福也是孩子的期盼，从这个意义上讲，家庭每一个成员都要为其他成员的快乐做出贡献。为了能解决问题，在家庭教育中，特别应注意的是：家长与孩子有了快乐的感觉，一定让其他成员分享；有了成功的体验，一定让其他成员感受；家长与孩子有了困惑，一定要在家庭中得到其他成员的帮助；有了失败的体验，一定要得到家庭其他成员的理解和宽慰。双向沟通交流，可使家长与孩子减轻心理负担，放下思想包袱，排解精神压力，舒缓紧张情绪，体验人类最美好的家庭和谐与幸福。我区家教研究会的调查显示，75%以上的家庭成员希望在家长与孩子之间实现双向沟通和交流，其主要观点是双向沟通交流对家庭和谐幸福有着重要而现实的意义。

(4)家长与孩子共同参与，有利于提升家庭品味，促进孩子健康成长。简单粗暴的家教方法使家庭中没有平等和民主，让人处处感到压抑；没有情趣的家庭让成员体会不到生活的真谛，这些都反映出一个家庭的家教观念与品味。生活在一个没有品位家庭的孩子，他的成长会受到严重的影响，甚至会影响孩子的一生。家长尊重孩子的人格，尊重孩子的正确选择和判断，在这样的家庭环境中孩子能健康、快乐地成长。调查表明，家长经过深思的判断，家长负责任的选择，家长一种平和的心态，家长一个英明的决策，都会对孩子的成长起到潜移默化的影响；孩子一种快乐的神情，孩子一种成功的体验，孩子一次高兴地叙述，孩子一次学习成绩的提高，都会影响家长的情绪，都会给家长带来生活的希望。家长与孩子之间的相互感染，互相感动，携手共进，都是家庭品味的提升，都是成员生活快乐的动力。从这个意义上讲，家庭教育的双向沟通和交流不仅仅是方法上的改变，也不仅仅是手段上的更新，更是一次观念的变革，更是家庭幸福的源泉。正像有的家长所说："我们有时经常反思我们自己，为什么不能将孩子也当成我们学习的榜样，如果我们能那样想，孩子在家里一定会开心，他一定会想着回家的。"

(5)家长与孩子共同参与，有利于形成科学的家教观念。家教单向说教，其后果是剥夺了孩子作为家庭成员的权利，使得家长与孩子之间疏远甚至陌生。提倡家教双向沟通和交流，形成了更科学的家教观念，这些观念概括起来有四个方面：第一，家庭成员在双向沟通交流中都有自己的表达权。第二，双向沟通平等、自然、和谐，有利于营造良好的家庭氛围。第三，双向沟通交流能有效地解决家教中的难点和重点问题。四是双向沟通交流有利于孩子的身心健康。

二、家庭教育双向沟通的主要障碍

(一)知识上的障碍

在我区家教研究会的调查中,百名被调查者中,有87%的父母没有正规学习过家庭教育的课程,对于父母的责任以及如何做父母等人生必须了解的内容他们表示不清楚或不完全清楚。有67%的父母虽然知道自己的责任,但他们的思想中一般认为教育孩子是父母一方的责任,没有孩子什么事,更用不着孩子的参与。有52%的父母认为教育孩子不用学习,是天经地义的事,用不着家教专家操心。对于双向沟通交流的做法更有45%的家长没有心理准备。尽管家教课上很多家长对双向沟通的内容表示了很大的兴趣,并与教师进行了广泛的交流,但大多数家长更关心的是如何让孩子更听话,更老实,而如何让孩子参与双向沟通交流,家长们的兴趣并不浓厚。有一位父亲直截了当地向家教专家讲:"您不用和我讲双向沟通,因为那是理论,孩子是我的,我怎样教育是我的事,我关心的就是孩子怎样听话,我培养的孩子听我的话是第一位的。"在调查后,家教研究会的老师们有极大的担忧,如果照此发展下去,家庭教育就会走入误区,更多的家庭还会出现问题。为此,对中学生、小学生及幼儿园的家长有必要进行家教双向沟通交流的专题培训,让更多的家长接受科学而先进的家教理论。

(二)认知上的障碍

所谓认知上的障碍,我区家教研究会的调查发现主要有三类:一是传统的观念起着至关重要的作用,家庭教育是我对孩子的教育,我的话就是正确的,孩子是我的,我的话就是真理,听孩子说,让孩子与我沟通,在某种意义上就是降低了家长的威严,削弱了家长的威力,是瞎耽误工夫。二是孩子所言,所思,并不靠谱,我们也没那么多时间听孩子说。有的家长甚至认为,孩子说的水分太多,不可信。与其听他说,还不如自己说了算。第三,许多家长,特别是父亲,工作忙,应酬多,社会职务多,根本无暇与孩子进行沟通和交流。有的家长甚至认为,老师和学校对孩子的教育起着重要的作用,有老师的教育就行了,家长是配合老师教育孩子。第四,在很多家长的观念中存在着"树大自然直"的观念,孩子不教育照样学得好,孩子不沟通也出不了大圈,家长不必花大精力和孩子搞什么双向沟通和交流。

（三）心理上的障碍

从家长一方看，在与孩子进行沟通的时候，主要有三种心理上的障碍：一是认为现在的孩子太复杂，想法太多，与他们进行沟通太难，畏难情绪是很多家长存在的。有的家长甚至说："我们那时上中学的时候简单得很，家庭、学校两点一线，哪有那么多的想法。如今的孩子不知怎么了，哪来的那样多的想法，真拿他们没办法了。"二是许多家长知识水平和能力与孩子之间差距拉大，与孩子之间共同语言减少，与孩子沟通显得底气不足，自信心不足，因而很多家长怕驾驭不了孩子，为此放弃了与孩子的沟通和交流。三是有45%的家长担心如果与孩子沟通不畅，出了问题，孩子出走了，问题更严重，与其如此，还不如放任自流。

从孩子一方看，在与家长沟通的时候，也有三种心理上的障碍：一是怕家长没有兴趣听，自信心不足；二是怕家长不信，说出来也没用；三是怕沟通没效果，耽误了功夫，又影响了与家长之间的关系。有的学生很想与父亲聊聊心里话，但父亲的一番话使他再也没有兴趣表达自己的想法。这位学生的父亲是国家公务员，平时工作非常忙，难得有时间与他说说话。那天，他看到父亲很高兴，就特别想和父亲说说话，可父亲却说："你想说什么我早就知道，就你那点花花肠子我早把你看透了，该干什么干什么去。"父亲的话像一瓢冷水，从头浇到脚，他收回了想法，再也不想和父亲说话了。

（四）时间上的障碍

家长忙，与孩子的沟通很难找到合适的时间；孩子忙，也难找到恰当的机会。双休日，家长休息，孩子又去补课，很好的沟通机会又成为泡影。因此，很多家庭父母与孩子沟通的时间就只能限制在几个时间段：一是在吃饭的时间进行沟通，因为这是全家共有的时间，但这个时候谈一些非常严肃的话题，常常使吃饭的氛围遭到破坏，有时还会闹得全家人不开心。二是看电视的时间是大家最开心的时间，说一些与电视内容不相干的内容，往往影响了家人看电视的心情。三是临睡前的时间，应当是沟通的好机会，但这时家人往往说不了几句就要休息，沟通的效果极为有限。家长们说，不是不想沟通，时间太难找了，谁能帮我们的忙。孩子们讲，我们不是不想与家长沟通，可作业多，不完成不行，我们也很为难。有初二的一位男生说："老师让我们与家长沟通，我们自己也想和家长沟通，多少次话到嘴边，但都因为没有合适的时间和机会，都没有成功。”我区家教研究会的调查说明，沟通的时间有客观上的困难，但也有双方主观上的问题，调查者中有34%的家长，32%的学生就克服了时间上的困难，进行了有效的沟通，他们的做法值得思考和借鉴。

（五）环境上的障碍

在家教双向沟通交流中环境的营造是至关重要的，没有良好的环境做保障，沟通的效果将会受到影响。我区家教研究会的调查反映，许多家庭不太注意营造良好的氛围，过于随意，结果使得很多本应取得很好效果的沟通没有取得预期的效果。家庭成员关系紧张，家庭矛盾频发，甚至于有的家庭天天在争吵中度日都会给沟通带来不良的影响。有的家庭是典型的三代之家，很多人生活在一起，加之各自观念的不同，生活方式不一，沟通习惯各异，也给家教双向沟通与交流带来一定的影响。有的初中学生自述：“我们家整天乱哄哄的，想跟父母说句心里话都很难，想好的话更不想说了。我就是希望家里能安静下来，请父母好好地听我说句话。”在调查中，有的小学生还反映“父母天天看电视，要不在家里搓麻，家里像自由市场，我没心思和爸妈沟通。”

（六）方法上的障碍

在沟通交流中，务实、有效的方法对沟通质量起着非常重要的作用。调查表明，67%的家长在理论上认可沟通方法的重要，但在实际沟通中往往是随意进行；70%的家长所用的方法不科学，但不知道怎么不科学，没有人去指导家长尽快地改变不良的方法；传统的单向沟通方法在很大范围内还在运用，周围人在交流中互传的方法被更多的家长认为“有用”、“偏方治大病”，没有人告诉其危害。一些年轻的家长工作很忙，把与孩子沟通的任务统统推给了父母，与孩子之间的交往越来越少，当孩子出现问题的时候，父母与孩子之间的沟通就会出现障碍。调查显示，80%以上的家长渴望在家教双向沟通的方法上得到专家的指导，需求量很大。

三、家庭教育双向沟通的基本对策

（一）提高家长对家教双向沟通交流的认识

沟通如果从心理学意义上讲是指通过沟通在心理上的接受与理

解的程度。家庭教育的双向沟通与交流是指家长与孩子通过沟通交流在心理上认同与接受的过程。

(1)家教的双向沟通与交流首先要解决的是沟通双方在三个问题上的认知:一是沟通的基本问题——心态,双方没有平和的心态是不能沟通成功的。二是沟通的基本原理——关心,双方都能保持对对方的关心,这是沟通的情感因素。三是明确沟通的基本要求——主动,双方都主动参与才能实现真正意义上的沟通。

(2)作为家长与孩子还应明确为什么要进行双向沟通与交流,也就是明确沟通的目的。总结起来有四点:第一,沟通是为了共同成长。第二,沟通是为了相互理解。第三,沟通是要解决问题。第四,沟通是为了使双方都快乐。

(3)双向沟通与交流是一门艺术,需要很好的学习与体会。这门艺术不仅在家教中很有用,就是在与其他人交往中也是非常需要的。既然是一门艺术,就需要在沟通目的、沟通场合、沟通时间、沟通方式、沟通方法、沟通氛围等问题上进行设计与安排。如怎样的沟通语言最能让双方接受,怎样选择恰当的沟通时间最有效果,怎样的心境最能切入沟通内容等都需要双方去用心琢磨。

(二)明确家教双向沟通交流的基本内容

(1)家长应关注孩子的心理状态。要以很大的精力注意孩子的情绪与感受,要区别孩子的心理问题与思想问题。孩子的情绪与家长一样,有高兴和兴奋的时候,也有情绪低落的时候。家长应鼓励孩子形成积极的情绪,对于孩子的情绪变化一能看得出来,二能有自己的分析,三能采取积极的应对措施。对于孩子特殊的心理变化,如突然之间的情绪低落,或不知原因的情绪高涨等家长一定要及时发现,不要错过最佳的调适时间。

(2)家长应了解孩子的个性心理特点。不同年龄段的孩子有着不同的心理特征,与成年人不同,他们大多具有不平衡性、冲动性、自主性、盲目性、进取性和闭锁性。作为家长要能够了解孩子的个性心理特点,做到因地制宜、有的放矢地对孩子进行心理疏导。如对孩子有可能产生的盲目性和冲动性,家长如果发现了不良的矛头要与孩子及时进行沟通,告诉孩子做法的危害。单纯的制止能起到一定的作用,但有效的沟通交流才能真正解决问题。对于有一定闭锁倾向的孩子来说,家长与孩子的沟通交流显得尤为重要,除语言沟通交流外,更多的是要花时间和精力与孩子共同活动，在活动中增进相互了解，在参与中提高孩子的表达能力。一个成功沟通的家长应当在四个方面对孩子有多角度的了解：一是孩子的兴趣爱好是什么，鼓励孩子发展兴趣爱好，积极培养孩子的兴趣爱好是家长与孩子成功沟通的基础。二是要了解孩子的性格和气质，引导孩子形成自己的个性特点。对于不同性格和气质的孩子，家长要采用不同的沟通方法和手段。三是要了解孩子的行为习惯，在沟通中转变孩子不良的行为方式，对于良好的行为习惯，家长在沟通中要逐步引导孩子进行固化。四是要了解孩子的交往方式，对于不良的交往方式，要在沟通中采用榜样引导的方法，逐步引导孩子去转变。

(3)倾听是双向沟通交流的难点和重点。在家教双向沟通交流中，最基本的方法与手段就是倾听。不会倾听就得不到最准确的信息，不会倾听就无法建立良好的人际关系，不会倾听就不能科学地做出判断，甚至会做出错误的判断。因此，不论从家长的角度，还是从孩子的角度，都要学会进行倾听。

对于家长来讲，在倾听时应重点听三个方面的内容：第一，孩子情绪是正常的还是不正常的。第二，孩子的兴奋点在哪里，兴奋点的缘由在哪里。三是孩子渴望解决什么问题，对家长的期盼是什么。对于孩子来说，也应从三个角度学会倾听：第一，家长此时的情绪状态是什么，适不适合此时沟通，与家长在不良情绪状态下进行沟通往往没有好的效果。二是听出家长对问题的基本判断，如果听不出来家长的判断就无法与家长进行沟通。三是听出家长的兴奋点，以此决定与家长沟通的深度与广度。

（三）家教双向沟通交流的有效方法和手段

家长对家教双向沟通交流方法和手段的关注度最高，但却是最难解决的问题。方法与手段的选择需要从实际出发，有很强的个性化特征。一种方法并不能对所有家庭都适用，选择最适合的方法和手段需要做很多工作。为此，我区家教研究会在对部分研究案例分析后，认为有几种方法具有一定的普遍性。

(1)讨论式沟通法。所谓讨论式沟通法是指家长与孩子围绕着共同关心的问题双方展开讨论或争论最终形成共识的方法。运用这种沟通方法需要理清三个问题：一是确定双方共同关心的话题，能引起双方的兴趣。二是要能展开讨论，如果不能展开讨论就不能成为双向沟通和交流了。三是讨论的结果要形成共识。采用这种方法的家庭，家长一般都具有较高的知识文化水平和良好的心理素质，家庭气氛民主和谐，否则沟通就很难奏效。

(2)情景式沟通法。所谓情景式沟通法是指家长要创设一种真实的情景，双方在特定的情景中自然地展开双向沟通，这种沟通最大的好处是氛围好，沟通障碍少，效果比较理想。如家长与孩子在共同旅行中进行沟通，在共同欣赏节目的时候进行沟通，在共同购物的过程中进行沟通等。情景沟通法需要注意的两点是：一是选好情景，应突出自然和谐的情景。二是选择好沟通的时间，在心情最佳的时候进行沟通。在一定的情景中进行沟通孩子的配合非常重要，选择孩子喜欢的情景沟通的效果更为理想，家长要研究孩子最欣赏的情景。

(3)游戏式沟通法。游戏式沟通法是指家长与孩子在共同游戏中顺畅而自然地进行的沟通，这种方法适合于小学生的沟通。运用这种方法最突出的效果是氛围好，互动效果明显，容易及时沟通，孩子的参与兴趣高，在游戏中能较高兴地接受沟通的观点和内容。需要注意的问题是：一是设置好游戏环节，二是双方参与，三是适时进行沟通。玩中沟通，玩中理解，玩中改变，是这种沟通的特点。

(4)反思式沟通法。所谓反思式沟通是指对出现问题的孩子引导其进行自我反思、自我教育，从而改变孩子观点的一种科学的方法。这种方法比较适合于有一定基础、有良好认知水平的高中学生。运用这种方法需要注意的是：一是要选择好反思事件。二是启发孩子进行自我反思。三是家长引导孩子实现反思，达到反思的效果。运用这种方法最难的环节是引导孩子进行自我反思。

(5)随意式沟通法。所谓随意式沟通法是指抓住任何一个机会随时随地沟通的行为。这种沟通具有随意性，偶发性，运用得好效果理想，运用不好会出现沟通障碍。如在突发事件中如何与孩子沟通；触景生情中突发的沟通行为；在正常安排之外临时发生的故障等。如在飞机不能正常起飞的情况下，乘客情绪激动，与乘务员发生争吵的特殊情况下，家长与孩子进行沟通的情况。如果沟通的好，家长可以帮助孩子建立良好的心态，改变其心智模式；还可以教会孩子如何面对突然变故，妥善处理好突发事件；教会孩子学习乘务员处理事件的方法。

（四）学校在家教双向沟通交流中的作用

在社会教育、家庭教育和学校教育三个领域的教育中，学校教育是重要的衔接点。学校如何促进家教双向沟通和交流，各学校都在努力的实践和探索，一些成功的案例给我们多方面的启发，课题组的广渠门中学、龙潭中学、定安里小学及新景小学有更多的成功做法。总结实验校的做法，集中各校的优势，我们认为学校在促进家教双向沟通交流方面最突出的做法是三个：

一是利用开办的家长学校，请家教专家及有理论和实践经验的人做报告，从理论与实践的角度启发家长在尊重孩子的前提下与孩子进行有效的沟通。这是大多数学校的做法，这种做法具有较高的学术性、明确的引导性、具体的操作性，受到广人家长的欢迎。

二是为学生开办与家长沟通交流的讲座，向学生传授科学的沟通方法，引导孩子在理解家长的基础上与家长愉快地沟通，解决好孩子成长中的烦恼和困惑。

三是对家长与孩子进行个别指导，解决沟通中出现的问题或障碍。这是最受家长和孩子欢迎的有效方法。一些学校还专门安排心理教师或咨询师与家长或学生进行面对面的个案辅导，效果更为明显。

（五）社会如何营造推进家教双向沟通交流的氛围

社会各方面的宣传引导对家教双向沟通交流的开展有重要的作用，这些作用是：一是宣传引导作用，特别是媒体的宣传其影响范围之大是不可小视的。媒体宣传什么，推崇什么，赞扬什么，对家长与孩子都会产生重要而深远的影响。二是榜样的激励作用，树立的样板、肯定的先进人物、推广的特色经验等对家长的渗透作用非常明显。在某种意义上，许多家长和孩子对媒体宣传的人物或事迹会从佩服、模仿到转化为自身行为。三是社会上的家教指导单位，包括民办的家长学校等在家教指导中会将一些重要的理念传播给更多的家长。从我区家教研究会的调查看，目前社会各方面对家教的宣传引导的多，指导孩子与父母沟通的少，强调家长主体作用的多，关注孩子的少，这给社会各方面提出了一个重要而现实的问题，那就是家教双向沟通与交流应当适时提到日程，应当形成良好的社会氛围。

（六）家教双向沟通交流的效果评价

家教双向沟通交流既是一种科学的理念，又是一种有效的方法。真正去实践这种方法，采取具体手段评价其效果，也是很多人都关心的话题。我区家教研究会的调查和专家的家教实践证明，家教双向沟通交流的效果评价主要从三个角度展开：

一是看家长与孩子之间关系的融洽程度。关系融洽，说明家长和孩子通过沟通和交流取得了一致性或基本达到了相互理解的程度。

二是看家长与孩子对共同问题认知的程度。高度一致，基本一致，不一致，几种认知程度反映着沟通交流的实际效果。对问题的认知程度不一致，也有几种不同的情况。一种沟通失败，影响了之间的关系；第二种是沟通失败但都保留意见或保持沉默；第三种是沟通失败，双方不可能再沟通。第三种结果是家长与学生都不愿看到的。

三是看家长、孩子的改变情况。沟通后，如果效果好，孩子或家长可以立即放弃自己的观点，接受对方的意见；会马上改变，取而代之的是采取新的行为；如果沟通效果差，双方会坚持自己的观点或行动方案。家长和孩子的很多转变需要时间，需要思考，需要实践，因此，无论是家长还是孩子都要积极的应对和耐心地等待。

（作者单位：东城区妇联 东城区家庭教育研究会）

留守与随迁——农民工子女家庭教育的两难选择

周亮亮

关心、关爱每一个孩子是全社会的责任。为子女创造良好的受教育环境，是包括外出农民工在内的每一位父母由衷的愿望。20 世纪 70 年以来，大量农业剩余劳动力源源不断地向非农产业转移，进城务工农民日益增多，其子女教育问题日益突出。为了避免留守子女家庭教育中存在的种种问题，很多农民工选择了将子女带在身边，到城市接受教育。然而子女的随迁，并未完全弥补他们家庭教育缺失与"错位"的问题。

一、随迁农民工子女[①]出现的背景

20 世纪 70 年代末，农村家庭联产承包责任制把农民从土地的禁锢中解放了出来，大量农业剩余劳动力源源不断地向非农产业转移。2009 年，全国从事非农产业的农民工总量达到 2.3 亿，外出农民工达到 1.45 亿，外出农民工中 56%已婚[②]，全国随父母进城的农民工随迁

①根据是否随父母进入城市的情况，可以将农民工子女划分为两种类型：留守子女和随迁子女。留守子女是指父母双方或一方外出打工，由在农村的祖父母、外祖父母或其他亲戚代为抚养的农民工子女。随迁子女是指随父母进入城市，在城市学习和生活的农民工子女。由于城市的学习、生活费用远远高于农村，所以将子女留在农村是大多数外出农民工的选择。

②国家统计局农村司. 2009 年农民工监测调查报告. http://www.stats.gov.cn/was40/gjtjj_detail.jsp? channelid=5705&record=104.

子女已有2 700万人[①]。“同在蓝天下，共同成长进步”[②]，农民工随迁子女的教育问题已由个人家庭问题上升为关系社会和谐发展的重要问题。

二、随迁——农民工避免“留守子女”问题的选择

城市生活是美好的，但农民工进城务工之路是艰辛的。面对巨大落差，农民工希望改变这种现状，但又感到自己力量的渺小与不足。因此，他们对下一代寄托了极大期望。考虑到城乡学习、生活费用的巨大差别，他们多数选择将子女留在农村[③]，自己离开家乡，希望通过自己的艰苦努力，改善家庭的经济状况，让子女能有条件上好学，读好书，日后有更好的发展。但却因为种种原因，最后往往事与愿违，结果常常是“挣了票子，误了孩子”。

据调查，一些地方，农民工夫妻单方外出的占总数的35.0%，夫妻双方外出的（含孤儿、单亲且外出等情况）占总数的35.9%，留守子女的比例高达70%以上。由于父母外出，50.7%的农村留守子女为单亲监护，41.1%的为隔代直系亲属（祖父母、外祖父母）监护，8.2%的为其他监护。外出农民工平均每年回家次数为2.51次，其中半数以上的农民工平均每年回家不足1次[④]。大多数留守子女只有在过年期间才得以和父母共同生活半个月左右，平时很难见面。

根据皮亚杰的理论，子女的发展是从无律到他律再到自律的过程。父母不仅仅要对子女的日常行为持之以恒地反复训练，使之内化为良好行为习惯，做到“习惯成自然”。更深层次的是要对子女的心理进行健康的培养和疏导，从而培养其形成成熟的情感、意志、品质等。可以说，子女成长的过程实质上是他们社会化的过程，家庭教育是在家庭互动中父母对子女产生的影响，是子女社会化的第一个场所和一条基本途径。在生活知识、社会规范、性格情操、生存能力的学习和培

---

①申剑丽.谁是儿童保护的主体.21世纪经济报道，2010-06-09.

②这是温家宝总理2003年9月9日考察北京玉泉路打工子弟小学时在学校黑板上写下的题词。中国新闻网.http://www.chinanews.com.cn/n/2003-09-09/26/344692.html.

③据在北京师范大学尚晓援教授2010年6月5日于尤伦斯报告厅召开的儿童安全交流会上介绍，我国目前留守子女有5 000万，是随迁子女的近两倍。——申剑丽.谁是儿童保护的主体.21世纪经济报道，2010-06-09.

④赵俊超.留守儿童调查.中国发展观察，2009(1)：36-39.

养等方面，家庭都具有不可或缺的重要作用。留守子女家庭教育的缺乏或不完整对其人生的成长产生极为不利的影响。

其一是容易产生不健康的心理，行为失范。据调查，有69.8%的监护人表示“很少与孩子谈心”，只有11.3%的留守子女表示“有烦恼的时候和照顾我的人说说”。有70.8%的隔代亲人及73.1%的亲戚表示“只照顾生活，别的很少管”①。监护人对留守子女的情绪情感变化漠不关心，对于孩子们的心理产生了不利影响。据统计，80%的留守子女存在或轻或重的心理障碍②。另据统计，49.0%的留守子女感到压抑和苦闷，34.7%的留守子女感到孤独寂寞③，这使得他们愈发性格孤僻，不愿与人交流；有的甚至产生了被父母遗弃的感觉，进而自暴自弃，产生盲目反抗或逆反心理，不求上进，不服管教，行为失范。一些留守子女言语粗野，顶撞老师、家长，抽烟喝酒，小偷小摸，看黄色录像，同学之间拉帮结派，打架斗殴，甚至是参与赌博、抢劫等违法犯罪活动。一些地区农村留守子女犯罪率高达12.5%，比非留守儿童高出近11个百分点④。

其二是不爱学习，成绩较差。据调查，47%的留守子女作业完成情况不好，39.6%的留守子女上学迟到，分别比非留守子女高出25和20个百分点⑤。这导致了留守子女的学习成绩较差。据调查，48%的留守子女学习成绩较差(每学期均有不及格科目)，40%的留守子女成绩中等偏下⑥。另据统计，78.4%的教师认为“父母外出打工后，孩子的成绩差了”；多达54.5%的教师认为“父母外出打工的孩子学习成绩一般较差”⑦。

①张乐.代表呼吁：各界都来关心两千万农村“留守儿童”.北京：新华网.http：//news.xinhuanet.com/edu/2007-03/08/content_5816279.htm.

②曾燕波.家庭化流动凸显的教育问题——兼论农民工子女教育的背景及策略.当代青年研究.2008(5)：27-32.

③范先佐.关于农村“留守儿童”教育教育公平问题的调查分析及政策建议.湖南师范大学教育科学学报，2008(6)：11-17.

④董士昙，曹延彬.农村留守儿童犯罪的成因及解决途径.山东警察学院学报.2010(2)：90-100.

⑤范先佐.关于农村“留守儿童”教育教育公平问题的调查分析及政策建议.湖南师范大学教育科学学报，2008(6)：11-17.

⑥周俏春，邬焕庆.全国千万“留守儿童”需要关爱.北京：搜狐网.http：//learning.sohu.com/2004/05/26/15/article220261509.shtml.

⑦范先佐.农村“留守儿童”教育面临的问题及对策.国家教育行政学院学报，2005(7)：78-84.

远离父母造成家庭教育不完整甚至缺乏，留守子女未能健康快乐地成长。在外出农民工日夜牵挂子女的同时，80.7%的留守子女感到迫切希望能“让外出打工的父母回来一起生活”[①]。但由于农村现状、自身条件以及经济等多方面原因，这一愿望并不容易实现。当然，一些外出的父母也注意到，留守子女成长中缺少了自己的督促、引导，出现了种种问题。将子女带在身边，离开家乡到城市中接受教育成了这些农民工避免留守子女问题的必然选择。

三、农民工随迁子女家庭教育的困境

农民工带子女外出务工，可以对子女的学习、生活、思想等方面比留守子女更加好的监护。据调查，24.4%的留守子女平时主要时间用于学习，36.7%的留守子女主要在家干活、做家务，38.9%的留守儿童看电视或是玩；而随迁子女中平时主要时间用于学习的比例占45.3%，干活、做家务的占9.8%，看电视或是玩的占44.9%[②]。

但由于受自身工作、文化水平、城市环境等因素的制约，他们对子女进行管教仍感力不从心，农民工随迁子女的家庭教育遭遇困境。

（一）农民工收入水平低，家庭教育环境差

子女随迁，在城市学习、生活的费用大大高于留在农村。但另一方面，他们父母的经济实力并不雄厚。农民工工资起点低，涨幅小，增速长期滞后于城镇居民收入和国家经济发展总体水平，被拖欠、克扣的事情至今发生。不仅如此，金融危机还导致了部分农民工工资下降。据统计，安徽籍农民工 2008 年打工收入比 2007 年提高了的占23.7%，持平的占 34.3%，降低了的占 42.0%，其中降幅在 10%以内的占8.8%，降幅为10%至 20%的占 12.7%，降幅为 20%至 50%的占17.3%，降幅超过 50%的占 3.2%[③]。

这样，与市民收入和城市消费水平相比较，绝大部分农民工收入明显偏低，各项支出捉襟见肘。生活的窘困，限制了农民工对子女教

①范先佐.关于农村“留守儿童”教育教育公平问题的调查分析及政策建议.湖南师范大学教育科学学报，2008(6)：11-17.

②刘传俊，等.江苏省 488 名农村留守儿童与非留守儿童人格发展比较研究.中国健康心理学杂志，2009，3 (17)：379-381.

③我省农民工节后外出打工有“三盼”.安徽省统计局网站.http：//www.ahtjj.gov.cn/news/open.asp? id＝30300.

育的投入，随迁子女的成长环境也因此受到影响。

(1)学习用品不足。限于家庭经济条件，随迁子女无力购买价格相对昂贵的玩具、辅导资料等，甚至缺乏必要的书籍、文具等学习用具。

(2)学习场所欠缺。农民工一般出于房租低廉等方面的考虑，多数居住在城乡结合部或“城中村”的农民房、集体房或工棚中。狭小的住所，几乎没有随迁子女安静学习的必要空间。

(3)周围环境恶劣。住所周围的环境脏乱，人员成分复杂，有的还邻里关系紧张，各种矛盾纠纷不断，缺乏学习、充电、积极向上的氛围，不利于孩子的教育和成长。

(4)随迁子女还要帮助父母分担一些家务，学习时间不充分。

(5)因为家庭贫困，一些随迁子女营养不良，身体条件欠佳，也影响到其身心全面发展。

(二)农民工文化水平低，家庭教育不得法

据统计，2009 年在外出农民工中，文盲占 1.1%，具有小学文化程度的占 10.6%，具有初中文化程度的占 64.8%，具有高中文化程度的占 13.1%，中专及以上文化程度的占 10.4%[①]，初中文化程度、高中及以上文化程度比重比 2002 年分别提高了 5.3 和 0.5 个百分点[②]，更高于 20 世纪八九十年代相关数据。但这主要是因为“80 后”、“90 后”的第二代农民工所占比例上升。考虑到带子女进城的主要是第一代农民工，所以，这些农民工“文化水平低”的判断不能改变。这对农民工随迁子女受到良好家庭教育也产生了消极影响。

1.教育理念陈旧

感受到了城乡的巨大差距，农民工更加期待他们的子女能够跳出“农门”，真正市民化，彻底摆脱农民身份。一些农民工也深刻认识到自身知识文化不足是过苦日子的重要根源，为了子女将来能有出息，过好日子，考试成绩成了他们唯一关心的事情。在他们眼中，只有考试中得高分的孩子才是好孩子，只有孩子考得好才对得起自己辛辛苦

①国家统计局农村司. 2009 年农民工监测调查报告. http://www.stats.gov.cn/was40/gjtjj_detail.jsp? channelid=5705&record=104.

②2002 年数据来源于：国务院研究室课题组，中国农民工调研报告. 北京：中国言实出版社，2006.

苦把他们带进城来学习的初衷。一心只求子女成才,忽视了首先应先教会孩子如何做事、做人,陈旧的教育理念不利于农民工随迁子女人格心理的成熟与正确观念的树立。

2.教育方法不当

由于文化水平低,农民工很难掌握现代教育方法。传统家庭观念、陈旧的教育理念,严重影响了他们的教育行为,许多农民工在家庭中采用家长"一言堂"的教育方式和"棍棒下面出成绩"的学习监督方式。完全以家长为中心,过分强调其子女的服从,无视子女的能力倾向、个性偏好与自我选择,压抑了子女的个性发展,甚至导致了一些随迁子女性格孤僻、冷漠。

3.父母缺乏威信

若是父母文化水平较高,他们在关心、指导子女学习时,可能采用更为科学、合理、有效的方法,指导内容更为细致、具体。这样,其子女也常把文化水平较高的家长当做榜样、权威,愿意向他们学习,服从于他们的指导。但对于多数只拥有初等文化程度的农民工,文化水平低的劣势使他们很难对子女学习中的疑问给出正确解答,对子女学习也很难提出具体建议。多数农民工只能对子女的学习"不问过程,只问结果"。许多农民工子女对这种教育方式非常反感。

4.作出错误示范

一些农民工在日常生活中不注意言行,行为鲁莽,语言粗俗,没有在孩子面前树立良好形象,反而给随迁子女作出错误示范。"嫩枝易直也易弯",受父母影响,农民工随迁子女慢慢也滋生了一些不正确的想法,养成了一些不良的行为习惯。这既与他们对子女的期望背道而驰,又使得随迁子女容易被城市孩子排斥,增加了随迁子女真正融入城市社会的难度。

(三)很少与学校互动,教育完全依赖老师

据统计,2009 年农民工平均每个月工作 26 天,每周工作 58.4 小时。其中,每周工作时间多于《劳动法》规定的 44 小时的占 89.8%。从农民工集中的几个主要行业看,制造业农民工平均每周工作时间 58.2 小时,建筑业 59.4 小时,服务业 58.5 小时,住宿餐饮业 61.3 小时,批发零售业 59.6 小时。平均劳动时间最长的是住宿餐饮业的农民工，他们每周的工作时间超过60小时[①]。农民工劳动时间过长，强度过大，使他们工作之余很少能有时间和精力指导子女学习。

于是，一些农民工把教育子女的责任全部推给了学校，认为只要把子女送进了学校，就等于送进了“保险箱”，他们的一切就应该由学校来管。这些家长很少到学校过问子女的学习成绩和课堂表现，也不主动找老师交流教育子女的方法。有的农民工认为，“孩子我也不会教，凡事学校拿主意，打骂都听老师的”；也有的农民工习惯替子女说话，庇护子女的缺点、错误，总强调“老师不能看不起农村人”。这样，本应相辅相成的家庭教育与学校教育之间缺少了配合、协调与互动，家长、教师未能搭建起相互沟通、交流的平台。家庭教育的缺失致使学校教育工作很难取得良好成效。

（四）生存压力下，“读书无用论”仍有市场

一方面，出于长远考虑，许多农民工对子女的期望很高。据统计，在北京的农民工中，51.3%希望子女将来能够上大学，24.4%甚至希望子女能获得研究生学历，84.4%的农民工期望孩子将来能够出人头地[②]，因此他们应当经常过问子女的学习情况。

另一方面，迫于现实生活压力，“读书无用论”在农民工中仍有一定市场。由于农民工流动性大，随迁子女需要频繁转学[③]，但是各年级课程之间的衔接、各地教材的差异、各个城市各种繁琐的相关手续，使得随迁子女的学习连续性差，影响了他们的整体学习效果，很多农民工随迁子女学习成绩并不理想。同时，由于农民工主要在制造业(39.1%)、建筑业(17.3%)、居民服务和其他服务业(11.8%)、住宿和餐饮业(7.8%)、批发和零售业(7.8%)中实现就业[④]，这些工作与课堂书本知识距离较远，对个人文化素质要求较低，从事这种简单劳动的

①国家统计局农村司．2009年农民工监测调查报告．http://www.stats.gov.cn/was40/gjtjj_detail.jsp?channelid=5705&record=115.

②周序．文化资本与学业成绩——农民工家庭文化资本对子女学业成绩的影响。国家教育行政学院学报．2007(2)：73-77.

③据统计，一些地方有过转学经历的学生比例达79.7%，其中有过多次转学经历者的比例达12.6%。黄祖辉，许昆鹏．农民工及其子女的教育问题与对策．浙江大学学报(人文社会科学版)，2006(4)：108-114.

④国家统计局农村司．2009年农民工监测调查报告．http://www.stats.gov.cn/was40/gjtjj_detail.jsp?channelid=5705&record=104.

农民工对子女的教育期望值也因此改变。一些家长认为子女如果能读的话就继续读下去，不愿意读的话，可以跟自己一样打工谋生，这样还可以减轻家庭负担。据统计，27.7％的随迁子女辍学是基于“读书无用论”[①]。

四、提升农民工随迁子女家庭教育的几点建议

（一）减少子女劳务负担，为其创造更好的学习条件

农民工随迁子女的学习原本就与城市里的孩子存在差异，若再过多地让其承担家务劳动，更会缩短了他们的学习时间，影响他们的学习成绩。因此，农民工应该尽量地减少对子女的派活，多给子女让出学习时间。同时，应力所能及地为子女配备齐全必需地学习书籍、文具等，还应为子女挤出一块少被打扰的学习空间。随迁子女能够有时间、有场地完成作业，并进行预习、复习，成绩必然会有所提高。这也有利于增进他们对学习的喜爱，提升他们的自信心。

（二）提高自身素质，掌握科学教育方式

对农民工来说，“注重自身素质提高，与孩子共同学习、共同成长，是取得子女家庭教育成功的最明智选择”[②]。农民工应认识到家庭教育对子女成长的重要性，努力了解一些生理学、心理学、教育学、人才学等方面的知识，增强对孩子的了解，提升语言表达、分析和处理问题等方面的能力，通过提升自身素质来提升家庭教育质量。即：采用温柔和善的态度与子女平等沟通，站在引导和帮助的立场，结合子女自身特点，为其设定合理的奋斗目标；加强监督，确保子女朝着既定目标努力的同时，尊重子女的独立性、自主性，鼓励子女发挥创造性；主动与老师沟通，积极与学校互动，共同商讨教育子女的方式、办法，为子女快乐生活、主动学习营造良好的外部环境，使家庭教育达到最佳效果。

（三）坚持全面教育，言传身教相统一

德、智、体、美、劳协调发展是农民工随迁子女全面健康成长的

①鲁化堂．城市流动儿童教育问题与对策研究．华中师范大学硕士论文，2007．

②关颖．青年流动人口如何对下一代负责．青年研究，2002(5)：8-14．

标志。为此，农民工应避免重身体轻心理、重智力轻德育等形式的片面教育，将子女可能出现心理问题、人格障碍、行为偏差等消除于未然。农民工应尽可能地多与子女交流、谈心。了解他们的生活、学习、人际交往等情况，关心他们在生理、心理、情绪、情感上的变化，对子女遇到的困惑给予恰当的关心和引导。同时，农民工应努力营造良好的家庭文化氛围，注意自己的言行举止，做到言传身教相统一。

（作者单位：中国气象局培训中心）

参考文献

[1] 董士昙，曹延彬. 农村留守儿童犯罪的成因及解决途径. 山东警察学院学报，2010(2).

[2] 范先佐. 关于农村“留守儿童”教育教育公平问题的调查分析及政策建议. 湖南师范大学教育科学学报，2008(6).

[3] 范先佐. 农村“留守儿童”教育面临的问题及对策. 国家教育行政学院学报，2005(7).

[4] 关颖. 青年流动人口如何对下一代负. 青年研究，2002(5).

[5] 2009 年农民工监测调查报告. 国家统计局农村司. http：//www.stats.gov.cn/was40/gjtjj_detail.jsp? channelid＝5705&record＝104.

[6] 国务院研究室课题组. 中国农民工调研报告. 北京：中国言实出版社，2006.

[7] 黄祖辉，许昆鹏. 农民工及其子女的教育问题与对策. 浙江大学学报：人文社会科学版，2006(4).

[8] 刘传俊. 江苏省 488 名农村留守儿童与非留守儿童人格发展比较研究. 中国健康心理学杂志，2009(3).

[9] 鲁化堂. 城市流动儿童教育问题与对策研究. 华中师范大学硕士论文，2007.

[10] 申剑丽. 谁是儿童保护的主体. 21 世纪经济报道，2010-06-09.

[11] 曾燕波. 家庭化流动凸显的教育问题——兼论农民工子女教育的背景及策略. 当代青年研究，2008(5).

[12] 张乐. 代表呼吁：各界都来关心两千万农村“留守儿童”. http：//

news. xinhuanet. com/edu/2007-03/08/content_5816279. htm.
[13] 赵俊超. 留守儿童调查. 中国发展观察,2009(1).
[14] 周俏春,邬焕庆. 全国千万“留守儿童”需要关爱. http://learning. sohu. com/2004/05/26/15/article220261509. shtml.
[15] 周序. 文化资本与学业成绩——农民工家庭文化资本对子女学业成绩的影响. 国家教育行政学院学报,2007(2).

新形势下家庭德育面临的问题及对策

许妍玲

家庭教育作为教育之源,作为文化传递和观念形成的起始,日益显出其重要性。而家庭德育作为家庭教育的核心,作为思想道德建设的重要环节,更应提到首要的地位。然而,我国目前的家庭德育仍然处于自发和盲目的阶段,现实的家庭教育中,许多家长不懂得教育和心理方面的知识,不会运用科学的方法和手段,面对孩子出现的各种问题茫然无措,更有的家长重智轻德心态严重,忽视德育对儿童发展的作用,致使家庭德育开始面临危机。因此,把握家庭德育的规律和特点,发挥其在思想道德建设中的积极作用,具有重要的理论和现实价值。

一、新形势下我国家庭德育的背景

(一)中外文化碰撞使人们的价值观发生了变化

1979 年我国改革以后,中外文化的碰撞业已开始,并以很快的速度趋于激烈、尖锐。两种文化碰撞的结果在现阶段表现为以下几种现象:

1.公私意识的碰撞

中华民族历来强调群体意识,中国传统文化的主流一直强调"公"。而在西方世界,"私"一直处于绝对主导地位,这种私的意识进入中国后,把在中国人意识中一直受到压抑的"私欲"调动了起来。这种"私"的表现在一些人身上仍然具有小农经济社会的显著特征,如积累钱财、广置房屋、耀祖荫孙。这些人不关心国家和公共事业,而把全部精力和注意力聚焦在个人的占有、享乐和炫耀上,把私欲的满足作为人生的终极目的。

2.一部分人价值观的倾斜

在中国传统文化中,人生的价值不是以个人得失或财富多寡为据,而是看他是否给民族带来了荣耀。而西方文化价值观的核心在于个体的得失和财产的多寡。受西方价值观的影响,国内近年来出现的“金钱万能”,人们对实用学科的青睐、知识分子下海等现象似与价值观的倾斜有着千丝万缕的联系。

3.权利观念从淡薄到模糊

中华文化历来多讲义务、鲜谈权利。中国的先哲圣贤们尽毕生心血研究,不遗余力教诲的只是“个人应该怎样”,并且把这种“应该”上升到了伦理的高度。而西方文化与重义务的中华文化形成了鲜明的对照,它一直是以个体为立足点,明确无误地规定个人有权这样或那样。随着西方文化全方位的进入中国,中国人开始认识到作为整体之组成部分的个体应该具有某些权利。但个体到底该有哪些权利,这对大多数国人来说却是模糊的,这种模糊导致了对美国文化的盲目向往,导致了诸多错误的认识和不正常的现象。

(二)经济的发展使家长在进行德育时产生困惑

改革开放以后,我国经济领域发生了很大的变化,市场经济体制的建立促使人们思想观念产生了变革,也使人们意识到培养人才的重要性,但家长在具体教育实践中却遇到许多矛盾,产生了诸多的困惑,如:开放与封闭、竞争与中庸、独立与依赖、创造与保守、先人后己与先己后人、宽宏大度和吃亏受气,等等。在这个社会转型时期内引起了冲突与交融,家长难以挣脱传统与现代的矛盾与冲突,处于两难境地,除此之外,社会上也缺乏一套强有力的道德规范体系,严重影响了家庭教育中以血缘关系为牢固基础的德育职能的发挥,也使家庭教育中德育的培养处于茫然无措的状态。

二、新形势下家庭德育面临的问题

(一)不良社会风气的干扰

社会上存在的一些不良风气,对家庭德育产生了负面的影响。一是一些错误的思想冲击了家庭德育。社会上存在的一些拜金主义、极端个人主义、资产阶级民族观和自由观等错误思想的形成和泛滥,造成了部分家庭思想上的混乱，孩子因此对德育产生了逆反心理。二是网络上充斥的不良信息削弱了家庭德育。近几年随着网络的兴起，淫秽、色情、凶杀、暴力、封建迷信等不良信息大肆传播，使一些少年儿童受到毒害，有的甚至违法犯罪，在精神垃圾泛滥的情况下，许多家长对德育感到心有余而力不足。三是由于学校片面追求升学率，从而弱化家庭德育。学校普遍存在重智育轻德育的倾向，教师常常自觉或不自觉地把智育看成硬任务，把德育视为软任务，只要学习成绩好，就可以"一好代三好"，"一俊遮百丑"，家长为了适应学校这种气候，也自觉或不自觉地重智育轻德育。

（二）家长自身素质的制约

家庭德育的质量关键取决于家长的素质。目前，家长的素质普遍与家庭德育的需要不相适应，突出存在以下问题：一是品行滑坡，教育不灵。由于这些年思想政治工作被削弱、社会道德水准降低，一些家长忽视了自身素质的提高，在子女面前往往扮演不光彩的角色，有权的以权谋私、行贿受贿、敲诈勒索、贪污腐化，无权的消极颓废、追求金钱、自私自利。他们即使有教育子女之心，也不能如愿以偿。现实生活中常常出现子女数落父母"你自己都这样，还来管我"的"将军"现象。二是认识能力低，忽视德育。有些家长片面理解家庭教育的作用，认为家庭教育就是保证子女学习好，将来升高中上大学，以智育取代德育。有的家长不了解少年儿童思想品德形成的规律，认为"树大自然直"，不能抓住子女成长的关键时期培养优良品质，矫正不良品行。三是偏爱子女，放弃德育。有的家长把子女的不良行为视作天真活泼，予以赞扬。如当着子女的面称赞他骂人嘴巴如何厉害，与人打架手脚怎样灵活，有意无意地支持其不良行为。家长素质不高，家庭德育就很难走出困境。

（三）不当教育方法的影响

一是家庭德育随意性、随机性很强。许多家长可以说出一大套"教育"孩子的计划来，什么时候上补习班，什么时候请老师个别辅导，什么时候培养特长爱好等这当然是孩子成长所需要的，但是究竟怎样使孩子一步步形成良好的道德品质，计划中往往是没有的。也就是说一般家庭很少考虑有目的有计划地进行德育的问题，总是孩子出了"毛病"，感觉需要"说说他（她）"了，才进行教育且以说教、训斥为主，如果孩子“平安无事”，就忘记德育了，这是很被动的，效果也不会好。

二是家庭德育的内容跟不上时代步伐。家庭德育的重要内容是形成子女健全的道德人格，传统的道德价值观念的传授已不适应于现代化家庭的子女，所以家庭德育的内容应该充实，适应新时代的发展。例如：二十一世纪是一个激烈竞争的世纪，缺乏竞争意识的人只能是无所作为的人，也只能被社会淘汰，培养学生竞争意识是这个时代的必然要求。但是有很多家长不注意对孩子进行这方面能力的培养，反而溺爱孩子，以至出现了许多“温室花朵”，他们步入社会以后不能很好地适应社会环境。

三是家庭德育缺乏原则性。家庭德育的原则是家庭德育的基本准则，要适应时代的发展，否则会影响德育的效果。对于大多数父母来说，非常重视子女的早期教育，甚至是胎教，但等子女上学以后，便把教育子女的责任推卸给学校了；到了大学阶段，乃至独立生活后就完全放弃了自己的教育责任，这就违背了德育要全程进行的原则。传统观念认为，家庭教育是长辈对晚辈的教育，但现在是开放的社会，需要的是教育民主，让父母解放子女的手脚，让他们自己支配自己的言行，在实践中经受锻炼与教育，成为专家与孩子们共同的呼声。家长说教式的、以规范约束为主的家庭德育方式，已远不能适应当今孩子主体意识发展的客观需要，当然不会有好的德育效果。

三、新形势下家庭德育面临问题的对策

（一）营造良好的社会德育氛围

儿童品德发展的理论告诉我们，社会对儿童品德发展的影响，主要是通过社会环境来实施。搞好家庭德育必须把社会环境治理好，使社会环境不断优化，德育氛围不断加强。唯有这样，才能让孩子经常处于良好的社会德育氛围中，不断提高他们的思想品德觉悟，和谐发展他们的个性，以适应社会的要求。

应该注重社会文化生活的建设，丰富青少年的业余生活，培养良好的兴趣爱好，提高他们的科学文化素质，如举办文化艺术展、讨论交流会、读书看报活动等等。通过这些活动的开展，使社会充满积极的氛围，使青少年在这种气氛的熏染下不断提高文化素质，陶冶净化青少年的心灵，不断提高和升华他们的思想境界。

学校也应当改革学生评定与考核制度，以缓解家长重智轻德的教

育倾向。无论从教育管理的角度,还是从学校教学的角度,都需要对体现在学生身上的教育效果进行必要的评定。目前在家庭教育中存在的“重智轻德”,重视智力开发,忽视非智力因素的培养,重视学习成绩,忽视劳动等现象与我国现行的评定和考核制度有很大的关系,必须扭转这种现象。学生的评定考核方式应当做到全面与多样化,注意从多方面发挥学生考核评定制度的功能。

(二)营造良好的家庭德育氛围

良好的家庭气氛有助于更好的开展家庭德育。在家庭生活中,父母子女之间的人际接触的频率高,聚合性强,但这并不一定意味着家庭成员的凝聚力强。如果家庭人际关系不良,反而会起负面的德育效果。不良的家庭气氛不仅易使家庭成员产生心理损伤,出现不良人格特征,也容易导致离心力增强,从而使家长的正面德育信息也不能有效地传递到子女身上。可见,营造良好家庭气氛对德育的重要性。

调控家长的期望值及其构成要素也是改善家庭气氛的措施之一。在我国,独生子女日趋普遍,家长对子女的期望值(主要表现在学业上)已有过高倾向,且这一倾向还在强化。过高的期望值不仅从心理上给孩子以重压,又因其不能实现而带来父母、子女双方积极性的损伤,极易产生德育的负效应。家长有必要把对子女的期望值调控在适当的区间,并扭转只看重智、体、美等方面的成就,而忽视德育效果这一不合理的期望构成。

父母应发扬平等民主意识,以民主型的教育方式为主,必要时候辅之以其他教育方式,有利于家庭和谐环境的完善。

(三)提高家长的自身素养

从家庭教育的特点看,在家庭环境中对子女开展德育活动,优势固然明显。同时,这些特点又是一把双刃剑,如果应用不当,亦会走入危险境地。究竟如何克服困难,开展家庭德育,归根到底要看家长的素质如何。因为,家长是家庭教育的主要责任者和执行者。

有研究表明,家长的世界观与思想品德、人生观与价值取向等与家庭教育的优劣关系极大。它不仅决定了家长如何看待社会、人生,如何对待周围的人、事、物,坚持何种人生道路,而且决定了家庭教育的指导思想、方向,能否给予子女正确的思想教育,能否在子女心目中树立威信,能否掌握教育的主动权。

家长的文化素养也是影响家庭德育的实施与效果的又一重要因素。它在很大程度上决定着家长的理解、情操、思想境界，也决定着家长处理家庭关系、家庭生活方式、家庭教育的能力，从而决定了子女生活在什么样的家庭环境之中。

因此，家庭教育研究者有必要加强对家庭德育的研究，为家长提供科学的理论指导与操作性指导。从家长方面来看，要积极主动地去学习，不断养成高尚的道德情操，学习教育科学、心理科学的有关知识，正确认识重智轻德的危害性，德育对人生成长的重要性等，努力提高自身品德，教育技能技巧等素质。

（四）提高家长的教育水平

在孩子成长过程中，有三分之一的时间是在家庭中度过的，家庭是他们成长的重要环境，父母是其第一任教师，父母的教育水平直接关系到家庭教育的成败。提高家长的教育水平应主要从以下几方面着手进行。

首先，充分利用各种形式、通过多种途径、普及家庭教育知识。如举办家庭教育学习班与讲座、开展家庭教育咨询活动、编辑各种家庭教育参考资料、通过电台电视进行宣传与讲解，等等。使家长了解一些心理学、生理学的知识，掌握正确的教育方法。

其次，成立家长委员会，配合学校和社会做好家庭教育的工作。家长委员会要经常组织家长总结、交流教育子女的经验，重点帮助一些家庭解决教育难题，尤其是家庭德育的难题。

再次，努力办好各种类型的家长学校。如广播家长学校、电视家长学校、函授家长学校等，通过多种渠道，对家长进行系统指导。

最后，提高家庭德育科研水平。要真正地提高家长的教育水平，必须进行家庭德育的科学研究，这就要求理论工作者和实践工作者要密切配合，针对现实中出现的难点和重点问题，进行系统、科学的研究，既能从宏观上指导家庭德育的目标和方向，又能从微观上指导家教的实际问题，并组织科研力量，尽快制定出符合中国儿童德育实际的、科学的标准化评估量表。

（作者单位：西城区白纸坊街道妇联）

要实施科学的早期家庭教育

赵忠心

近些年来，年轻的父母们越来越注重孩子的早期教育。应当说这是好现象。但有一个问题值得人们注意，那就是：并不是说什么样的早期教育对孩子的成长发育都是有利的。科学的适时的早期教育是有益的，不科学的任意超前的早期教育不仅是无益的，而且还是有害的，还不如让孩子按照他们的天性自由地发展。

一、早熟的果实既不丰满也不甜美

当前，在早期家庭教育中，有一种思想倾向，就是认为“教育越超前越好”。有的省市的“家庭教育大纲”甚至把“超前性”作为家庭教育的一个教育原则提出来。一些商家也迎合家长不正常的心态，乘机推波助澜，鼓吹什么“不要让孩子输在起跑线上！”

于是，在早期家庭教育中就出现了任意超越儿童年龄发展阶段的“超前教育”，“超早期”进行一些行为能力训练，“超早期”进行智力开发。比如，在孩子能力还很差的时候就进行某些“高难”动作的训练，刚出生几十天就教孩子练“迈步走路”；刚刚学会说话，就教孩子背唐诗、学外语；在孩子两三岁时就教孩子认字、算算术，四五岁时就把小学的算术、语文课本拿来教孩子“攻读”。有的人甚至主张把小学要解决的问题提前到 3 岁，比如“0 岁识字，3 岁扫盲”，等等。这是典型的急功近利的做法。

我始终坚持这种看法，儿童从 0 岁到 6 岁之间，是身心发展相当迅速的时期。但要促使其发展，是有条件的。按照美国著名儿童心理学家格塞尔的思想，支配儿童心理发展的因素有两个：一个是“成熟”，一个是“学习”。在两者之中，他是更着重于“成熟”。

他认为，儿童心理发展是儿童行为或心理形式在环境影响下，按照一定顺序出现的过程。这个顺序与“成熟”的关系较大。他有一个很著名的实验，就是“双生子爬梯”的实验。在这个实验中，其中一个双生子从出生后 48 周起，每天做 10 分钟爬梯训练，连续 6 周。到第 52 周时，他能熟练地爬上 5 级楼梯。在此期间，另一个双生子不做爬梯训练，而是从 53 周时才开始进行爬梯训练。但到两周以后，这第二个双生子不用旁人帮助，就可以爬到楼梯顶端。

由此，格塞尔得出的结论是：不“成熟”就无从产生“学习”，而“学习”只是对“成熟”起一种促进作用。格塞尔的这个实验表明，儿童的成长是受生理和心理成熟机制制约的，人为地任意提前训练，效果不见得更好，不见得有那个必要。不仅没有必要，还会给儿童在生理和心理上造成负担，弄不好还可能影响儿童对学习的兴趣，从而产生逆反心理。

有的家长对学龄前儿童进行超前教育和训练，其愿望是指望孩子将来在进入小学以后，学习起点比别人高，能在学习的竞争中占有优势。提前一些进行教育和训练，可能会在一定的时间内占有一些优势。但由于这种优势完全是靠人为的力量获得的，不是自然而然地形成的，即或是有一些优势，但很可能只是一时优势，不见得能一直保持下去。

有这样一个研究很说明问题。那就是美国北卡罗米纳大学做过的一个实验：把 175 个孩子分成两组，一组由父母按照一般条件进行教养；另一组则从 3 个月开始，就提前进行早期教育。之后，每 15 个月测验一次。他们发现，接受超前教育和训练的孩子智商平均高出 15 点。然而，并不能以此得出这种早期教育的优势能一直保持下去的结论。因为有些拥有这种优势的儿童，在进入小学四年级的时候，就逐渐地丧失了这种优势；而接受父母循序渐进教养的孩子，通常都赶了上来。

上述两个实验告诉我们，任意进行超前教育和训练，不见得是一件有益的事。进行超前教育和训练的人，自认为进行超前早期教育就一定会“早出人才”，出高水平的人才。这仅仅是一种良好的愿望，是一种推测而已，实际上并没有得到证实。

前苏联著名心理学家列伊捷斯说过：“儿童超过自已年龄的发展，

对于判断其未来发展的可能性不能提供可靠的依据;也不排除缺少早期发展,后来却发生跃进的可能性。”许多事实都已证明了这一点。

学龄前阶段是儿童身心发展的关键期,放任自流,任其自由发展,不进行必要的培养教育,那是不好的。机不可失,失不再来,应当抓紧及时进行培养教育和训练。但不能任意超前。太随意、太超前了,从近期的眼前的效果看是令人振奋的,但最终的结果,不见得也同样令人满意。

法国思想家、教育家卢梭说过:“大自然希望儿童在成人以前,就要像儿童的样子。如果我们打乱这个次序,就会造成一些果实早熟,它们长得既不丰满也不甜美,而且很快就会腐烂。就是说,我们将造成一些年纪轻轻的博士和老态龙钟的儿童。”

恐怕哪个家长也不愿意培养出“既不丰满也不甜美”的“早熟果实”。

二、任意超前的智力开发得不偿失

进行早期教育和早期智力开发,是有可能促使儿童身心早期发展的。但应该特别的慎重,不能草率,不能盲目,不能“攻其一点,不及其余”,不能“单打一”,不能只进行“一半的教育”。如果在某一个方面强迫他们学习、掌握超越他们年龄阶段的东西,尤其是过早地进行专门化的训练,可能会收到一些“立竿见影”的效果;但是,那是片面的发展,往往会破坏儿童和谐发展的正常进行。

儿童作为一个完整的人,他们面临着各种各样的发展课题。人为地“一厢情愿”地加速或强化某个方面的发展进程,对心理发展水平和能力尚很有限的学龄前儿童来说,只能是以牺牲、丧失或抑制他们其他方面的发展为代价,这是得不偿失的,很不合算的。从长远看,从儿童一生的发展来看,肯定是有害的。

我们应当明白,人的各方面的素质不是孤立的,各方面的素质不是隔离的,而是互相联系、互相影响、互相制约、互相促进、相辅相成的。各方面的素质只有和谐发展才能获得长足发展,不和谐的发展,就是畸形发展,不可能得到充分的发展。

近来,我国的杭州大学和日本的大阪教育大学、筑波大学联合进行的中日两国幼儿“认知能力”比较研究,对中国和日本的3岁至7岁的儿童认知能力测查结果表明:在总共18类指标中,中国儿童分辨数的概念、分类、时间、序列等能力，都比日本孩子强；而在运动、组合、容积、空间转换等方面，则日本孩子要强。

我们知道，人的左右大脑有所分工。一般来说，左大脑分管推理、语言、数字等抽象思维，右大脑则分管形体、空间、画面、想象等形象思维。左右大脑均衡发展，抽象思维与形象思维协调发展，才能使人的智力得到充分的发展。这次测查结果充分暴露出当前中国对幼儿进行的早期教育中存在一些误区。主要问题是：对幼儿过早地进行以数字、文字为主的所谓"早期教育"，而不注重培养幼儿的空间转换、形体感知、想象力和创造力，结果使其左脑的智力发展比右脑发展超前，从而影响了幼儿大脑的左右均衡、协调发展，具体表现为孩子的逻辑分析能力较强，而想象能力和动手能力较弱。

之所以出现这种情况，不是偶然的，是有其历史根源的。在中国，自古以来，人们对一个孩子是否聪明的评价标准，往往是看其认字的早晚，认字的数量多少，会不会数数，会不会算算数，等等。把在学龄前就能"熟背唐诗三百首"、"会加减乘除"的幼儿，看做是"神童"。许多教师和家长都认为，孩子只有学习认字读书、算算数才是"正经事"；而自从孔夫子那时就片面地认为"勤有功，戏无益"，一句"玩物丧志"的话，就把儿童最正当的行为"游戏"、玩耍的价值完全否定。

近些年来，中国有些人迎合中国做父母的这种心理，推出了许多以认字、算算数为主要内容的所谓"神童培养方案"，把这种偏向推向了极端，致使许多孩子对数字和汉字的认识，远远超过国家规定的标准；而严重忽视了对幼儿画图、动手能力的培养，使中国儿童动手能力等远远低于其他国家同龄儿童。这种状况如果不及时纠正，将有可能导致孩子今后左右脑智力的畸形发展，而这种畸形发展则会大大限制孩子整体智力的发展水平。

20 世纪 90 年代初期，据中国教育部和联合国儿童基金会对中国儿童联合调查表明，幼儿对数的概念接受多了，往往较难适应以后正规的教学程序。许多"神童"上学以后成绩并不突出，就充分说明了这一点。

儿童青少年的发展是一个长时期的发展过程。人才的成长，也不是一蹴而就的。早期教育和早期智力开发是重要的，但不能任意夸大它的作用。不充分估计它的地位和作用，会使人们忽视，错过发展的良机；但任意夸大它的地位和作用，走向另外一个极端，会出现"强人所难”的训练和“掠夺性”的智力开发。

中国过去有这样一个成语——杀鸡取卵，比喻只贪图眼前的好处而不顾、甚至损害长远利益。现实生活中，为了要早一点儿得到鸡蛋，不惜把鸡给杀了，“开膛破腑”，取出鸡蛋。当然，这种蠢事，一般人们是不会去做的。

但是，在孩子的教育上，却有不少这种急功近利的类似的现象。比如，任意进行超前教育和训练，训练孩子掌握这个年龄阶段难以做好的动作，教孩子学习掌握他们这个年龄阶段不能理解和接受的知识，这无异于“杀鸡取卵”。这是有害无益的做法，必须加以纠正。

做父母的是有责任有义务创造条件促使儿童身心的发展，但同时也有责任有义务呵护他们的童心、童趣，保留他们“固有的东西”，遵循他们成长的自然要求，在自由自在地玩耍中成长，在无忧无虑地生活中谋求自身的发展，学会生存。而不是“自作聪明”地、“一意孤行”地做“拔苗助长”一类的蠢事。

一个人成才，是一个相当长的发展过程，哪个阶段的培养教育和训练都是重要的。不能哪方面的教育和训练都要抢乘“头班车”。现在，国际教育理论界达成的共识是：人从出生到 65 岁之间，都是发展智力的有效时机。当今世界上，人们越来越推崇终身教育、终身学习，而不是“早期教育决定论”。

一个人成才，也是受多种因素制约的，是多种因素综合作用的结果，不是某“一个”因素决定的。家长在培养教育孩子的过程中，哪一个阶段都不能忽视，哪一个方面素质的发展也都不能忽视，都不能偏废。应当持续不断地进行培养教育和训练，应当全面地进行培养教育和训练。

三、出现任意超前教育倾向的社会原因

当前，社会上出现这种急功近利的超前教育倾向，不是偶然的，它是一定客观环境的产物。

早在“美苏两霸”对峙的那个年代，就有一种说法：就是国家实力的竞争是科学技术的竞争，是教育的竞争。美苏两国为了增强竞争实力，早在 30 年前就“不约而同”地进行教育改革。改革的重点也都是“不约而同”地加大早期教育改革的力度。在学龄前阶段，就开始进行高难度的教育，高强度的训练，把 3 到 6 岁才该训练的内容，提前到 0

到3岁进行,把许多小学的教育教学内容,提前到学前阶段。这种主张的代表人物,美国是布鲁姆,在前苏联则是赞可夫。

他们都认为,早期教育决定人一生的发展水平,甚至决定人一生的社会成就。然而,经过几十年的改革实验后,他们又是"不约而同"地总结了教训:经过实践,他们都认为按照这种"早期教育决定论"的思想进行早期教育的改革,从眼前的效果看是好的,但从长远效果看却是不好的。因为它打乱了儿童身心发展的秩序,对提高儿童青少年的身心素质是不利的,使儿童青少年缺乏发展的"后劲儿"。也就是说,缺少自我发展的能力。于是,先后都早已放弃了那种盲目的教育改革实验。

就在人家放弃了这种改革实验的时候,我们国家开始实行工作着重点的转移,又发展社会主义市场经济。重视知识,重视人才,逐步形成了社会舆论。在这种环境里,广大家长望子成龙之心十分急切。随着改革开放政策的实施,长期的封闭状态被打破,"早期教育决定论"的思想迅速传到了中国,它正好迎合了中国家长急切的望子成龙之心。于是,急功近利的超前教育就在中国开展起来。

我们应当借鉴外国成功的经验,同时,也要汲取外国失败的教训。使人不可思议的是,人家通过实践已经否定了的东西,我们又要重新再做一遍。

"早期教育决定论"的思潮之所以能在中国盛行,一方面是由于人们的子女越来越少,独生子女家庭越来越普及,家里只有这"独一无二"、"绝无仅有"的一个孩子,家庭和家长的全部期望都寄托在一个孩子身上,对孩子的期望值太高。望子成龙心切,都希望把自己的子女培养成为出类拔萃的"庸中佼佼者",这是"早期教育决定论"盛行的温床。

另一方面,我们国家有些丧失学者良心的所谓"专家",在经济利益地驱动下,不负责任地宣扬、鼓吹,极力夸大早期教育和智力开发的作用,推出种种没有经过实践证实的什么早期智力开发"工程"、"方案",曲意逢迎那些望子成龙之心过切、心态不大正常的家长,这是很不应该的。而我们有些年轻父母望子成龙的急切心情,甚至达到了"饥不择食,慌不择路"的程度,很容易轻信那些很诱人、但并不科学的早期智力开发"工程"、"方案"之类的东西。

世界上一些著名的心理学家和教育学家是非常重视早期教育,也都论述过早教的重要意义。如美国心理学家布鲁纳曾经说过，一个孩子到4岁时，其智力发展了50%。另外的30%到8岁时发育完成，其余的20%到17岁时完成。前苏联教育家马卡连柯说："教育的基础主要是5岁以前奠定的，它占整个教育过程的90%。"意大利教育家蒙台梭利说："儿童出生后头3年的发展，在其程度和重要性上，超过儿童一生的任何阶段……"俄国著名生理学家巴甫洛夫甚至说过："婴儿生下的第三天开始教育，就晚了两天了。"

问题是如何理解这些心理学家、教育学家的话。我以为，这些都是针对传统的忽视早期教育的现象，采取了有一定夸张成分的说法，是"矫枉过正"，不能过于"较真"。如果真的是"5岁以前就完成了90%的教育"，"3岁就是人的一生"的话，那么，小学、中学、大学教育岂不成为可有可无、多此一举的事了？终身教育不就更属于"画蛇添足"了？况且，他们所强调的早期教育，绝不仅仅指的是早期智力开发，更不是人们所理解的"认字"、"算算数"之类，而是身心的全面发展。就像巴甫洛夫所说出生3天以后开始进行教育就已经"晚了两天了"，可以肯定地说，他绝不是指的是"认字"、"算算数"之类。

急功近利的超前教育，也是现代教育过于功利化的反映。过去的古典教育，是"重义轻利"；现代教育与此恰恰相反悖，是"重利轻义"。这种偏向不是现在才出现的，早在资本主义上升时期就出现了。英国伟大的哲学家、教育家罗素早在几十年前就已经有预见性地指出了现代教育的这种偏向。"重利轻义"的功利化倾向，带来的直接后果是资本主义国家普遍存在的"经济上去了，道德水平下来了"。

多少年来，人们培养教育子女，目的就是升学、就业，只要是对升学、就业有用处的，就下工夫、下本钱，尽可能提前培养训练；对升学、就业没有直接好处的，就放任不管。也就是说，只考虑培养孩子"成才"，不大注重教育孩子"做人"。不仅在外国是这样，近些年来在我们中国又何尝不是这样呢。

试想，不会"做人"，又怎么能成才呢？即或是有很高文化水平和丰富的专业知识，要是不会"做人"的话，不能融入社会群体，社会根本不接纳他，那么，他的文化水平和专业知识到哪里去发挥呢？

四、克服早期家庭教育功利化的倾向

家庭教育过于功利化的倾向，不仅反映在学龄儿童的教育上，更反映在学龄前儿童的教育上。其表现主要是在两个方面：

一个方面是只进行“一半的教育”。就是重视智育忽视德育、重视知识学习忽视能力培养、重视书本知识忽视生活知识、重视智力因素的发展忽视非智力因素的发展、重视记忆忽视思维能力培养、重视特长培养忽视全面发展、重营养忽视体育锻炼、重视生理健康忽视心理健康，等等。

另一个方面，就是急功近利的早期教育和超前的智力开发。以牺牲、丧失其他方面的发展为代价，对孩子进行超越他们年龄阶段的教育和训练，过早地进行专门化的训练，不能达到切实提高孩子素质的目的。这不仅对孩子的发展不利，对我们整个民族素质的提高也是不利的。

对学龄前儿童进行早期教育，还是要根据儿童的年龄特征，从儿童生理和心理发展的实际水平，循序渐进，量力而行。这样做，表面看似乎是“太慢”了。其实，教育从来就是一步一个脚印地、扎扎实实地进行的。这样做，肯定是会从根本上有利于提高孩子的素质，提高孩子自我发展的能力，对孩子一生的发展是有好处的。

古人说：“蒙以养正，圣功也。”早期教育是教育的起始，是圣人之功。我们中国人做事，向来特别重视“开头儿”，古人很早就有“慎始敬终”的说法。现在，人们也常说：凡事开头做好了，就有80%成功的可能。不论做什么事，在开头儿时要特别的“慎重”。因为开头儿时要是“差之毫厘”，后来就会“谬以千里”。

对于早期教育，应当采取积极而慎重的态度，不能盲目行事。随心所欲地任意进行超前教育，有害而无益，会带来不可弥补的损失。年轻的父母们，一定要保持清醒的头脑，按照科学行事，要善于识别、坚决拒绝某些蛊惑人心的商业广告的诱惑。

（作者单位：北京师范大学）

有效交流在促进家庭和谐中的作用

马迎华　吕晓静

和谐家庭是以家庭成员的全面发展为基础，家庭成员之间、家庭与社会之间、家庭与自然之间相互和谐的家庭模式，是民主平等、学习求知、创业致富、道德高尚、环保节约的家庭追求。在家庭和谐中，首先是家庭人际关系的和谐，其中包括夫妻关系的和谐，亲子关系的和谐，家庭成员和周围人关系的和谐，只有这样的家庭才是真正和谐的家庭。多重和谐关系的维系都离不开良好的人际交往，也就是说在家庭和谐建设中，有效沟通是促进家庭和谐建设的前提基础。目前，国内外关于探讨家庭沟通方面的许多研究都表明了有效的沟通在促进儿童青少年心理发展和改善亲子关系方面有着积极的作用，认为良好的亲子沟通与孩子的自尊、道德、人格发展以及道德推理能力的发展等都密切相关，沟通有利于青少年形成其在家庭中的地位，敏感觉察家庭中其他成员的思想和情感，在良好的亲子沟通中父母与子女交流的信息更易为子女所重视，这些信息会使他们形成正确的看问题角度，能够促进青少年的道德人格向理想方向发展。由此可见，良好亲子沟通对孩子家庭道德教育所起到重要作用。目前由于我国的社会转型及文化多元等因素，有效的亲子沟通更应该成为构建和谐家庭中值得关注的方面。

一、影响亲子沟通的因素

在家庭生活中，孩子对父母有着天生的依恋情结，而独生子女对父母有着更加强烈的交往需求，在这种亲子互动交往过程中，父母的回应方式则影响着家庭成员之间情感的交流与沟通。研究表明，亲子沟通质量直接影响孩子的同伴关系、心理健康和学业成绩换，同时，这种互动沟通决定着家庭环境氛围是否和谐。

（一）社会环境的改变

在竞争激烈、生活节奏日益加快的社会大环境中，社会人际交往在扩大，人们的精神和物质生活在不断丰富，传统的生活方式也在发生改变。家庭成员都各自忙碌于自己的工作或学习，使一些人的家庭观念淡漠了，虽同居一处，彼此却缺少感情的交流与心灵的沟通。尽管有 96.5%的父母表示“比较愿意”和“非常愿意”与孩子谈话，85.7%的孩子表示“比较愿意”和“非常愿意”和父母谈话，而实际上亲子之间“经常谈话”的仅为 50.8%，而且 77.9%是就事论事地谈孩子的学习问题，而认为“爸爸很理解我”、“妈妈很理解我”非常符合自己情况的仅为 36.6%和 48.2%。32%的孩子认为父母与子女关系属于生活中最烦恼的事情。也就是说，亲子沟通在许多家庭里已经亮起了红灯。

（二）家庭结构的变化

我国计划生育政策的实行，在很大程度上改变了中国传统的家庭结构，形成了以三口之家为主流的社会结构，这种改变同时也使家庭成员之间的人际交往乃至社会成员的交往发生了改变。在现代的城市中，在三口之家中只存在夫妻关系、父子和母子关系，这与传统的非独生子女家庭和几代同堂的家庭相比，没有兄弟姐妹之家的交流，亲子互动也更为单一。在这种情况下，家庭成员之间沟通交流机会增多，但单一的亲子互动交流往往会出现更多的沟通障碍，从而影响家庭成员间的感情，成为构建和谐家庭环境的阻滞。

（三）家庭环境类型

家庭环境对亲子沟通有明显影响。Martha 等人在一项追踪研究中，把家庭环境分为温暖、支持型和敌意、强制型两个维度，考察了家庭环境与亲子沟通的关系。结果发现，在温暖、支持型家庭环境中亲子沟通更为开放，他们能够耐心讨论彼此间的分歧，沟通中的问题较少，而在敌意、强制型家庭环境中，他们缺乏耐心，彼此抱怨较多，对冲突经常采取回避态度；他们还发现，不同的家庭环境对亲子沟通的影响具有持续效应，在敌意、强制型家庭中，亲子沟通困难度加大问题增多，很可能形成恶性循环，而在温暖和支持型家庭中，亲子沟通和亲子关系会不断得到改善和提高，从而向良性循环发展。父母与孩子长期形成的亲子关系质量影响父母与孩子的沟通状况，家庭功能主要反映的是家庭系统中的相互作用，它对亲子沟通也具有影响力，婚姻完整的家庭，父亲与孩子的沟通质量就会很好。父母之间情感温暖、相互理解，对于青少年人格的发展和形成有着至关重要的作用。因此，夫妻和睦也是营造良好家庭氛围，促进家庭和谐必不可少的主题，是家庭和睦的基础，是家庭幸福的源泉。

（四）青少年独立意识增强

当孩子进入青春期时，随着生理、心理的发展，思维的抽象逻辑性增强，开始具备各种逻辑推理能力，且他们的思维的创造性和批判性日益明显。逐渐开始表现他们不愿轻易地接受别人的意见，对别人态度及意见，经常要做一番审查，甚至有时持过分怀疑和批判的态度。他们渴望自身的独立，渴求与父母之间平等相处和交流。在这个特殊时期，独立意识、逆反心理、追求平等一系列青春期青少年所展现的生理、心理和行为方面的变化给家庭成员间的沟通带来许多挑战。

（五）亲子之间缺乏了解

在青春期，青少年的人际关系发生了转向，他们更喜欢和同伴而不是父母在一起，同伴关系成了他们关注的焦点。虽然孩子们与父母在一起的时间相对少了，但是父母仍然对孩子青春期及成人期的生活有着重要的影响。青少年时期的亲子冲突是青少年发展成长中不可避免的产物，一方面，随着年龄的增长，青少年寻求独立自主的倾向日益增强，他们希望从父母那里得到更多的权力；另一方面，父母仍视其为未长大的孩子，害怕将权力都赋予会导致各种问题的出现。这两种倾向增加了青少年与其父母发生冲突的可能性。由于亲子冲突在影响亲子关系的同时，也会给青少年心理的健康发展带来很多负面的影响，甚至可能导致青少年的问题行为、犯罪、吸毒、性行为、学习成绩差等。因此，要减少青少年时期的亲子冲突，就需要增进亲子之间的了解与沟通。

二、有效沟通在改善亲子关系、促进家庭和谐方面的作用

孩子是家庭的重要组成部分。在从婴儿到成人的成长过程中，孩子处于家庭结构的核心地位，家庭是他们最先接触到的生活、学习的

场所，同时父母与子女之间又存在着一种特殊的依恋关系，由这种特殊的依恋关系而产生出爱恋、依附、信任，即我们所说的亲子关系。亲子关系是家庭中最基本、最重要的关系。如何维系健康、积极、和谐的亲子关系直接影响着家庭成员的关系和良好家庭氛围的形成，也是家庭和谐基础，也是开展家庭教育的重要前提。

在家庭的日常生活中，父母与子女的相处，也是一种人际交往。良好的人际交往，能使家庭充满和谐欢乐的气氛，能使各家庭成员充分体验家庭生活的幸福和快乐，促进身心健康。沟通有利于青少年协商其在家庭中的地位，敏感觉察家庭中其他成员的思想和情感。在良好的亲子沟通中父母与子女交流的信息更易为子女所重视，这些信息会使他们在看问题时更容易达成共识。Sandy 研究发现，积极的家庭沟通与较高的家庭关系满意度和较少的家庭冲突呈正相关，也与青少年较高的自尊和心理健康水平、积极的应对策略显著正相关。另外，研究发现，青少年与母亲的积极沟通与其孤独感呈显著负相关，青少年与父母的沟通影响着自尊，进而影响其抑郁水平，更多研究表明亲子沟通与青少年吸烟、饮酒、犯罪、攻击和性行为显著相关。在开放性沟通中，大多数青少年在对待性和药物滥用等方面的态度与父母的态度更为相似，他们不容易受外界影响去参加不良活动。正如思想家卢梭所说“家庭生活本身就是一种教育”。在家庭中，夫妻之间相互关心、相互尊重是培养孩子健康的情感、构建和谐家庭气氛的基础；夫妻之间沟通、交流的语气平和，要适度地表达爱，让孩子感受到温馨而自然的情感。亲子关系良好的家庭，情感沟通和有效互动很容易形成，父母对孩子的情绪感受做出及时的反应，在这样的家庭情境中，孩子的情绪理解、情绪表达技能的水平才会提高，也更容易对父母产生情感的共鸣。在遇到问题时，往往能够通过积极有效的沟通解决，且问题解决之后家庭成员的情绪也趋于积极和稳定。

三、增进亲子间有效交流的途径与方法

近年来，随着家庭系统理论和亲子关系互动理论的提出，研究者对亲子关系的研究逐渐深入，开始探讨亲子之间的相互作用过程和机制，其中亲子沟通正是亲子之间互动的重要方面。在婴幼儿时期，亲子阅读是近些年来研究较多的一种家庭互动交流的阅读方式。青少年处于人生发展历程中的特殊阶段，家庭中的亲子沟通深刻地影响着

青少年的发展。孙五俊等对河南1 135名大学生的调研究显示，大学生家庭沟通模式与其应对方式、幸福感呈显著相关，多元型沟通和一致型沟通的大学生更倾向于进行积极应对并体验到更多的幸福感。

（一）增加亲子之间的文化互补

在科技迅猛发展的社会环境中，当今的儿童青少年通过各种途径接受了许多新知识、新观念和新伦理道德，推进了他们社会化的进程；他们的思维敏捷、观念新颖、视野开阔，少有保守观念和陈旧思想束缚，文化知识日益丰富，特别是在掌握电脑技术、获取各种文化信息、了解新鲜事物等方面，往往是他们父母所不及的。在这种形势下，尽管在家庭中父母依然对子女扮演着教育者的角色，孩子依然要向父母学习如何做人，但孩子也在一定程度上将自己的兴趣、爱好、知识、经验、观念等反哺给父母。孩子在家中所扮演角色的这种变化，使得年长一代向年轻一代进行广泛的文化、知识学习，实现父母向孩子学习的共识，两代人共同成长，进而增进亲子之间的了解，淡化所谓的代沟，在亲子间形成一种朋友式的平等交往关系，这是新时代父母在构建和谐家庭中的睿智之举。

（二）重视日常交谈

交往的形式多种多样，在一些家庭中，家长与孩子的交往，只流于表面。诸如一起游戏之类，却忽略了交谈这种交往的最高形式。交谈是一种心灵的交往与沟通，它的作用就在于慰藉心灵，增强彼此间的感情。所以交谈时需要全身心的投入，使孩子学会倾诉，而家长则需学会倾听，而这需要建立在完全平等的基础之上。倾诉不仅是表述事情，同时也是表达思想情感。而倾听，却可以与进行心理咨询达到异曲同工的效果，即可了解孩子的心理状况，又可使孩子的心理，通过宣泄达到自我调解。在日常生活中，让孩子多参与一些家庭事务的处理，采纳孩子所提意见的可取之处，这种做法不仅能增强孩子对事物的判断力，同时也培养了孩子独立自主的意识。这种过程，有利于培养孩子活泼开朗的性格，更重要的是懂得尊重自己、尊重他人和理解他人，将来更容易融于社会。

（三）注重情感传达，改变交流的主流话题

谭锐等对68对亲子的调查研究显示，父母在同孩子进行沟通讨论国家大事和一些大道理并不能提高孩子的人际能力，但父母情感的表达与传递确实对改变孩子的行为有影响。父母最关心孩子的学习已经成为“老生常谈”，亲子之间的交流仅仅停留在学习上会使孩子感到厌烦和不满，在心理上产生逼迫和压抑，从而对与父母的沟通从不感兴趣，甚至发展到厌烦或拒绝，最终限于亲子沟通障碍的境地。因此，从孩子健康发展的角度来说，父母不能只将眼光停留在学业成绩上，要在亲子之间建立起共同关注和感兴趣的谈话加以交流，以保障亲子沟通内容丰富。

（四）换位思考，理解孩子

父母怎样认知、解释孩子的行为表现会影响父母也孩子的沟通。尝试将自己放在这个年龄群体的背景上去认知孩子的行为表现，只有这样，才能更深刻的理解孩子。在各种补习班、培训班风行的大环境下，不要将孩子与他人“攀比”，重要的是指导孩子客观地从自身的特点出发，按照他自己的速度发展，因为任何拔苗助长的企图都只能适得其反，而盲目的“攀比”往往首先会使家长产生挫折感和焦虑，从而在教育子女的沟通过程中，不能保持平和的心境，其结果必然是沟通障碍或冲突。

（五）父母自我状况的调节

父母的自我状况会影响与孩子的沟通。这些自我状况包括父母的自我价值、成长环境、婚姻状况、理想，尤其是即时的情绪状态和身体健康状况等等。当父母情绪不好，或身体疲惫时，常常会无意地放大孩子的过错。此外，家庭中成年人之间的沟通状况，尤其是夫妻之间的沟通状况会影响与孩子的沟通。一般而言，孩子与父母的沟通“模式”来自于家庭沟通模式潜移默化的影响。所以说，及时调节这些状况，是促成亲子之间、家庭成员之间良好沟通的前提。

（六）营造“平等尊重、共同成长”的民主氛围

在家庭中，父母与孩子交流过程中的不尊重、不信任、不耐烦、懒得说、拿孩子出气等方面的问题，会慢慢拉大亲子间的距离，沟通也就愈发困难。要尊重孩子的主体人格，在形式和实质上都要在亲子之间建立起平等的人格关系，这是亲子间良好沟通的基础。一些研究发现青少年试图从家庭中寻求更多的独立性和自主性，在极端范围之外，这是有利于培养青少年良好适应能力的。因此，尊重孩子的独立性，给孩子适当的自由和一定的空间，让他们去想去做自己的事情，一方

面可以满足青少年这种需求，另一方面这也是增进亲子沟通的有效途径之一。

“家和万事兴，家齐国安宁。”要构建和谐社会，必须首先构建和谐家庭。建立和谐家庭，在处理好夫妻关系的同时，要处理好父母与子女之间的关系，父母要与子女保持思想的沟通，在不断的交流中努力做到相互理解，求同存异，在此基础上，营造“夫妻恩爱、亲子和谐、孝敬长辈、邻里和睦、管理民主”的和谐家庭氛围，从而推动社会的和谐发展。

（作者单位：北京大学儿童青少年卫生研究所）

参考文献

[1] Fuligni A J, Eccles J S, Barber B L, *et al*. Early adolescent peer orientation and adjustment during high school . Developmental Psychology. 2001, 37(1).

[2] Martha R, Rand C D. Antecedents of parent-adolescent disagreements. Journal of Marriage and the Family, 1995, 57.

[3] Williams A. Adolescents' relationships with parents. Journal of Language and S ocial Psychology, 2003, 22.

[4] Sandy J, Leeuwe J B, Oostra H B, Adolescents' perceptions of communication with parents relative to specific aspects of relationships with parents and personal development. Journal of adlescence, 1998, 21.

[5] Richard D C, Glenn S. Family communication and delinquency. Adolescentce, 1997, 32(125).

[6] Melanie BB, Robert S, The influence of family communication on the college-aged child: Openness, atttudes and actions about sex and alcohol. Communication Quarterly, 1998.

[7] Grotevant H D. Cooper C R. Individuation in family relationships: A perspective on individual differences in the development of identity and role-taking skills in adolescence. Human Development, 1986, 29.

[8] Ohannessian CM, Lerner R M, Lerner J V, *et al*. Adolescent par-

ent discrepancies in perceptions of family funcitoning and early adolescent self-competence, International Journal of Behavior Development, 2000, 24(30).

[9] 雷雳,王争艳,刘红云,等. 初中生的亲子沟通及其与家庭环境系统和社会适应关系的研究. 应用心理学,2002,8(1).

[10] 方晓义,林丹华,孙莉,等. 亲子沟通类型与青少年社会适应的关系. 心理发展与教育, 2004(1).

[11] 杨晓莉,邹泓. 青少年亲子沟通的研究. 心理与行为研究,2005,3(1).

[12] 孟育群. 亲子关系与家庭德育研究. 北京:教育科学出版社,2004.

[13] 刘媛媛. 浅论多元文化背景下家庭道德教育中的亲子沟通. 学理论,2009,5(1).

[14] 曲晓艳,甘怡群,沈秀琼. 青少年人格特点与父母教养方式的关系. 中国临床心理学杂志,2005,13(3).

[15] 方晓义,张锦涛,刘钊. 青少年期亲子冲突的特点. 心理发展与教育,2003(3).

[16] 朱从梅,周兢. 亲子阅读类型及其对幼儿阅读能力发展的影响. 幼儿教育:教育科学版,2006(9).

[17] 孙五俊,魏俊彪. 河南省大学生家庭沟通模式与应对方式和幸福感的相关研究. 中国学校卫生,2008,29(2).

[18] 谭锐,周晖. 父母表露与青少年人际能力的关系研究. 心理发展与教育,2008(2).

和谐家庭创建的探索与创新

倡导“低碳生活”应动员所有城市家庭

李晓玲　于丽丹

近年频繁出现的持续高温、干旱、洪涝灾害等恶劣天气严重袭扰着人们，使成千上万家庭遭遇灭顶之灾。由于“低碳生活”理念顺应了人类“未雨绸缪”的谨慎原则和追求完美的心理与理想，因此被世界各国所接受。倡导“低碳生活”，不光要靠政府制定政策宏观控制，还必须最大限度动员起城市所有家庭的积极性，使每个人都行动起来，共同奋斗。

一、倡导“低碳生活”的极端重要性

（一）“低碳生活”问题的提出

科学家预测，随着温室效应不断加剧，到21世纪末全球升温范围将在1.1～6.4℃。从最新的温室气体排放增加的速度来看，地球气候已开始朝着6～7℃严酷升温发展，超出2℃的地球生态警戒线。大气温室效应的增强，引发全球气候变暖，病虫害和传染疾病增加；海平面上升；海洋风暴增多，气候反常；土地干旱，沙漠化面积增大等等严重后果。所谓温室效应，是指100多年来的工业文明，一方面生产出巨大的物质财富，提高了人们的物质生活水平，促进了人类文明的进步；另一方面由于工业生产，过多地燃烧煤炭、石油和天然气，释放出大量二氧化碳等吸热性强的温室气体进入大气层，造成人为加速地球升温的巨大破坏力。如果地球表面温度的升高按现在的速度继续发展，到2050年全球温度将上升2～4℃，南北极地冰山将大幅度融化，海平面将升高，一些岛屿国家和沿海城市包括像纽约、上海、东京、悉尼等著名国际大都市将被淹于水中。

2009 年 12 月，在丹麦首都哥本哈根召开的由 192 个国家参加的联合国全球气候会议，是一次被喻为“拯救人类的最后一次机会”的会议。在会议的第二天，我国政府即宣布控制温室气体排放行动目标，提出到 2020 年，单位国内生产总值二氧化碳排放比 2005 年下降 40%～45%。为了兑现承诺，温总理在今年《政府工作报告》中号召，“要努力建设以低碳排放为特征的产业体系和消费模式”，明确要求各级政府不仅要大力发展低碳经济，更要在群众中倡导低碳生活。至此，“低碳生活”成为流行语。所谓“低碳生活”，是指人们借助低能量、低消耗、低开支的生活方式，把生活耗用能量降到最低，从而减少二氧化碳的排放，保护地球环境不再持续变暖。对城市居民来说，平时注意省电、省水、垃圾回收以及绿色出行，就是积极履行“低碳生活”的实际行动。

（二）气候变暖是人类违背自然规律的结果

全球气候变化问题的出现，是人类违背自然规律的必然结果，关于这个立论要追溯到人类自身发展历程及其对环境的认识过程。大致可以分为以下三个阶段：

第一阶段，生态环境的早期利用和破坏。这个阶段从人类出现到产业革命，这是一个漫长的时期。在这个阶段，人类经历了以采集狩猎为主的游牧生活，到以耕种和养殖为主的定居生活的转变，随着种植、养殖和渔业的发展，人类社会开始第一次劳动大分工。从完全依赖大自然转变到自觉利用土地、生物、陆地水体和海洋等自然资源。人类生产资料有了较以前稳定得多的来源，人类的种群开始迅速扩大，进而需要更多的资源来扩大物质生产规模，于是出现了烧荒、垦荒、兴修水利等改造活动，引起严重的水土流失，土地盐碱化或沼泽化等问题。但是当时人类并没有意识到这样做的长远后果。一些地区由此发生了严重的环境问题，主要是生态退化。较突出的例子是古代经济发达的美索不达米亚，由于不合理的开垦和灌溉，后来变成了不毛之地；我国的黄河流域，曾经森林广布，土地肥沃，是文明的发源地。西汉和东汉时期的大规模开垦，虽然促进了当时的农业发展，可是由于森林骤减，水源得不到涵养，造成水旱灾害频繁，水土流失严重，沟壑纵横，土地日益贫瘠，给后代造成了不可弥补的损失。但总的看这个阶段，人类活动对环境的影响还是局部的，没有到达影响整个生物圈的程度。

第二个阶段，近代城市发展对环境的影响。这个阶段是从工业革命开始到20世纪80年代发现的南极上空的臭氧层空洞为止。工业革命是人类历史上的一个新时期的起点，此后的环境也开始出现新的特点，并日益复杂化和全球化。18世纪后期欧洲的一系列发明和技术革新大大提高了人类社会的生产力，人类开始插上技术的翅膀，以空前的规模和速度开采和消耗能源和其他自然资源，新技术使英国、欧洲和美国等地在不到一个世纪的时间里，先后进入工业化社会，并迅速向全世界蔓延，在世界范围内形成发达国家和发展中国家的差别。工业化社会的特点是高度城市化，而环境问题与工业化和城市建设同步发展。先是由于人口和工业密集，燃煤量和燃油量剧增，发达国家的城市饱受空气污染之苦，后来这些国家的城市周围又出现了严重的水污染、垃圾污染及工业"三废"，汽车尾气更是加剧了这些污染公害的程度。在20世纪的六七十年代，发达国家普遍花大力气对这些城市问题进行治理，并把污染严重的工业搬到发展中国家，解决了它们国内的环境污染问题，但发展中国家却开始步发达国家的后尘，重走工业化和城市化的老路，开始了发展中国家的城市环境污染和严重的生态破坏，而且，这个破坏的程度较发达国家时期的破坏程度，范围要大得多、危害要深得多。

第三阶段，严重危害人类生存的环境问题提上日程。1984年英国科学家法尔曼等发现南极上空出现"臭氧洞"，1985年得到美国科学家的进一步证实，这一发现标志着人类环境问题发展到当前阶段。当前环境问题的特征是，在全球范围内，出现了不利于人类生存和发展的征兆，这些征兆集中表现在出现酸雨、臭氧层破坏和全球变暖三大问题上。与此同时，发展中国家的城市问题和生态破坏愈演愈烈，水资源短缺在全球范围内普遍发生，其他资源也相继出现将要耗竭的信号。这一切表明，生物圈这个生命支持系统对人类社会的支撑已接近极限。

综上所述，阻止气候暖化成为摆在当代人们面前的现实。要阻止气候暖化这以灾难，人类唯一的途径就是要携起手来，采取最坚决的行动，减排节能，严格限制对臭氧层起破坏作用的化学物质的生产和相关物质的消费。现在，为避免重走发达国家工业生产先污染后治理的老路，很多国家已经行动起来，坚持低碳经济，积极倡导低碳生活。作为世界第一人口大国，我国也势在必行。

(三)倡导“低碳生活”体现了可持续的科学发展观

从人类对自身的发展历程及其对环境的认识过程可以看出,人类把如何发展越来越和经济、社会以及人与自然的和谐统一起来考虑。1980 年 3 月联合国大会第一次提出的“既满足当代人的需求,又不对后代满足需求能力构成危害的发展”可持续发展概念,充分体现了人类的代际关系,体现了要为未来发展创造条件的崇高境界。

为了应对国内外经济发展的新形势,党中央适时提出坚持以人为本、全面协调可持续的科学发展观。当前我国政府所倡导的“低碳生活”理念,顺应了人类“未雨绸缪”的谨慎原则和追求完美的心理与理想,是作为负责任国家对世界承诺的实际行动,对于人类可持续发展具有极其重要的现实意义和深远的历史意义。

二、践行“低碳生活”存在的问题及其原因分析

(一)缺乏必要的认识

首先,倡导“低碳生活”最根本的挑战,是要求人们改变以往的生产和消费理念,特别是消费至上的消费文化。关于这一点,当前在我国,广大人民群众在认识上似乎难以接受。原因和经济生活正处于上升阶段有关。在改革开放前,我国城市居民家庭建设的“三大件”是自行车、手表、缝纫机;20 世纪 80 年代,家庭期盼的“三大件”是电视机、电冰箱、洗衣机;跨入 21 世纪,人们追求的“三大件”已经是教育、住房和汽车了。几十年来,人们不断享受着提高社会生产率带来的改善生活品质的成果,并继续憧憬着更加美好的未来,此时,提倡返璞归真的低碳生活,攀比消费的心态难以遏制。

第二,我国正处于摆脱金融危机影响,政府采取以内需带动经济增长的各项措施正在落实的关键时期,提倡低碳经济,难免会使相关企业产生抵触情绪。

另外,流行的主流经济理论基本都是建立在消费至上、消费者至上、竞争优先的基础上。提倡低碳经济,难免在实践中出现某些难以理清的矛盾。

(二)技术和措施不力

1. 技术指导不到位

倡导低碳生活需要切实可行的技术保障。在一些发达国家,减碳

技术已经普及，如日本政府2008年4月宣布截至2012年，日本将全面禁止使用白炽灯；欧盟已经从2009年9月1日开始正式停止生产和进口100瓦以上的白炽灯，家家户户使用节能灯后将减排3 200万吨二氧化碳；美国、加拿大、澳大利亚等国家，已经立法禁止使用白炽灯。在英国，剩饭菜的处理也成为减碳的重要环节，政府有关部门给每个家庭配备了专门处理剩饭剩菜的垃圾桶，这样做等于减少了二氧化碳排放量的1/5。另外，日本发起了"碳中和"行动，市民在挑选住房时会选择有保温层、双层玻璃、防风装置的减碳型住房，而且还倡导国民计算自己的排碳量，并为此埋单。

凡此种种，需要技术实力和技术指导。由于我国是发展中的穷国、大国，现代工业化的目标尚未实现，有关环境保护的重视程度比发达国家相对迟缓，在第十个五年计划中我们完成甚至是超额完成了许多任务，但是环境保护的任务却未能达标，关于这一点，温总理在2006年"两会"结束后答记者问时，很坦诚地回答了一位外国记者的提问，并表示今后政府要下大力气开展环境保护工作。在2008年国务院实行大部委制过程中，国家环保局得以升格为部级单位，体现了我国政府对环保事业的重视程度。然而，与发达国家环保的具体措施相比，我们的差距确实还很大。

2. 未重视家庭作用

日常生活消费方式是社会发展领域实现可持续发展的一个重要领域。在消费上，倡导绿色消费，建立健康、文明、低碳生活方式，妇女乃至家庭作用不容忽视。妇女是日常家庭生活的主要操作者，她们的作用更直接。妇女对消费品和消费方式的选择，直接影响生产结构的改变，进而影响到低碳状况。在开发、节约资源方面，如节水、节电、节约燃料等；在改变传统的消费方式方面，如拒绝使用一次性筷子、含磷洗衣粉以及塑料袋等，妇女都是一支不可忽视的力量。

同时，在低碳经济的家庭教育方面，对妇女应该发挥特殊作用，我们还缺乏必要的认识和措施，进而对下一代身体力行的低碳生活教育缺乏应有的水准。关于这一点，日本的经验可以借鉴，日本家庭在垃圾形成的第一时间，便自觉进行科学分类，以利于回收和循环利用，百姓自觉的环保意识来源于对本国资源短缺的极深的忧患意识。

总而言之，倡导低碳生活已经刻不容缓，全民行动的自觉是实现低碳生活的保证，而我们则任重道远。

三、动员城市所有家庭参与低碳生活的建议

(一)大力宣传,提高认识

在我国革命和现代化建设事业中,形成了宣传群众的良好传统,在倡导低碳生活这个涉及千家万户的工作中,也必须动员所有的城市家庭参与进来,要做到这一点,需要采取切实有效的措施。

要通过宣传提高思想认识,使人们在处理享受美好生活的“消费至上”和低碳减排、节约能源的“低碳生活”理念之间的关系,认识到践行低碳生活一种高雅的、时尚的生活方式,绝对不会降低生活水平。

宣传中要注意如下几个环节:

一是要贴近生活。宣传的重点应放在普及具体的低碳基础知识上。如空气污染对人体的危害,生活废水如何合理回用和处理,生活垃圾如何区别可回收和不可回收等。在宣传中要把实行低碳生活的经验加以宣传和报道,如在垃圾分类方面,福建省的做法值得推广。在福州市或厦门市,随处可见在每一个垃圾箱旁边都矗立着如何分类的标示牌,以供人们选择不可回收与可回收垃圾的投放箱,这样做,既普及了垃圾分类的知识,又为资源回收再利用提供了便利,也使人民群众掌握了相关知识。

二是要充分利用电视、广播。电视、广播、报刊、杂志,是城市家庭文化生活的重要内容,是城市家庭成员获取低碳知识的主要渠道。因此,充分利用各种媒体编制精彩的多种多样的低碳节目等形式广为宣传,必将起到事半功倍的作用,从而使广大城市家庭和市民积极主动地参加到低碳经济中来。

(二)加强教育,重点是儿童

孩子是未来的主人,低碳教育应从他们抓起。让“低碳生活”伴随童年快乐成长,使每一个孩子都具有爱护环境的意识和可持续发展的观念。把教育的重点放在儿童身上,其目的是儿童能有效影响家庭,影响父母甚至祖父母,进而影响周围更多的人参与环保,诸如双面使用纸张、自备购物袋、空调温度调到26℃、参加“旧物交换”、“绿色出行”、将普通灯泡换成节能灯,尽量步行、骑自行车或乘公共交通工具出行、做计划少乘一次电梯、随手拔下电器插头等这些看似不经意的举动,都是在为低碳生活努力。总之,动员起广大少年儿童的力量,我

国的低碳生活就有希望和未来。

（三）妇联组织，责任重大

在我国，妇联组织是一个庞大的群众工作网络，在教育、组织、发动妇女参与社会活动方面具有独特的优势。由于妇女在家庭和社会中扮演的角色和所处的特殊地位，她们作为引导消费的主体之一，在推进社会低碳意识提高和引导消费方面起着举足轻重的作用。妇女低碳意识和消费行为的优劣不仅影响到当代人，也影响到下一代在源头生态低碳经济方面的思想意识和行为方式。

创建低碳家庭，妇女要先行。妇女既是社会生活的主体，也是家庭中的妻子和母亲。一个妻子影响一个家庭，千万个崇尚低碳生活的家庭构成和谐社会；一位母亲影响一个孩子，亿万个拥有低碳理念的孩子塑造着希望的未来。女性在自然资源使用和低碳经济中具有不可替代的作用，由于妇女承担着繁衍后代、从事人类再生产的神圣使命，因而更能深切地感受到环境恶化给自身及子孙后代造成的苦果，更加关注影响后代生存的低碳问题。因此，女性在低碳经济与可持续发展问题上具有自己独特的参与方式和作用。

为此，妇联组织要看到自己在低碳经济方面的责任和优势，把提高妇女低碳素质教育纳入工作日程。通过妇联这个群众组织，发动“半边天”来实施低碳生活，将是一股推动可持续发展的巨大力量。

（四）创新技术，政府有责

各级政府部门是社会事务的组织者、管理者和百姓生活的服务者，理应起到引导作用。比如，制定相关的环保法律法规、建设低碳小区、低碳房屋、低碳服饰、低碳汽车、扶持垃圾回收利用、开发无害的制冷剂、发泡剂等产业。给予自觉实行低碳生活方式的市民给予奖励等。

总之，在我国尚未实现现代化宏伟目标的情况下，低碳生活已经向我们走来。从人类整体利益出发，时不我待，让我们积极行动起来，用爱心关注环境变化，用热情传播低碳理念，用行动肩负环保重任，为发展绿色经济、低碳经济和循环经济贡献力量。

（作者单位：北京农学院 ）

大力开展和谐家庭建设　充分发挥妇联组织在促进社会和谐中的独特作用

张　媖

今天，人类文明正在发生深刻的变革，随着科技进步和经济的发展，社会矛盾也就凸现出来，如何才能化解矛盾，归根到底在于“和”，这就是人与人之间的和睦，人与自然的和谐，正所谓“和为贵、谐为美”，可见和谐是美的最高境界。

构建社会主义和谐社会离不开和谐家庭的创建，胡锦涛总书记在纪念“三八”国际劳动妇女节100周年大会上的重要讲话中指出，家庭是社会的细胞，家庭和谐是社会和谐的基石。构建和谐社会，是党事业的需要，是国家和人民利益的需要。家庭是妇联组织开展工作的重要阵地，有着明显的工作优势，昌平区妇联组织要充分发挥工作职责、利用优势，以打造商务花园城市，建设一流的现代化城市发展新区为己任，通过发挥妇女在传承文明、弘扬美德、增进和谐中的重要作用，创造性地开展促家庭内部成员之间、家庭与家庭之间、家庭与自然之间和谐相处的文明活动，为构建和谐社会做出积极的贡献。

一、以和谐家庭建设为抓手促社会和谐是妇联组织当今的重要任务

（一）构建和谐社会是当今时代的主旋律

1.社会和谐是国家富强、民族振兴、人民幸福的重要保证

《中共中央关于构建社会主义和谐社会若干重大问题的决定》中强调“社会和谐是中国特色社会主义的本质属性，是国家富强、民族振

兴、人民幸福的重要保证。构建社会主义和谐社会，是我们党以马克思列宁主义、毛泽东思想、邓小平理论和“三个代表”重要思想为指导，全面贯彻落实科学发展观，从中国特色社会主义事业总体布局和全面建设小康社会全局出发提出的重大战略任务，反映了建设富强民主文明和谐的社会主义现代化国家的内在要求，体现了全党全国各族人民的共同愿望。构建社会主义和谐社会是我们党站在历史的高度做出的重要决定，是实现建设中国特色社会主义伟大事业的总体布局之一，更是提高人民生活幸福的重要保障，所以说构建和谐社会是全体人民的共同责任和愿望。

2. 社会和谐是社会健康发展的润滑剂

改革开放30余年来，我国取得了令世界惊叹的成就，经济、文化迅速发展，人民的生活水平明显提高。但我国仍处于社会主义初级阶段，人民日益增长的物质文化需要同落后的社会生产之间的矛盾仍然是社会的主要矛盾。随着改革的进一步深化，在发展的同时，人与人、人与社会、人与自然的各种问题也就凸显出来，所以维护社会稳定、促进社会和谐的任务迫切而艰巨。十七大报告也阐述：“构建社会主义和谐社会是在发展的基础上正确处理各种社会矛盾的历史过程和社会结果。要通过发展增加社会物质财富、不断改善人民生活，又要通过发展保障社会公平正义、不断促进社会和谐。”人类社会总是在矛盾运动中发展进步的，构建和谐社会就要增强科学化解社会矛盾的能力，不断地增加和谐因素，在科学发展观的指导下构建和谐社会氛围，推动社会的发展。

(二)和谐家庭建设是构建和谐社会的基石

1. 家庭是社会最基本的细胞组织

家庭就是以婚姻和血缘为纽带的基本社会单位，包括父母、子女及生活在一起的其他亲属。家是一个温馨的字眼，是我们每个人心中的港湾，人的集合构成家庭，家庭的集合构成了社会，所以个人、家庭、社会三者有着内在的联系，不可分割。第一，家是爱的源头。在家庭中夫妻之爱、父母与子女之爱、兄弟姐妹之爱、祖孙之爱等是家庭成员最自然的情感，也是成员凝聚的纽带。第二，家庭是人类繁衍生息的温床。婚姻是产生家庭的前提，人在家庭中出生，在家庭中成长，自然而然的完成人类世代更迭。第三，家庭是传承文明，培育思想的载体。家庭是子女的第一课堂，父母的思想、文化、实践等会对孩子的成长具有直接、持久、潜移默化的影响,孩子成长中从父母那获取的经验也会影响给自己的下一代,从而完成文明的传承。第四,家庭是活跃的社会细胞。家庭不能脱离社会而单独存在,家庭的运转,家庭成员的行为,必然会产生如家庭经济、家庭文化等家庭问题,所以家庭集中反映了某些社会现象,是社会的最基本的细胞组织。

2.家庭和谐是社会和谐的重要组成

中国文化注重家的和谐,"家和万事兴,家齐国安宁",家是缩小的国、国是扩大的家,家庭和谐是社会和谐的重要组成。首先,婚姻的稳定是家庭和谐的支撑,和谐的夫妻关系就是要做到夫妻恩爱、彼此信任、相互尊重、相互包容。其次,亲子关系和谐也是和谐家庭的重要组成,亲子和谐包含了长辈对晚辈的关爱、呵护、教育,也同时包含了晚辈对长辈赡养和孝敬。再次,平等的家庭关系、健康向上的生活方式、劳动致富的生活态度都是家庭的和谐因素。最后,和睦的邻里关系、家庭成员践行爱护环境的做法等都是和谐家庭的重要内容。所以家庭和谐反映出社会和谐中人与人、人与物、人与自然的和谐关系,是社会和谐的具体体现。家庭是社会的细胞,只有每个家庭都和谐、健康,社会才能和谐发展;反之,如果家庭出现问题,不和谐因素增加,那么整个社会的不和谐就会凸显出来。

(三)开展和谐家庭建设推动社会和谐是妇联组织义不容辞的责任

1.妇联组织以党的指导思想为行动指南

妇联组织是各族各界妇女在中国共产党领导下为争取进一步解放而联合起来的社会群众团体,是党和政府联系妇女群众的桥梁和纽带,是国家政权的重要社会支柱。构建社会主义和谐社会是我们党在中国特色社会主义事业总体布局,妇联组织作为党开展妇女群众工作的重要帮手,就要以党的指导思想为行动指南,在党的领导下开展工作,充分发挥工作职能,以创建和谐家庭为切入点,推动社会和谐。

2.妇联组织在和谐家庭建设中有独特优势

妇联组织在和谐家庭建设中有着独特的优势。第一,政治优势。女性作为妻子和母亲在家庭生活中担任重要的角色,在和谐家庭的建设中女性是最重要的力量。妇联组织是党领导下的群众团体,代表和维护占人口半数的广大妇女权益。第二,职能优势。代表和维护妇女权益,促进男女平等的职能和参与社会管理和公共服务的职责,使妇联组织有较强的服务、沟通、协调与监督等作用，可以更好地协调关系、化解矛盾、维护社会稳定。第三，组织优势。层级式的妇联组织网络能更好地开展工作、更直接的面向妇女、服务妇女，做到信息的双向沟通和妇女工作的全覆盖，使党和政府的社情民意反馈渠道更加畅通，更好地团结妇女、凝聚妇女。第四，载体优势。积累了丰富经验的“五好文明家庭”、“双学双比”、“巾帼建功”和“双合格”四大主体活动可以更好地发挥团结广大妇女参与和谐家庭建设的载体作用。

3.构建和谐家庭必将为妇女发展创造好的社会环境

胡锦涛总书记在纪念“三八”妇女节100周大会上的讲话中指出：“我国广大妇女要传承文明、弘扬新风，在促进社会和谐中发挥独特作用。夺取全面建设小康社会新胜利、开创中国特色社会主义事业新局面，要求我们大力促进社会和谐。”“家庭是社会的细胞，家庭和谐是社会和谐的基石。要积极践行男女平等、尊老爱幼、互爱互助、见义勇为的社会风尚，坚持做勤俭持家、夫妻和睦、邻里团结的模范，发挥在家庭教育特别是未成年人教育中的重要作用，倡导健康有益的生活方式，培育文明向上的家风，推动形成人人相互关爱、家家幸福安康、社会和谐发展的良好局面。”这表明党非常重视妇女在和谐社会建设中的作用，进一步提升了妇女的地位，为妇联组织工作获得更多的支持。男女平等是我国的基本国策，是和谐家庭的先决条件，所以在建设和谐家庭的过程中，必将进一步推动男女平等，妇女的利益将得到更有力的维护，为广大妇女平等地参与经济建设和社会发展、共享发展成果创造了更好的社会环境。

二、以建设“坚强阵地”和“温暖之家”为目标，充分发挥妇联工作优势，创造性地开展和谐家庭建设

“把妇联组织建设成为党开展妇女工作的坚强阵地和深受广大妇女信赖和热爱的温暖之家”是在新的历史条件下党对妇联组织建设和妇联工作新的更高的要求。“坚强阵地”和“温暖之家”要求妇联组织一手要抓好为党事业服务的工作大局，一手要抓好为妇女群众服务的根本。建设和谐社会是我们党的重大决定，和谐家庭的建设是和谐社会建设的基石，也是促进男女平等提高妇女地位的有效手段，妇联组织要切实的深入到妇女、家庭、社区中，掌握一手资料，研究工作方法，充分利用妇联组织的独特优势开展和谐家庭创建工作。

(一)提升妇女思想道德和科学文化素质"领"和谐

1.强化妇女"自尊"、"自立"精神

女性的素质对配偶和子女都有重大的影响,女性素质的提升对家庭和谐起着重要的作用。各级妇联组织要大力开展妇女的政治和思想道德建设,教育引导广大妇女把思想和行动统一到党中央的部署和要求上来,并开通有效信息窗口,让妇女更好地了解党政重点工作,做到思想与党同步、观念与社会同步;要大力开展社会主义荣辱观的教育,强化广大妇女是非、善恶、美丑的界限。通过开展形式多样的政治思想道德教育活动,强化妇女自尊、自立的精神,推动家庭和谐。

2.培养妇女"自信"、"自强"品质

自信、自强的妇女是和谐家庭的"优良因子",妇联组织要围绕为城乡妇女参与经济建设搭建发展平台重点开展工作。一是要积极做好妇女就业创业工作。妇联组织要创新"双学双比"、"巾帼建功"的工作形式和内容,建立妇女就业信息系统,掌握一手资料,充分利用"妇"字号基地、"巧妇"品牌、女企业家等优势资源为失业的妇女提供更多的就业岗位,为创业妇女提供经济和技术支持,帮助她们创业致富。二是重点做好妇女的技术培训工作。各级妇联组织要针对不同层次妇女开展实用技术培训,拓宽妇女的就业道路。如开农业科技实用技术、民俗旅游、手工艺品制作、家政服务等方面的培训,并完善培训网络,构建科学的妇女教育培训体系。三是做好成功就业创业女性的典型宣传工作。妇联组织要挖掘成功的创业就业妇女典型,并大力宣传典型事迹,为广大就业创业妇女加油鼓劲。

(二)开展丰富多彩的家庭文化建设"促"和谐

1.开展多种形式的精神文明创建活动

各级妇联组织要以五好文明家庭为基础,突出和谐主题,开展内涵丰富、载体新颖的主题活动,倡导男女平等,引导广大家庭遵守社会公德、弘扬家庭美德、陶冶个人品德,形成家庭与家庭、家庭与社会、家庭与自然的和谐状态。要立足社区、面向家庭,大力发展多样化、个性化的家庭服务,要有效整合志愿者服务队伍、精化志愿服务领域、建立完善志愿者培训制度,在居家养老、家庭保健、家庭教育、邻里互助等方面开展志愿服务活动,积极营造我奉献、我快乐、我为人人、人人为我的良好社会氛围,创诚信友爱、融洽和谐的社会环境。

2. 开展特色家庭教育活动

家庭教育是教育的重要模式，可以达到以教育子女为主，同时促进家庭成员素质的整体提高的作用，有利于社会的和谐稳定。妇联组织要进一步拓展“双合格”主体活动内涵，提高“双合格”活动实效，着力推进家庭教育工作，通过举办各种家教活动，提升广大家长为国教子、科学育儿的素质，提高家庭教育水平，使少年儿童在学校、家庭、社会得到良好教育，健康成长，成为未来社会的建设者和栋梁之才，使家庭成员素质明显提升，促社会和谐。

（三）维护妇女合法权益优化妇女发展环境“保”和谐

1. 深化妇女法制宣传教育

知法、懂法才能让广大妇女更好地使用法律来维护自己的合法权益，才能为和谐家庭创建奠定坚实的基础。妇联组织要高度重视妇女的法制宣传教育工作，坚持户籍妇女同流动妇女并重，不断深化“三八”妇女维权周活动，开展“妇女学法律、家庭促和谐”的主题活动，进一步推动法律进乡村、进社区、进家庭。要充分利用妇女网、电视台、报纸、社区村委会宣传栏进行妇女的普法宣传，广纳贤良成立普法、咨询的法律志愿者服务队，形成合力共同提高妇女的法律知晓率，形成全社会自觉维护妇女合法权益的良好氛围。

2. 开展维权行动，重视不和谐因素

构建和谐家庭对妇联组织参与社会管理，维护社会稳定提出了更高的要求。要充分发挥维权的重要职能，完善妇女维权机制，并深入到妇女之中，起到妇女维权监督员的作用；大力开展“姐妹驿站”建设和平安家庭的创建工作，优化妇女发展环境；各级妇联组织在加强正面教育引导的同时，对造成家庭不和谐的因素要给予高度的重视，要联合有关职能部门建立妇女信访维权的绿色通道，抓特点、抓重点的对来访、来信中反映的真实侵犯妇女权益的现象依法进行处理或调解，做好情绪疏导、解疑释惑、化解矛盾的作用，力争把矛盾消除在萌芽、化解在基层，从而推动社会的和谐稳定。

3. 加大对弱势群体的帮扶力度

要以促进改善妇女民生为目标，加大对弱势群体的帮扶力度。要建立动态的帮扶对象信息库，让帮扶对象信息做到传递畅通、全面准确。要加大对贫困母亲、老妇救会主任等困难群体的救助力度；要继续开展“送温暖、办实事、促和谐”活动，要加大对贫困妇女创业的帮扶力度，并申请专项资金用于资助贫困儿童；要积极配合并协助政府部门加大“两癌”筛查的工作力度等。围绕工作职能，不断拓宽服务渠道，丰富服务内容，以建设“坚强阵地”和“温暖之家”为目标，有力的推动社会和谐。

构建和谐社会是当今社会的主旋律，构建和谐社会是一项利国利民的工程，妇联组织是党和政府联系妇女群众的桥梁和纽带，承担着这一历史使命。广大妇联干部一定要团结起来、齐心协力，充分发挥妇联工作职能，从和谐家庭建设入手，带领着“半边天”为和谐社会的建设贡献新的力量。

（作者单位：昌平区妇联）

和谐家庭的创建促进新农村建设发展

赵玉丽

和谐家庭创建要紧紧围绕新农村建设重点，以增加农民收入、提高农民素质、改善农民生活质量为目标，通过改造农村环境、完善服务、发展农村产业、改变农民精神风貌，促进农村向社区化、城镇化转变，构建和谐社会主义新农村，发动组织广大家庭成员积极为新农村建设献计出力，提高文明家庭创建水平，以家庭的和谐促进新农村的建设发展。

一、和谐家庭与新农村建设的关系

（一）和谐家庭是构建新农村建设的基础

在当今社会，家庭作为社会最基本和最可持续的细胞组织，联结着个人和社会，具有重要的功能和作用。主要体现在：

(1)作为社会规范、道德教育、文化传承、情感满足的基本载体，家庭对社会成员的健康成长具有直接、持久、潜移默化的影响；

(2)作为社会保护的重要机制，家庭在养老、疾病、社会扶助等方面既有不可替代的优势；

(3)作为社会安居团结，稳定发展的有力保障，家庭将个人联结成一个整体，提高了社会的整合程度，增进了社会的和睦稳定，促进了国家的安定与文明。

（二）新农村建设需要和谐家庭

(1)构建社会主义新农村，需要政府、社会、妇联以及家庭和个人等各个方面的共同努力，政府要起主导作用，妇联起桥梁纽带作用，家庭和个人要唱主角。作为社会最基本的细胞，家庭和每个人有着直接联系，因为我们都是家庭里的人。家庭和睦是保证新农村建设的良好运行的基础。

(2)构建和谐家庭，是构建家庭成员之间、家庭与社会之间、家庭与自然之间和谐相处的文明家庭新模式，从而提高文明家庭创建水平，以家庭的和谐服务于新农村。

(3)构建社会主义新农村是一篇伟大的交响乐章，需要统筹谋划、有序综合，树立在动态平衡中解决矛盾促进和谐的新理念。在所有的构建因素中，经济是基础，政治是主导、制度是规范、法治是保障、文化是灵魂，家庭和谐是因素，新农村建设好是目的。

因此，在构建社会主义新农村时，需要营造和谐的家庭。构建和谐家庭是构建社会主义新农村的必然要求，也是构建社会主义新农村的有效途径。

二、营造和谐家庭

(一)从加大宣传着手，提高对构建和谐家庭的思想认识

构建和谐家庭是构建和谐社会的必然要求，新农村建设是否和谐和发展在某种程度上是由家庭来维持和决定的。随着社会经济的发展和家庭的转型，家庭的凝聚力不如以前传统的大家庭了，三口之家甚至两口之家的增多，使家庭矛盾也趋于分散和隐蔽，家庭间的联系也渐渐疏远。加上人们工作压力不断增大，生存环境和工作环境不断变迁，许多人对家庭的关注也慢慢减少了。人们为了生存发展整天在外奔波，回到家里有时连话都懒得说。许多外出打工的人，为了赚钱一连几年都不回家；有的还去境外、国外赚大钱，合同一签就是三五年。相当比例的人越来越看重自身价值的实现，却忽视了对家庭的责任，并且误认为我赚到了钱就是对家庭承担了责任。这些情况都是造成人们忽视家庭问题的原因。因此，应该加大和谐家庭的宣传力度，使人们在重视事业的同时关注家庭、热爱家庭，使和谐家庭成为大家心仪的避风港，也为了更好地进行新农村建设。

(二)从转变观念着手，建立健康向上的家庭生活方式

封建社会遗留下来的男尊女卑等腐朽思想，也是影响和谐家庭构建的重要因素。“男主外、女主内”大男子主义意识在经济高度发达、

社会文明程度如此高的今天，还潜意识地存在着。只许男人在外花天酒地，不许女人有丝毫抱怨；男人犯点错误可以理解，而女人偶尔犯点错误，便会招来多方指责。因此，我们要多方位、多层次地设计一些家庭参与特别是必须有女性参与的活动载体，帮助家庭树立爱学习、好锻炼、远离“黄赌贪毒”等的思想观念，开展学习型家庭、绿色家庭、健康家庭等的评比表彰，举办一些文艺类、体育类、亲子运动等活动，向全社会倡导健康向上的生活方式。要大力地宣传、表彰一些杰出的创业女性、热心社会工作的巾帼志愿者、巾帼标兵，“好媳妇”、“贤内助”、“廉内助”、“漂亮妈妈”等女性群体。要强化舆论的导向作用、榜样的表率作用，以点带面，促进和谐家庭的建设。

（三）从提高素质着手，营造民主平等、和谐共处的家庭关系

家庭成员的素质直接影响着家庭的生活质量，影响着家庭的和谐程度。要在家庭成员中进行社会主义荣辱观的宣传教育，倡扬平等和睦的家庭关系，着力提高家庭成员的责任感和责任心，建立民主平等的家庭关系，家庭成员间以及家庭成员与左邻右舍在生活上互帮互助，在情感上友爱交流，在社会事务中诚信支持，妥善处理相互间的矛盾和冲突，共同构建一个和谐的大家庭。

（四）从建立机制着手，积极引导和谐家庭构建工作的开展

和谐家庭的构建不是一天两天的事，需要一个长期的过程，需要建立相应的工作机制来指导构建和谐家庭工作的开展。政府要发挥主导作用，充分运用行政、经济和法律手段，调动一切积极因素，整合社会资源，依靠全社会的共同努力，协调社会各种力量，沟通社会各方面的关系，主导和谐家庭建设。妇联组织要发挥独特的作用：

1.凝聚妇女的作用

多年来，妇联组织在促进妇女发展、推动性别平等、引领广大妇女参与社会主义现代化建设中树立了良好的组织形象和工作品牌。妇联不仅在名义上是妇女的“娘家人”，而且在现实中已成为妇女表达愿望、寻求帮助的贴心人。妇联与妇女之间已经形成了相互依存、互相促动的不可分割的内在联系，更易于广泛团结妇女群众，凝聚妇女群众，为构建和谐家庭提供广泛而坚实的群众基础。

2. 联系家庭的作用

家庭始终是妇联工作的重要领域。提高家庭成员文明素质、弘扬家庭美德、倡导文明健康生活、促进精神文明建设，是构建和谐家庭的基本内容，也是妇联在家庭领域工作的重要内容。根据现代家庭需求呈现出的多样性，各级妇联与时俱进，先后开展了"文明家庭"、"学习型家庭"、"绿色环保型家庭"、"低碳家庭"等一系列的创建活动，效果突出，社会反响热烈。因此，妇联组织在家庭领域中，推动家庭成员之间、家庭与社会之间和家庭与自然之间的相互和谐，有着得天独厚的优势。

3. 化解矛盾的作用

近年来，在人们的思想非常活跃、社会意识多样化的背景下，必然存在着导致家庭不和谐的种种因素。各级妇联组织在依法维护妇女的合法权益、有效化解家庭矛盾、消除不和谐因素方面做了大量的工作，尤其是建立了妇联信访工作机制，对来信来访和群众反映的侵犯妇女权益的现象依法进行处理或调解，把矛盾消除于萌芽、化解在基层，维护了家庭的稳定。

4. 协调推动的作用

在妇联开展的各项活动中，以妇联为牵头的活动领导小组在协调成员单位、推动活动深入开展方面发挥了重要的作用。在建设和谐家庭工作中，妇联依然能够协调各方的力量来共同推动和谐家庭的建设。同时，妇联组织还要争取多方支持，争取党政的重视，更好地推进和谐家庭的建设。

要认真研究妇女与家庭面临的新情况、新问题和新需求，立足家庭，根据不同阶层家庭的状况，从实际出发，突出重点，精心设计构建和谐家庭的活动载体，调动广大家庭参与的积极性，完善各项工作制度，建立健全科学的工作机制；要把创建和谐家庭纳入精神文明建设的总体规划，纳入年度工作目标和绩效考评体系，形成评比表彰工作体系；要构建自我教育、自我管理、相互监督的长效机制，倡导社会风尚，培养社会责任意识。这样一整套行之有效的工作机制，就形成了齐抓共管，共筑共建和谐美好家庭的生动局面。

（五）从提升公共政策着手，健全家庭的功能，提升全民的生活品质

家庭政策是公共政策的一个支系，泛指制定和实施的与家庭有关

的措施或影响家庭发展的法律制度。家庭政策有显性与隐性之分，前者指刻意设计的个人在家中角色或将家庭作为整体考量等特定目标的政策或方案，如人口政策、儿童照顾政策等，后者包括在其他领域中采取，与家庭无关，但对家庭有重要影响的政策，如所得税、最低收入等，且远远多于前者。当前我国随着经济、社会结构的急剧变化，家庭功能或多或少地发生着变化，不少家庭面临着不同的压力或困扰。因此如何调整策略、积极有效地迎接社会转型期各种生存和发展的挑战，进一步增强抵御风险的能力，是众多家庭迫切需要面对的一个现实。而从家庭视角出发，给予家庭以人文关怀和社会支持，改善家庭的生态环境，也是公共政策制定、实施和公共服务的一个新课题。通过一系列预防、支援和救助，照顾家庭的需要，健全家庭的功能，提升全民的生活品质。和谐家庭建设不仅要提升家庭的物质生活水平，更要提升系农村建设的公共政策和服务。

（六）从家庭的法律保护着手，保护家庭权益，推进和谐家庭建设的实践

家庭一般是靠家庭伦理维护秩序的，但是，在法治社会里，家庭成员也应该以遵守法律为前提。因此对《妇女权益保护法》、《婚姻法》、《未成年人保护法》等相关法律要学习和掌握。还要不断建立健全有利于和谐家庭建设的法律法规政策体系，依法兴家、依法治家。在家庭中依法保障妇女、儿童、老人和残疾人等这些弱势群体的权利。和谐社会将为婚姻家庭权益的保护提供宽松的社会氛围，而婚姻家庭权益的保护将促进社会的和谐与发展。在构建和谐社会的进程中，婚姻家庭权益的保护日益凸显其重要性。

1. 扼制家庭暴力

家庭暴力，是目前我国婚姻家庭关系和谐的杀手。它不仅存在于城镇，也发生于乡村。既引发肉体伤害，也引发精神伤害。要加强立法，为预防和制止家庭暴力提供法律保障；要改进司法，使预防和制止家庭暴力成为可能；要综合治理，建立防治家庭暴力的社会综合网络体系，为预防和制止家庭暴力提供根本保障。

2. 保障婚姻关系的稳定

同居、试婚、婚外情、包二奶、离婚率上升等日益困扰不少家庭，不能以“婚姻是私事”而等闲视之，立法、司法的价值取向仍应从婚姻的本质和维护妇女儿童等弱者权益出发。

3.解决家庭问题

如老人赡养问题、农村妇女土地权益的保障、农村留守儿童及城市农民工子女的权益保障、未成年人犯罪和家庭成员吸毒等问题,也需要法律的控制和调整。

家庭是生活的港湾,是社会的基本组织形式,构建和谐家庭是构建和谐社会的重要组成部分,和谐的家庭有助于家庭成员的健康、全面发展,利于每个家庭的稳定、有利于充分发挥家庭的积极功能、有利于促进我村的新农村建设发展,也有助于新农村的和谐与进步。

(作者单位:延庆县八达岭镇营城子村村委会)

加强家庭文化建设
努力构建和谐家庭

杨立萍　石满红　刘秋菊

构建和谐社会的“首善之区”必然要求家庭的和谐与稳定。家庭是社会的细胞，没有家庭的和谐，就不可能有整个社会的和谐。妇联组织作为党联系妇女群众的桥梁和纽带，要充分发挥自身立足家庭开展工作的优势，努力适应家庭成员不断变化的精神文化需要，认真总结妇联组织长期以来以家庭文化建设为重点，促进家庭和谐的工作经验，研究新问题，探索新途径，把握新规律，促进家庭文化建设在构建和谐家庭中起到更重要的作用。

本课题组针对东城区妇联在建设和谐社会中“加强家庭文化建设，构建和谐家庭”的工作实践，总结经验，提出问题及对策。

一、家庭文化建设在构建和谐家庭中发挥了不可替代的作用

东城区妇联从20世纪80年代就开始抓家庭文化建设，它是妇联组织为满足家庭不断变化的物质文化生活需求，适应家庭从温饱型、传统单一型向小康型、科学多样型、现代型转化的过程中创建的。多年来的工作实践，使家庭文化成为社区文化、社会文化不可分割的组成部分，成为构建和谐家庭的催化剂。它的主要作用体现在以下几方面。

（一）凝聚人心，思想导向的作用

家庭是社会的细胞，家庭的和谐是社会和谐的基础。家庭的和谐要求每个家庭成员要有共同的理想信念，树立社会主义的价值观念，

追求积极向上的精神文化生活。妇联组织作为党的助手，责无旁贷地履行宣传、教育的职能，以构建和谐家庭为目标，运用家庭文化的载体承担思想教育引导的使命。紧紧围绕党的不同时期的工作重点，组织开展富有时代特点、符合家庭需求的文化活动，在参与中受到教育，在参与中得到提高。宣传党的方针政策，宣传改革开放成果，宣传科学理论，宣传文明进步的生活方式，积极引导家庭成员爱党、爱社会主义，与党同心同德，增强对改革的认同感和对社会的责任感，把家庭成员的思想凝聚到构建和谐家庭，共建美好家园上来，为和谐家庭建设奠定坚实的思想基础。

(二)丰富生活，陶冶情操的作用

随着社会的进步与发展，家庭成员的精神文化需求呈现多样性、变化性、层次性。适应和满足不同层次的家庭成员的精神文化需求，是构建和谐家庭的必要前提和基础。一个和谐的家庭，不仅需要物质生活富裕，生活环境整洁，更需要欢乐祥和的人文感受。家庭的和谐，生活的安康，往往与家庭成员的文化底蕴、积极健康的生活追求以及浓郁的文化氛围密切相关。家庭文化是直接吸引家庭成员参与的文化形式，可以丰富家庭的业余文化生活，对家庭成员的精神境界具有陶冶的作用。通过开展不同层次、不同年龄和不同职业的家庭成员参与喜闻乐见、丰富多彩的文化活动，取代枯燥、单调、传统的家庭生活方式，建立了健康、文明、科学的现代家庭生活方式，满足了闲暇时间家庭成员的精神文化需求，陶冶了家庭成员的情操，使家庭生活走向文明进步。

(三)提升素质，促进和谐的作用

家庭文化建设是妇联参与精神文明建设，促进家庭和谐的切入点。构建和谐社会，需要提高全民族的思想道德素质和科学文化素质，需要培养适合社会主义现代化要求的新型公民，这既是社会主义文化建设的任务，也是家庭文化建设的任务。家庭文化说到底，就是要塑造人、凝聚人、激励人提高家庭成员的综合素质。通过家庭文化建设，宣传家庭伦理道德，宣传家庭美德，建立尊老爱幼、男女平等、夫妻和睦、邻里互助、勤俭持家的新型人际关系准则，树立文明、平等、民主、法制、奉献、和谐的家庭观，提升家庭成员整体素质，融洽邻里关系，倡扬“人人为我，我为人人”的相互服务的理念，构建和谐家庭，创造和谐社会。

二、妇联组织在家庭文化建设中的实践与探索

东城区妇联在区委、区政府的领导下，认真落实东城区下发的《关于加强新时期和谐社区建设的意见》，把加强家庭文化建设，促进和谐家庭作为妇联组织的重要工作，以培育文化品牌为龙头，以大力实施“家庭文明工程”和“家庭素质工程”为重点，以推进“家庭文化”建设为载体，设计不同类型、不同层次的活动内容，使东城区家庭文化建设活动充满生机和活力。

（一）和谐家庭的文化内涵不断丰富

多年来，东城区大力实施“家庭文明工程”，搭建家庭文化建设的参与平台，丰富和谐家庭文化内容。在社区文化建设日益活跃，丰富多彩的时代，各级妇联组织抓住各种机遇，在政府、社会、家庭之间架起连接的桥梁，协调全区文体组织，组织家庭成员积极参与社区的合唱团、舞蹈队、秧歌队、时装队，让家庭成员走出家庭，参与社区和社会文化活动。围绕家庭在新时期求新、求知、求乐、求美的文化需求，搭建家庭自娱自乐的文化平台，抓住国际家庭日的契机，开展“家庭文化月”活动。先后在全区家庭中开展了“求知、探索、感动、和谐”学习型家庭风采展示；“家庭英语展风采、牵手奥运促和谐”家庭英语大赛；举办“尊重·亲情·朋友”家庭教育恳谈会、“亲情·友情·邻里情”“同享盛世欢乐，共享邻里亲情”好邻居评选活动等；举办春联送祝福、家庭手工艺品大赛、“数字家庭大赛”等文化活动。活动调动了家庭成员参与的积极性，给家庭成员展示自我提供了场所，为家庭成员之间和家庭之间的沟通交流及相互融合创造了条件。家庭文化月活动通过全区家庭广泛参与，显示了家庭成员的参与热情，适应了东城区居民文化素质较高、文化需求强烈的特点，释放出家庭成员改革开放以来对政治、生活中的巨变所产生的感动和对美好生活的追求。不少家庭都是共同参加，老少同做，夫妻同台。

（二）和谐家庭的内在动力不断激发

开展家庭文化建设，重要的是通过教育，提升素质，挖掘家庭成员的自我潜力，才能激发构建和谐家庭的内在动力。因此，大力实施“家庭素质工程”，开展素质教育、家庭美德教育、科学生活的教育成为家

庭文化的主要内容。东城区是“五好文明家庭”的发源地，自 1979 年至今，各级妇联组织坚持立足家庭，评选表彰“五好文明家庭”。先后在家庭中开展了家庭读书活动，充分发挥大众读书会的阵地作用，用先进文化思想占领家庭业余文化阵地，在全区开展了家庭购书、读书、捐书、赠书、藏书等系列读书活动；开展了评选百名孝子活动，倡导“常怀孝心、常有孝行”的传统美德；举办了“北京人爱讲礼”文明礼仪实践活动，探讨爱讲“礼”的北京人如何讲礼；开展“建立科学生活方式”主题活动，倡导“良好生活习惯在家庭中培养，健康的生活方式在家庭中建立”的理念。多年来，“五好文明家庭”创建活动与中央要求同步，与时代合拍，与家庭需求相适应，使家庭发生了质的变化，家庭已成为子女健康成长的课堂、老人颐养天年的乐园、中年人温馨幸福的港湾，极大地促进了家庭的和谐。

（三）和谐家庭的社会效应不断扩大

以家庭文化建设促进和谐家庭的构建，需要扎实有效的工作和坚持不懈的努力，更需要妇联组织不断地创新发展。因此，东城区妇联在总结经验的基础上，坚持继承、发展，在加强家庭文化建设，促进和谐家庭的构建中实现“三个创新”。一是创新服务机制。积极探索在社区中开展家庭文化、构建和谐家庭的“网格式”服务模式，动态地了解家庭文化需求，运用社区文化资源为家庭服务；总结推广九道湾“民情日记”工作法，根据家庭文化的需求，开展适宜家庭需求的文化活动。成立了以制作民间手工艺品为主的“彩虹工作室”，探索失业妇女弹性就业的新路；用爱心编织彩虹，传承文化，缓解家庭矛盾，促进家庭的和睦与和谐。二是创新活动形式。打破传统表彰五好文明家庭说教式的形式，充分运用现代传媒的表现手法，采取家庭 DV 短片、家庭访谈、家庭才艺表演相交融的方法，使表彰活动起到链接家庭、链接知识、链接情感，促进家庭和谐的作用。新颖、温馨、高雅的活动形式也吸引了众多知名人士参与，如：著名男高音歌唱家李光羲老师与家庭同台演出；著名电影演员陶玉玲老师为家庭表演节目；北京市文史研究馆馆员、著名民俗学家赵书老师为家庭传授礼仪知识。三是创新教育品牌。在运用传统的教育方法基础上，创新了“好邻居”品牌活动，激发了广大家庭成员的潜能，促进了家庭成员的参与社会建设，促进了邻里和谐、社区和谐。安定门妇联创建了“钟鼓楼群言堂”，被家庭称为社区里的“实话实说”，百姓的精神文化家园。它是新时期基层妇联组织通过文化活动，在聊天中渗透先进文化思想，将家庭美德、社会公德和职业道德的教育细水长流地渗透，体现知识性、趣味性，怀旧感与亲情、友情交融；“钟鼓楼群言堂”不仅走进了家庭，还走进了北京电视台《身边》栏目，引起了强烈的社会反响。她们还创建了京城第一个“单亲家庭俱乐部”，让单亲朋友走出小家、融入大家；鼓励单亲家庭自立自强，共建和谐家庭，共同享受社会主义建设的成果。

三、问题及对策

实践证明，家庭文化建设在构建和谐家庭中彰显了不可替代的作用，成为妇联组织参与和谐社会建设的有效途径，成为加强家庭美德建设，优化家庭细胞的有效方法。但是，在家庭文化建设中还存在着思想认知上需要进一步统一，家庭文化建设资源需要进一步整合，构建和谐家庭的方法和手段还需进一步创新等问题。针对这些问题，提出以下建议和对策：

（一）树立大文化理念，提升构建和谐家庭意识

家庭文化建设是社会文化、社区文化的一部分，不只是妇联组织的事，应引起全社会的共同关注，树立把家庭文化作为社会文化细胞的大文化理念和把构建和谐家庭融入和谐社区建设的大和谐理念。因此，各级领导要对加强家庭文化建设，构建和谐家庭工作给予重视和支持，纳入每年各级政府工作、精神文明建设、文化建设的工作计划之中，组织研究，落实具体措施，形成社区文化与家庭文化一起抓，和谐家庭与和谐社区建设一起抓，形成“党委领导、政府支持、妇联牵头、各界参与”的良好氛围，为加强家庭文化建设，构建和谐家庭创造和谐的工作环境。

（二）整合全区文化资源，为构建和谐家庭提供服务

家庭文化不仅能陶冶和升华家庭成员的情操，提升家庭成员的道德素质，构建和谐家庭，也是建设文化强区战略的重要基础。因此建议：一是政府加大协调，充分利用好社区的各种文化阵地，为开展家庭文化活动提供硬件条件，给家庭文化活动开绿灯。二是充分利用家庭文化的人文资源，为和谐家庭的构建提供服务，提升家庭文化建设的内涵和层次，使家庭文化建设在构建和谐家庭中发挥更大作用。三是要积极动员家庭挖掘和奉献自身的各种资源，为社区文化建设服务，

为构建和谐社区服务。

（三）不断创建家庭文化的新载体，丰富内涵，提升构建和谐家庭的质量

家庭文化建设，不仅要有时代特色、适应家庭需求，更重要的是要创建多种载体，搭建更多的家庭文化活动的平台，为家庭成员参与文化活动、展示家庭成员素质、构建和谐家庭服务。为此，各级政府和妇联组织要把家庭文化建设与家庭整体建设有机结合，把家庭文化与社区文化、群众文化、企业文化、校园文化有机结合，把家庭的文化活动与社区文化活动、行业文化活动、胡同文化活动、区域文化活动有机结合，创建新的文化建设载体，开展新型文化服务活动，为加强家庭文化建设，构建和谐家庭创造更广阔的发展空间。

（作者单位：东城区妇联）

顺义区和谐家庭创建活动的实践与思考

赵桂清

2010 年，是顺义区妇联、顺义区精神文明建设办公室、顺义区园林绿化局联合开展的“和谐家庭”、“绿色家庭”创建活动的第三年。三年来，创建活动紧紧围绕区委、区政府中心工作，以倡导家庭美德、庭院居室绿化美化为主要内容，着眼构建和谐顺义、建设绿色宜居新城的战略全局，狠抓落实，取得了显著成效。

一、创建情况

截至目前，全区共有 417 个村、55 个居委会参与“和谐家庭”、“绿色家庭”创建活动，村、居覆盖率分别达到 98%和 81%。三年来，全区累计申报“和谐家庭”39 604 户、“绿色家庭”43 204 户，占全区家庭总数的 32%。其中，镇(街)、村(居)两级累计表彰“和谐家庭”27 429 户、“绿色家庭”30 842 户，分别占申报户数的 69%和 71%。在连续三年实施的逐一入户检查中，区“和谐家庭”、“绿色家庭”领导小组共检查 2 880 户，其中“和谐家庭”651 户、“绿色家庭”2 229 户；评选出区级“和谐家庭”332 户、“绿色家庭”1 466 户。区、镇(街)、村(居)三级三年累计用于该项创建活动的资金达到 4 790 余万元。

二、创建措施

(一)组织领导到位

各镇(街道)都成立了以党委牵头、妇联主抓，文明办、环境整治办等部门组成的创建活动领导小组，各村(居)也分别成立了由村两委成员、妇代会主任、党员代表、村民代表组成的指导小组，各单位领导的高度重视为开展好创建活动打下了坚实的基础。

（二）宣传发动到位

在创建之初，区创建领导小组就准确定位：创建活动的主体是全区的家庭，我们只有让全区的广大妇女和家庭参与进来，这项活动才能落到实处，才能不走过场，才能收到实实在在的效果。全区 19 个镇、6 个街道办事处充分利用区属媒体和本地区的广播、文化墙、宣传栏、街道灯箱以及下发倡议书、宣传指导手册等形式，进行和谐家庭、绿色家庭创建活动的宣传，确保了评选标准全知晓、评选过程全公开、评选结果全公示。如：北石槽镇投资 2 万余元印制了 6 650 册《北石槽镇创建指导手册》，由各村创建小组成员下发到各户并进行讲解，使创建标准家喻户晓，人人皆知。李桥镇每季度挑选出一个开展创建活动成效突出的村，召开和谐文明家庭总结奖励兑现现场会，通过现场会达到典型带动，扩大宣传，激发群众参与积极性的目的。天竺镇通过文化广场电子屏、府右街广告灯箱以及文化墙宣传"和谐家庭"的事迹，并将 2009 年镇级"和谐家庭"的事迹编印《我们身边的人，我们身边的事》，发至全镇百姓手中，用和谐点亮生活，引导全镇人民共创和谐。石园街道港馨家园居委会通过挨家挨户走访、发放宣传材料、制作宣传栏等方式，多管齐下进行"和谐家庭"、"绿色家庭"创建活动的宣传。区妇联把三年来在争创"和谐家庭"中的典型事例编印成《和谐百家》9 000 册、把在争创"绿色家庭"中的典型事例拍成精美图片印成台历 2.8 万本发至基层和家庭代表手中，并在电视台、电台进行专题宣传。全区上下广泛的宣传发动为创建活动营造了良好的氛围。

（三）家庭参与到位

目前，全区共有 417 个村、55 个居委会参与了创建活动，村、居覆盖率分别达到 98% 和 81%；三年累计有 39 604 户参与了"和谐家庭"的争创、有 43 204 户参与了"绿色家庭"的争创，占全区家庭总数的 32%。广大家庭的积极参与为创建活动增添了生机与活力。

（四）科学指导到位

层层指导到位，一竿子扎到底，区、镇、村逐级对工作人员进行专业培训。各单位专门成立了由农业服务中心、文体活动中心等部门组成的争创活动指导小组，采取集中与个别、定期与随时指导相结合的方式，如“绿色家庭”的争创，各单位就紧紧抓住春季绿化美化的大好时机，利用4月份一个月的时间，聘请市、区园林绿化专家对争创户逐一上门进行指导，通过指导使家庭绿化做到乔、灌、花、草、藤相结合；常绿与落叶相结合；使申报户选择适宜的树木花草，提高绿化、美化、居住环境品位和档次。空港街道、旺泉街道、仁和镇围绕创建工作，组织多项培训活动，包括讲座、讨论、下发典型光盘等。李遂镇开展了家庭“三互”行动，即：争创家庭的“互访”、邻里间的“互联”、去年达标家庭与今年争创家庭之间的“互助”，充分发挥了本地区先进典型的示范作用，使广大家庭学有榜样、赶有目标，创建标准更加具体直观。

（五）评审程序到位

经过三年的创建工作实践，各镇、街道办事处均形成了各自较为系统规范的评选审查制度。仁和镇平各庄村制定了严守小组评选关、严守村委初审关、严守村民监督关、严格档案归档制度、严格监督被表彰家庭的创评制度。牛栏山镇建立了20人的考评员队伍，每月对申报家庭入户检查，合格的在门上张贴红五星，不合格的予以整改。李桥镇各村均成立不少于9人的评审领导小组，严格坚持“六无一支持”的评选标准，对初审合格的家庭通过广播宣传并公示，对合格家庭，镇评审工作组和包村干部还将进行再复查，复查不合格的将予以摘牌并取消奖励。区“和谐家庭”、“绿色家庭”创建工作领导小组三年来始终如一的对申报家庭进行了逐一的入户考核。在考核过程中，各小组严格按照评选指标认真打分，对“和谐家庭”还要与村（居）委会及邻居进行座谈、征求意见，检查期间适时召开碰头会，汇总各组考核情况，根据实际入户中出现的问题及时做出调整，确保了考核结果的客观公正。

（六）奖励机制到位

全区“和谐家庭”、“绿色家庭”创建活动奖励表彰的规模和力度不断加大，目前已形成了区、镇、村自上而下的精神激励与物质奖励相结合、惠民政策与扶危济困相结合的良好的奖优罚劣机制。如：李桥镇在评选中实施季度检查、季度评比、季度奖励的方法，凡被评选为“和谐文明家庭”的每年每户奖励400元，“和谐文明家庭”中的60岁以上的老人每年每人奖励200元。截止到2010年一季度，镇级已表彰3 854户，奖励资金达370.81万元。天竺镇对当选的镇级和谐家庭，在给予1 000元物质奖励的基础上，新农合再次报销提高10个百分点，子女考入大学的除享受相关奖励外，另奖励5 000元。马坡镇作为垃圾分类管理的试点镇，将垃圾分类纳入镇和谐家庭、绿色家庭考评指标，对村级绿色家庭给予200元奖励，对评为镇级和谐家庭、绿色家庭的，颁发证书奖牌并再次给予500元奖励。赵全营镇把“生态文明家庭”的争创活动纳入对各村的考核，每半年评选一次“生态文明家庭”，合格的挂牌并给予200元的物质奖励，三年内，对累计达到80%“生态文明家庭”的村，根据土地和人口规模大小分别奖励10万～20万元，形式多样的奖励机制使争创活动不断向纵深发展。

(七)重点结合到位

全区各镇(街道)把创建工作作为精神文明建设的重要组成部分，加强领导、统一规划、整体部署、合力推进。并做到六结合：一是与新农村建设相结合；二是与“百村万户”村庄绿化美化工程相结合；三是与环境整治相结合；四是与提高市民整体素质相结合；五是与创先争优活动相结合；六是与本地区中心工作和重点工作相结合。如李桥镇要求申报的家庭具备六无一支持，即：家庭成员无违法乱纪行为；无越级上访行为；无家庭、邻里不和谐现象；无计划外生育；房前屋后无乱堆乱放；无私搭乱建现象，家庭成员支持村党支部、村委会工作。违反一项，取消评选“和谐家庭”资格。

(八)动态管理到位

全区各单位都建立了创建工作台账，有条件的村建立了电子台账，对创评户实行动态管理。如北小营镇、李桥镇等单位建立了户申报、村初审、镇复核的管理机制：家庭自查申报→村评审组入户打分→提出意见和建议→初审合格→公开栏公示→报镇评审工作组→镇评审工作组和包村干部入户考核→合格兑现奖励；镇评审工作组和包村干部根据各村台账对于争创下来的户→第二季度进行再复查→合格的继续奖励→不合格的警告三次不改摘牌→取消奖励→重新争创。

三、创建体会

(一)注重两手抓、两手硬

在前两年工作整体铺开的基础上，2010年，我们采取抓两头带中间的办法，一手抓创建的特色、抓精品，不断丰富创建活动内涵，在创建深度上深入挖潜，使已获得区级称号的家庭向着更高的标准努力；一手抓创建的盲点，不断扩大创建活动外延，在创建的广度上下功夫，为那些没能力争创的边缘家庭提供更好的环境和更加积极有力的支持，整合优势资源向弱势倾斜的措施，采取集体帮、大家帮、邻里帮的办法也要让他们参与进来，使创建活动不留死角。各基层单位根据地区实际情况，充分发挥各自优势，善于借机借势借力借智，使争创活动开展的蓬勃有序。例如北小营镇在全镇开展了“和谐靓丽街道”和“和谐靓丽家庭”的评选活动，“和谐靓丽家庭”年终一次性奖励 600 元，并把“和谐靓丽街道”的评选纳入到对村干部的双百分考核中，每村有一条街巷合格就在双百分考核中加 2 分，每发现一户不合格就扣掉 2 分。

（二）注重求真务实

“和谐家庭”、“绿色家庭”创建工作是一项复杂、艰巨、长期的系统的社会工程，参与的家庭越来越多，涉及的面越来越广，重在深入，贵在求实。这就要求我们必须要有求真务实的工作作风，扎扎实实，一步一个脚印的认认真真地做好、做细、做实。因此，在活动之初我们就制定了严格的入户、检查、评比办法，打破了传统的评选名额靠分配、评选优秀看材料、评选先进听汇报的模式。三年来，仅此一项活动，基层干部入户达 25 万余次，区干部年入户达 6 200 余次，既检查了工作，又倾听了群众的意见，从而密切了干群关系。区、镇、村三级创建活动领导小组通过严谨务实的工作态度、缜密有序的工作安排将每项工作都落到实处，提高了工作质量、确保了活动效果，使每一户入选的“和谐家庭”、“绿色家庭”都立得住、值得学、经得住考验。

（三）注重建立机制

客观严谨的评价体系、坚强有力的领导体系、因时制宜的指导体系、民主公正的考评体系、形式多样的奖惩体系使创建活动充满了生机与活力，同时也是创建活动逐步深入的重要保障，更是形成广大家庭“广参与、愿参与、乐参与”的浓厚氛围的强大磁场。目前，全区已有 89％的镇和 67％的街道建立了创建活动的长效机制。

（四）注重打造品牌

目前，“和谐家庭”、“绿色家庭”的争创活动已经成为各基层单位开展各项活动的有力抓手，各单位也纷纷挖掘本单位的创建特色和文化底蕴，把家庭创建与地区文化和传统文化相结合，打造了很多具有鲜明区域特色的创建品牌，如：李桥镇开展了“和谐文明家庭”的创建、赵全营镇开展了“生态文明家庭”的创建、北小营镇在全镇开展了“和谐靓丽街道”和“和谐靓丽家庭”的创建等等，内容丰富、形式多样的品牌增强了创建活动的生机与活力，彰显了浓郁的区域文化特色。目前，全区已有 7 个镇形成了自己的创建品牌，形成了地区强大的精神推动力，成为引领人们追求绿色、向往和谐的新坐标。

(五)注重立足长远

连续三年的争创，使我们深深地体会到，“和谐家庭”、“绿色家庭”的创建活动不仅为北京奥运、60 年大庆和花博会的成功举办创造了浓厚的氛围，做出了重要贡献，同时它也悄然的影响着全区人民的生活、工作、学习、思想和行为。

争创活动使越来越多的家庭创造绿色、构建和谐。人人动手创造绿色、家家行动维护和谐，让绿色成为顺义最好的名片，让和谐成为人们永恒的主题，已成为顺义 26 万家庭 73 万人的共识。

争创活动使越来越多的家庭改变原来的旧模样。绿化美化代替了乱堆乱放、文明礼让代替了野蛮计较、和睦融洽代替了摩擦隔阂。争创活动使家庭成员之间的感情越来越浓厚，家庭的氛围越来越融洽，家庭的环境越来越优美，邻里之间的关系越来越亲密，家庭与家庭、家庭与村庄(社区)、家庭与社会的友好互动越来越频繁、局面越来越和谐。

争创活动使越来越多的新生活模式成为时尚追求。文明的行为习惯、理性的消费方式、合理的生活结构、科学的生活习惯、低碳的生活理念正在被越来越多的家庭接受，文明、科学、健康、低碳的新生活模式正成为顺义人民追求现代生活的新时尚。

争创活动使越来越多的传统美德得到继承和发扬。家庭的争创，各单位在突出地区创建特色的同时既融汇了中华民族传统文化的精华又符合社会主义核心价值体系的要求，使创建活动不仅继承和发扬了中华民族的传统美德，同时也成为凝聚地区发展、构建地区和谐的强大的精神动力。

争创活动使越来越多的群众找到了主人翁的位置。群众自己动手整治环境、改善环境、提升环境，从争创中得到了实惠，得到了认可、得到了荣誉、更得到了尊重，逐步形成了“广参与、愿参与、乐参与”的浓厚氛围。

争创活动使越来越多的干部找到了服务群众的载体。心系群众、服务群众是我们对干部的基本要求，但是在新时期，干部与群众、集体与个人的直接联系越来越少，干部很容易脱离群众。而"和谐家庭"、"绿色家庭"的创建活动成为了干部联系群众的桥梁和纽带，成为为民办实事、办好事最有效的载体。

通过三年的努力，目前，"和谐家庭"、"绿色家庭"的争创已成为顺义的品牌活动，成为顺义家喻户晓的活动，成为顺义人民热衷参与的活动。

我们相信，有市、区领导的大力支持，有我们三级组织的共同努力，有全区广大家庭的积极参与，顺义区的和谐家庭、绿色家庭创建工作必将在"三个北京"、"顺义新城"的建设和推进城乡一体化的进程中发挥出新的更大的作用。

（作者单位：顺义区妇联）

以和谐家庭建设推动社会主义新农村发展

韩　芳

家庭是农村社会的细胞，是农民生产生活最基本单位，和谐的家庭关系，是社会和谐的基础，也是农村社会和谐稳定和推动社会主义新农村建设的基础。为此，中共中央、国务院颁发了关于推进社会主义新农村建设的若干意见，要求在全国广大农村“开展和谐家庭、和谐村组、和谐村镇创建活动”。当前，我国处于社会转型时期，为适应全面小康社会建设和推动社会主义新农村发展，从农村社会工作和家庭社会工作角度积极探索新形势下农村和谐家庭的建构是摆在我们面前的重要课题。

一、农村和谐家庭建设是时代的要求

和谐家庭内涵非常丰富，它是以情感为联系纽带，以家庭成员的全面发展为目标，以营造共同拥有的积极向上的家庭为价值取向，是家庭成员心理意识、思想观念、知识能力、行为准则、价值观的集中体现。农村和谐家庭，对于内部而言，它包括夫妻和谐、父母子女和谐、家庭全体成员和谐；对于外部而言，包括亲属和谐、邻里和谐、家庭与社会和谐及家庭与自然和谐等方面，有丰富的内涵。农村和谐家庭建设既是社会主义新农村建设的奠基工程，也是一项系统工程，是时代发展的要求。

（1）从家庭的自然属性看，农村和谐家庭是两性和谐和抚育子女的基本单位。家庭的自然属性，就是家庭赖以形成的自然条件。婚姻关系是两性结合的关系，家庭关系是以血缘为纽带，通过生育而实现种族繁衍，家庭成员之间的血缘关系是家庭这一亲属团体生物学上的特征。只有建立和谐的家庭关系才能使家庭稳定，实现其自然属性。

(2)从社会学角度看，农村和谐家庭是和谐农村社会的重要组成部分。农村和谐家庭是对农村家庭内外关系所处状态的一种肯定性评价，是家庭社会属性的表现。农村和谐家庭既包含全体家庭成员与家庭外部各方面的不同利益，处理复杂的利益关系的灵活性和一致性。在农村离开了农村家庭的和谐，就谈不上农村社会的和谐，它们是部分与整体的关系。

(3)在社会主义新农村建设中，纵观“生产发展、生活宽裕、乡风文明、村容整洁、管理民主”的目标要求，无不与农民家庭的和谐发展息息相关。生产发展是建设社会主义新农村的首要任务。在农村，自改革开放以来，采取以家庭联产承包责任制为基础、统分结合的双层经营体制，家庭是最基本的生产单位，只有和谐稳定的家庭才能激发农民树立建设美好家园的愿望，才能充分发挥农民在新农村建设中的积极性和创造性；生活宽裕是建设社会主义新农村的根本目标，也是农村千百万个家庭的迫切愿望。只有大部分农村家庭过上富裕生活，才能最终实现社会主义共同富裕的目标；乡风文明是建设社会主义新农村的重要内容。提高农村文明水平，主要是提高农民及其家庭成员的文明程度，精神文明建设必须深入到农村每个家庭，让农民群众在参与中受到教育、得到提高。因此，广大农户和家庭成员是农村精神文明建设的主体；村容整洁是建设社会主义新农村的关键环节。它以改善农村人居环境，建立文明健康的生活方式，提高农村家庭生活质量为目的，是新农村建设中最能直接感观的表象化目标；管理民主是建设社会主义新农村的有力组织保障。只有当广大的农民群众具有公共事务的参与意识，农民的“话语权”和“参与权”得到充分体现，才能使广大农民群众从根本上焕发出建设社会主义新农村的积极性和创造性。

归根到底，新农村建设就是要着手解决“三农”问题，而“三农”的核心问题就是农民问题，提高农民收入，为农民营造一个丰富多彩的家庭文化生活环境，有利于充实农民的文化娱乐生活。通过和谐家庭的构建，改变农民的精神面貌，提高农民素质，最大限度地发展农村社会生产力，新农村建设的总体目标才有可能实现。

二、当前农村家庭欠和谐的现象及成因

在当前中国广大农村，家庭中仍存在一些不和谐现象。从夫妻关系来看，不和谐的现象主要表现为夫妻离异增多、婚外情频现、家庭暴力高发、两性关系不对等、家庭责任感缺失、性生活不和谐等方面。从代际关系来看，父母教育子女的方式简单粗暴，有的父母信奉"棍棒底下出孝子"，子女有了过错非打即骂，有的父母或祖父母对孩子过分溺爱；有的家庭对老人不管不理，出现弃老虐老现象。从邻里关系来看，邻里之间感情淡化，邻里守望互助的功能日渐缺失。造成这些现象的原因，主要的有以下几个方面：

(1)农民家庭文化生活简单、乏味，文明、健康、科学的文化生活缺位。农村的文化娱乐休闲活动主要以家庭为单位，随着改革开放的不断深入，社会生活日益多样化，农民的思想也趋向多元化和复杂化。与农村经济的迅速发展、农民物质生活水平的日益提高相比，农民的家庭文化娱乐生活提高不快。首先，家庭文化娱乐生活方式单一，文化生活品味不高。劳作之余，农民的消遣活动大多集中在走亲访友、串门、闲聊、看电视、聚众喝酒，甚至赌博打牌。几乎没有什么特色的家庭文化娱乐和集体文化娱乐活动。调查反映，农村闲暇时间枯燥，不要说农闲，就连过年过节也觉得没多大意思，光是吃团圆饭、走亲戚已经满足不了农民的精神需求。相反，农事、国事、天下事吊不起人们的"胃口"。乡村的舞龙舞狮、唱山歌等为数不多的民间文艺活动大多都与重大农事活动和逢年过节紧密结合在一起，平时难得一见。有相当部分乡村没有接通有线电视，只能收看到不太清晰的几个频道的电视节目，远远满足不了农民的需求。广大农民群众迫切希望能看到的农业技术、农业法规以及农经信息方面的电视节目较少，贴近农村生活的电视题材也偏少。其次，家庭文化生活消费偏低。特别是在边远贫困地区，有些农户几乎没有文化消费概念，看电影、看演出以及文化体育活动这些文化消费，年长者认为是花冤枉钱，有钱还不如多买点吃的。农村中订书报的家庭只是少数，有些家庭文化生活年支出几近于零。农民参加文化娱乐活动少，既有经济上的制约，活动场所的有限，但也有当前的农村社会服务薄弱的问题。

(2)传统的迷信落后的娱乐方式在农村仍有市场，仍然是农村家庭休闲活动的主体。近年来，在一些乡村神汉、巫婆、看相、算命、看风

水等封建迷信的“不良文化”有所抬头，农村红白喜事中还存在大操大办的现象，不仅浪费严重，也为封建迷信的滋长提供了土壤。很多农村家庭成员不仅在精神上寄托于神灵，而且在经济上依靠神庙。农村封建迷信、赌博等活动已呈现出公开化、组织化、产业化的特点。赌博不但使农民经济上蒙受了损失，还引发家庭纠纷、生产荒废等社会问题，甚至盗窃、抢劫等犯罪问题。

(3)农村家庭文化娱乐生活缺乏有组织的活动，大多为自发性的个体行为。在农村，因为受到传统生产生活方式的影响，特别是在边远偏僻山区，群众居住分散，难以接收到外界科学文明的信息，农民交往、交流的范围受到局限。加上缺乏公共文化设施，在劳作之余一些集体性的文化娱乐活动难以开展，更关键的问题是目前农村中缺乏组织开展文化娱乐活动的领头人和文化骨干队伍，组织力度和重视程度仍然不足。大部分农民只能在生产之余以个体或者家庭为单位进行休闲活动。

(4)农村婚姻家庭生活中仍存在不和谐的因素，有相当数量的家庭严重缺乏处理婚姻家庭矛盾的知识和技巧。在构建和谐家庭中，婚姻家庭关系无疑是一个重要的内容。受文化水平、生产生活方式、传统观念等诸多因素的影响，一些不和谐的家庭关系困扰着广大的农村家庭，例如家庭成员交流沟通的程度不够，方式欠妥；生女孩的妇女受歧视；有的处理家庭矛盾方法简单粗暴，靠暴力来解决家庭纠纷；弃老啃老的现象时有发生。统计表明，目前，婚姻家庭权益仍然是妇联信访的主要问题以“家庭暴力”、“离婚问题”、“配偶有外遇”类的投诉案件居多。此外，在教育子女过程中父母打孩子为数不少，特别是在农村家庭中，发生在父母与未成年子女之间的暴力可能较婚姻暴力之外更为普遍和常见，没有引起人们足够的重视。诸如此类的婚姻家庭问题，使农村中有相当部分家庭不和谐，不和谐的家庭对构建和谐农村也会带来负面影响。

(5)农村劳动力外出就业，导致出现庞大的留守群体，部分家庭功能出现缺失。随着我国经济与社会的发展，农村剩余劳动力向城市流动已成为时代发展的必然趋势。每年有越来越多的农村劳动力外出务工、经商，农村出现留守儿童，因父母远离他乡不仅缺少父爱、母爱，缺少了家庭的温暖，而且还要面临着生活、学业、心理上的诸多困惑，有的还出现了严重的心理问题。由于他们所处的特殊家庭生活环境，家庭教育功能被弱化，思想道德教育不到位，父母和子女的亲情关系被疏远，引发了一系列未成年人健康成长问题，这对农村和谐家庭建设以及新农村建设将是一个严峻的挑战。同时，大量的留守妻子、留守老人也给农村家庭功能的发挥带来阻碍，传统的和谐家庭急需重新整合和建构。

三、对策和建议

鉴于以上分析可以看到，农村和谐家庭建设是农村和谐社会构建、全面小康建设、新农村建设的重要内容，构建农村和谐家庭的难度很大，难点也很多，是一项复杂的系统工程。需要国家、社会和相关部门采取有效措施，推进农村和谐家庭的建设。

(1)抓好家庭经济建设，夯实建设农村和谐家庭的物质基础。农村和谐家庭建设是新农村建设的基础和重要组成部分，必须把发展农村家庭经济作为家庭建设的第一要务，只有经济富裕了，家庭其他方面的建设才有财力支撑与保障，农村家庭才可能真正做到实现婚姻自由、一夫一妻、男女平等，保护妇女、儿童和老人的合法权益与计划生育原则，夫妻之间和家庭成员之间也才有可能真正享受法律规定的权利和自觉履行法律规定的义务。

(2)进行农村学习型家庭教育，激活建设农村和谐家庭的内在动力。外因是事物变化的条件，内因是变化的依据，外因通过内因而起作用。农民群众是建设农村和谐家庭的根本动力，只有让他们正确地全面地科学地认识到建设农村和谐家庭的目的、意义和方法，才能充分发挥主观能动性与自觉性，才有动力和活力。搞好农村学习型家庭教育是解决这个问题的得力措施。农村学习型家庭教育是指以农村家庭为单位，以农民为教育对象，以终身教育思想为基础，以家庭成员持续学习为形式，以提高农村家庭质量为目的，以学习型组织、学习型社会的理论为指导催化出来的旨在建设社会主义新农村的和谐家庭、和谐村组与和谐村镇的一种具有新时代特征的家庭管理、家庭发展新模式的教育。它是家庭成员之间的相互教育，既有人文社会科学的内容，又有自然科学技术的内容。因此，坚持不懈地抓好农村学习型家庭教育是增强农民群众建设农村和谐家庭的内在动力的迫切需要。

(3)建立和健全建设农村和谐家庭的保障机制。首先建立经济保障机制，根据实际需要和财政能力，每年将建设农村和谐家庭的经费纳入年度预算，同时发动和鼓励社会筹资，满足经费需要；其次，建立和完善社会评价机制，各地因地制宜地建立并不断完善检查、考核、验收、评比建设农村和谐家庭的方案，并切实付诸实施；最后，必须加强党对建设农村和谐家庭的领导，各级地方党组织建立相关的指导委员会或指导小组，集合妇联工作，下设指导建设农村和谐家庭的常设机构，定期研究和检查，保证建设农村和谐家庭建设制度化和科学化。

(4)充分发挥农村家庭社会工作的功能，推动新农村建设。农村家庭社会工作的目的是为了缓解和解决婚姻和家庭中遇到的困境，通过使用社会工作的专门方法、知识和技巧，使处于困境中的家庭缓解其在婚姻关系、抚育关系和养老关系中出现的问题，增进家庭的福利和和谐，并由此有利于和谐社会的建设。家庭社会工作主要包括：婚姻咨询(包括婚前、婚姻关系以及离婚咨询等)、抚育咨询(包括子女教育、亲子关系等)、养老咨询、家庭生活教育(包括家庭经济、家庭消费等)。在家庭社会工作中运用的工作方法主要包括个案工作、小组工作、社区工作、家庭治疗、家庭恳谈等。

①农村家庭个案工作。农村家庭个案工作具有个案工作的一般特点，但按照家庭个案工作服务对象的不同、服务领域的不同，又必须有一些专门的知识。农村家庭个案工作的服务对象是农村家庭在角色功能实施上有障碍的家庭成员，以家庭整体作为援助对象，帮助家庭成员角色的调适。例如夫妻不和，离婚的威胁，却又不愿意离婚等，焦虑和烦恼引起心理疾病，这样以心理的障碍为焦点，就是家庭社会工作的特点。家庭个案工作的另一个特点，就是从社会制度的角度来帮助家庭整体。家庭是社会的基本单位，是对儿童人格的形成不可缺少的社会制度；对成人而言，家庭是自己稳定的避难所，家庭给他以安定感。家庭和个人是密不可分，息息相关的，家庭关系是长久的，个人在角色实行上的障碍，将直接影响家庭生活，使家庭生活陷于混乱的状态，而混乱的家庭生活又反过来影响着每个家庭成员。所以，帮助家庭成员，也就帮助了家庭整体，恢复了家庭的功能，健全了整个家庭制度。

②农村家庭恳谈。家庭恳谈是一种群体工作，服务对象则是个案家庭的全体成员。家庭恳谈是一种非常重要的工作技术。恳谈技巧因个案的文化背景、心理特征而异。家庭恳谈以心理学、社会学、行为学为理论依据，认为通过全体家庭成员的恳谈和互动，可以有效地解

决某个家庭成员心理或行为的适应问题，同时有利于家庭关系的互动和发展。因此，家庭恳谈一是为了广泛深入地寻求困扰个案的家庭因素，了解并评价家庭成员的互动反应关系及角色扮演，改善成员间的不良适应；二是为了协助个案极其家庭认清问题所在，增强解决问题的能力。

③农村家庭小组工作。根据当前农村社会存在的现实问题，可以运用社会工作的专业技巧和方法，组织不同层次和问题人群的支持小组，以帮助特定的人群解决家庭生命周期中存在的困扰。例如单亲母亲小组、家庭暴力妇女小组、留守群体小组等等，增强其解决问题、适应环境的能力。

④农村家庭社区工作。家庭福利是受地区社会的生活或社会制度所左右的。负有社会使命的工作人员并不是单单解决农村家庭内部的问题，对于和家庭生活有关联的社会制度也要关心。目前中国家庭结构的变化和家庭功能的外移，更使社区具有广阔的发展前景。当前对儿童问题、身体残障者、精神病患者或是老人等，都有考虑回归社区的方式来照顾，社区面向家庭的生活服务内容也反映了这样的需求趋势。在社区照顾的方式下，家庭不得不扮演重要的角色；而家庭为了解决儿童、残障者、老人等问题的处理就需要获得一些外在的支援，家庭和社区之间的互动交流是不可或缺的。

总之，农村是我国社会主义建设的重点，也是建设的难点；中国发展的关键在农村，希望也在农村。因此，和谐社会建设要从农村开始，农村和谐社会又必须从建设和谐家庭入手。所以，加快农村和谐家庭的建设，是我国当前构建社会主义和谐社会和推进新农村建设的重中之重。

（作者单位：北京农学院）

参考文献

［1］朱启臻．农村社会学．北京：中国农业出版社，2008.

［2］张文霞，朱冬亮．家庭社会工作．北京：社会科学文献出版社，2009.

［3］樊华．转型期农村和谐家庭建构的时代价值及其着力点．内蒙古农业大学学报：社科版，2010(2).

以和谐家庭建设助推中国特色世界城市建设

侯　薇

市委十届七次全会提出，要从建设世界城市的高度，审视首都的发展建设，提高科学发展的水平、规划建设的档次和服务管理的水准。世界城市是国际城市的高端形态，是聚集世界高端企业总部和高端人才的城市，是国际活动的聚集地和对全球的政治、经济、文化等方面具有重要影响力的城市。建设中国特色世界城市的战略目标为首都未来的发展创造了一个新的历史机遇，对妇联组织把握大局，推进妇女事业发展，具有重大的现实意义和深远的历史意义。建设中国特色世界城市，是一项新的系统工程，需要全社会的共同参与和努力，对发挥家庭在推动经济社会发展中的作用提出了新的更高要求。

市委、市政府提出要从建设中国特色世界城市的高度，加快实施人文北京、科技北京、绿色北京发展战略。"人文北京、科技北京、绿色北京"是中国特色世界城市的内涵，北京建设的世界城市必须以和谐发展和生态文明为前提。从根本上说，建设世界城市最重要的因素是"人"——人才、人的思想、人的素质。家庭是人生的第一所学校，良好的家庭教育有助于正确的人生观、价值观的形成，所以说，要着力打造符合世界城市发展需要的和谐家庭，提高和谐家庭建设水平。

一、和谐家庭在建设中国特色世界城市中的基础性地位和重要作用

（一）家庭和谐是社会和谐的基础

"天下之本在国，国之本在家"。家庭是社会的细胞，家庭和谐是

社会和谐的基石[①]，家庭建设关系着每个人的生活和幸福，家庭和谐与国家发展、社会和谐相依相存、关系密切。

可以从五个方面来认识家庭和谐与社会和谐的关系：家庭关系是社会关系的重要组成，家庭追求是社会发展的重要动力，家庭道德是社会公德的重要培养基，家庭稳定是社会稳定的重要条件，家庭喜怒哀乐往往是社会情感浪潮的重要源头[②]。“家和万事兴，家齐国安宁”。无论是在传统社会还是在现代社会，家庭建设都事关每个人的生活质量和幸福指数，事关民族的进步、社会的发展、国家的繁荣和稳定。当今社会，人民群众追求家庭和谐幸福的热情日益高涨，和谐家庭建设成为重要的民生需要[③]。和谐家庭建设是和谐社会建设的重要组成部分，只有家庭实现了和谐、进步，才能促进家庭成员综合素质的提高和全面发展，从而推进社会主义和谐社会建设，促进经济社会发展。

（二）家庭美德为建设中国特色世界城市提供伦理支柱和道德保证

建设世界城市，不仅表现为城市经济高度发达，还应体现为市民文明素质、城市文明程度大幅度提升，而这些需要道德的有力支撑。建设世界城市，需要物质文明和精神文明两手抓。家庭是精神文明建设的一个重要领域。家庭美德、职业道德、社会公德是道德体系中的三大组成部分，其中的家庭美德具有特殊重要性，它是社会公德的重要培养基，能够带动职业道德和社会公德。家庭作为社会规范、道德教育、文化传承、情感满足的基本载体，对社会成员的健康成长具有直接、持久、潜移默化的影响。党的十四届六中全会把家庭美德建设列为社会主义道德建设的重要组成部分，并将家庭美德的内容概括为“尊老爱幼、男女平等、夫妻和睦、勤俭持家、邻里团结”。在中国特色世界城市建设的过程中，应该充分认识家庭功能，通过家庭美德教育，提升市民思想道德素质，为建设世界城市提供强大的思想道德力量。

（三）建设和谐家庭是“人文北京”的必然要求

建设“人文北京、科技北京、绿色北京”是奥运后北京市确定的发

---

①中共中央总书记胡锦涛在纪念“三八”国际劳动妇女节100周年大会上的讲话。

②周文彰.和谐家庭创建活动是最具有普遍性的社会实践活动.中国妇运，2010(7).

③全国人大常委会副委员长、全国妇联主席陈至立在“中国和谐家庭建设与社会发展”论坛上的讲话。

展目标,"人文北京"位居三个"北京"之首,是新三大理念的核心。人文北京的指导思想是以人为本,促进人的全面和谐发展;建设目标是城市文明程度居全国前列,社会主义核心价值体系建设稳步推进;城乡居民的思想道德素质、科学文化素质、身心健康素质显著提高;在公共环境、公共行为、公共秩序、社会风尚等方面的文明程度进一步提升;社会主义和谐社会首善之区建设取得新突破,社会秩序更加稳定,人际关系更加和谐。由此可以看出,和谐是"人文北京"的灵魂。"人文北京"的灵魂是构建一个万方安和、共同繁荣的和谐社会、和谐北京。建设和谐家庭,积极发挥家庭的作用,是落实以人为本理念,建设"人文北京"的重要途径。围绕建设"人文北京"的目标,在2010—2012年要着力实施十大重点工程,其中市民文明素质提升工程、学习型城市建设推进工程呼唤提升和谐家庭的建设水平,要求通过加强家庭美德教育,提升市民的思想道德素质,开展学习型家庭创建活动等。

江泽民同志曾经指出,家庭是社会的基本细胞。家庭作为最活跃的社会细胞,把个人与社会联系在一起,北京的和谐家庭建设要着眼于服从和服务于中国特色世界城市建设这个目标,不断丰富和谐家庭建设的内涵,使建设和谐家庭的成果促进经济社会协调发展,使二者相互促进。

二、以"人文北京"的理念引领和谐家庭建设,在建设中国特色世界城市背景下提升和谐家庭建设水平

随着北京经济社会的快速发展,城乡居民家庭的情况发生了较大变化,具体表现在:家庭成员思想意识日趋多样、并且复杂化,家庭生活方式日趋丰富快速、自由多变,家庭婚姻关系、血亲纽带关系脆弱、松弛,出现了价值标准迷失、道德行为失范、婚姻稳定性下降、养老、子女教育有误等种种家庭问题。要实现社会和谐稳定,家庭和谐至关重要。深化和谐家庭建设,必须以科学发展观为指导,立足于北京建设中国特色世界城市的战略目标和家庭需求的新变化,准确把握首都新的发展战略,进一步解放思想、开拓创新,使首都发展与广大家庭的实际需求相适应,推动和谐家庭事业发展;要从"人文北京"的视角出发,给予家庭人文关怀和社会支持,改善家庭的生态环境;要结合"人文北京"战略目标中的市民素质提升工程和学习型城市建设推进工程,结合世界城市建设实际,满足广大家庭多层次、多元化的精神文化需求,

不断创新家庭建设品牌。

(一)通过家庭美德教育,提升市民的思想道德素质

随着首都对外开放不断扩大、国际化程度不断提高,社会利益关系更加复杂,各种竞争日益激烈,家庭成员思想活动的独立性、选择性、差异性、多变性明显增强。建设中国特色世界城市的过程中,要在全社会大力弘扬男女平等、夫妻和睦、尊老爱幼、勤俭持家、邻里互助的家庭美德,树立健康向上的家庭价值取向,弘扬文明家风,增强家庭的凝聚力。在家庭教育中大力弘扬中华民族传统美德,大力弘扬爱国主义、集体主义、社会主义思想,并将社会主义核心价值体系贯穿于家庭美德建设中。通过宣传教育,充分发挥道德模范的榜样作用,引导广大市民见贤思齐。家庭美德教育是公民公德教育的有益补充,也是提升家庭成员素质的有效途径,更是家庭幸福的有力保障。

(二)通过家庭文化建设,创造良好的城市人文环境和社会风尚

要以社会主义先进文化为导向,广泛开展广大家庭喜闻乐见的群众性文化活动,普及优秀传统文化和现代文化知识,引导市民自觉接受优秀文化的熏陶,提升市民的文化修养,塑造美好心灵。广泛开展学习型家庭创建活动,使学习成为家庭生活的一部分,营造家家讲学习,人人求进步的家庭学习良好氛围,提高家庭成员的各种素质和家庭生活质量,推动家庭的可持续发展,促进家庭和谐。不断延伸家庭文化建设的领域,提升家庭文化品位,突出家庭文化特色和亮点,以家庭文化的发展促进社会文化生活更加丰富多彩。结合“人文北京”的理念,在全市范围内开展生动活泼的家庭文化活动,使和谐家庭建设始终站在时代前列。通过打造和谐的家庭文化,让广大的市民以饱满的热情和良好的精神面貌,投入建设中国特色世界城市的实践中去。

(三)发挥家庭教育的重要作用,提升未成年人的文明素质

家庭是人生的第一所学校,健康和谐的家庭环境对未成年人的健康成长有着至关重要的作用。在建设中国特色世界城市的过程中,要充分发挥家庭的人才培养基地作用,重视家庭教育在未成年人思想道德建设中特殊重要的作用。不断健全学校、家庭、社会三结合的教育网络,进一步加强和改进未成年人的思想道德建设,引导未成年人端正人生态度、强化理想信念,提升综合素质。依托各类载体广泛传播

科学教育子女的理念和知识，扩大家庭教育知识的普及率和覆盖面，提高家庭教育水平。以提高家长素质、特别是母亲素质为重点，启动“母亲课堂”，面向社区、家长开展家教讲座活动；推出“名师说家教”活动，开展家教指导活动，聘请在家教专业领域的知名学者做报告，普及先进、科学的教子观念。抓好家教典型，发挥示范带动作用。建立家教工作表彰机制，定期进行优秀家长学校、家教工作先进个人、好家长的评比表彰活动，以典型的力量来引导和推动家庭教育工作向前发展，为未成年人健康成长创造了良好的家庭环境和社会氛围。

（四）关注不同层次家庭的需要，为广大家庭提供有针对性的公共服务，帮助所有家庭实现良性发展

随着北京城市化进程的加快，人口结构出现多元化和复杂化的特征。最新统计数据显示，截至2009年底，本市登记流动人口为763.8万人，流动人口人数众多，部分流动人口因工作不稳定、生活没保障，成为潜在的社会不安定因素。建设世界城市，不能忽视众多流动人口家庭，应该加强对城市流动人口的服务与管理，对流动人口家庭等特困家庭开展针对性帮扶。同时，人口老龄化所带来的养老问题，在城市中形成了相当数量的空巢家庭，以及因为各种原因造成的问题家庭，都需要政府提供公共服务进行关怀、救助。各种社会团体和公益性组织要从自身职能特点出发，大力开展促进家庭发展的公益活动、志愿活动和文化活动，积极关怀救助困难的流动人口家庭、空巢家庭、单亲家庭等，为各类特殊家庭和弱势家庭的发展提供必要的社会援助，最大限度地帮助困难家庭排忧解难、摆脱困境，为促进社会的和谐与稳定贡献力量。

（五）整合资源、形成合力，为和谐家庭建设创造良好环境

创建和谐家庭是一项系统工程，北京市已进入建设中国特色世界城市的新阶段，在新的形势下，需要全党全社会都来关注家庭问题，支持家庭发展，推进形成有利于家庭健康发展的良好社会环境。各级党委和政府要坚持以人为本，充分认识并发挥家庭在推动经济社会发展中的重要作用，切实加强对和谐家庭建设工作的领导，积极为开展和谐家庭建设工作创造条件、提供资源、搭建平台。要从北京市建设中国特色世界城市的实际情况出发，将和谐家庭建设工作纳入世界城市测评体系，推动和谐家庭建设的健康发展。要充分利用电视、广播、报

刊、网络等媒体进行正确的舆论引导，积极宣传家庭在经济社会发展中的作用，宣传家庭的发展与变化，及时反映家庭领域出现的新情况新问题，及时反映和谐家庭建设的成果，营造家庭发展和家庭建设的良好舆论氛围。同时，重视家庭的法律保护，不断建立健全有利于和谐家庭建设的法律法规体系。

三、充分发挥广大妇女和妇联组织在和谐家庭建设中的重要作用

刘淇同志在首都各界妇女纪念“三八”国际劳动妇女节 100 周年庆祝大会上的讲话中指出：要充分发挥妇女在和谐家庭、和谐社区建设中的独特优势，积极参与和谐家庭创建、和谐社区创建、群众性精神文明创建和社会志愿服务活动，促进家庭和谐，促进邻里和睦，增进社区交流，促进志愿服务事业发展，实现城乡社区祥和文明。妇女是人类社会的“半边天”，是构建和谐社会的重要参与者，是推动社会发展、建设和谐社会的重要力量。坚持和谐发展、建设世界城市，离不开妇女这支伟大力量的积极支持与广泛参与。女性在家庭中既是“妻子”又是“母亲”，在和谐家庭建设中具有独特的情感优势。现代家庭以婚姻爱情为基础，处于平等地位的妻子对于丈夫具有十分重要的影响力和感染力。母亲还是子女的第一位教师，对孩子的健康成长起着重要作用。在建设中国特色世界城市的过程中，广大妇女要切实加强思想品德修养，自觉践行社会主义核心价值体系，牢固树立社会主义荣辱观，始终保持积极的人生态度、良好的道德品质、健康的生活情趣。要大力弘扬社会文明新风，努力成为良好社会风尚的倡导者、实践者和推动者，做文明有礼的北京人，在发展社会主义先进文化、传承中华优秀文化、提高城市“软实力”中做出积极贡献。

同时，和谐家庭建设是妇联组织发挥自身作用，努力促进人民群众文明程度和幸福指数提高的有效载体。妇联作为党开展妇女工作的坚强阵地和深受广大妇女信赖和热爱的温暖之家，要适应新形势新任务的要求，将和谐家庭建设纳入妇联工作的重要日程，树立活动品牌，积极创新和拓展和谐家庭建设载体。妇联组织要在北京建设中国特色世界城市这一大局中发挥作用，有所作为，必须以全局的眼光、战略的思维，着力提升和谐家庭建设水平。必须适应世界城市的建设步伐，着力构建更高水平、国际化和北京特点的和谐家庭。首先，拓展国

际交流渠道，采取“请进来”和“走出去”的办法，就和谐家庭建设领域的经验和做法进行交流、探讨，建立良好的国际交流平台，做到与世界先进水平接轨。其次，市、区县和街道、社区等基层单位上下联动，组织和谐家庭建设主题实践活动，让尽可能多的家庭在活动中受益。再次，设立和谐家庭建设实事项目和重点项目，建立和谐家庭建设的活动品牌体系，提升和谐家庭建设的影响力。最后，要根据不同层次家庭的不同特点、不同需求，精心设计活动载体，调动和发挥广大家庭的积极性、主动性和创造性，使北京广大家庭成为和谐家庭建设的参与者、实践者和受益者，使广大家庭共享世界城市的建设成果。

四、结语

当前，北京已经进入了一个新的发展阶段，全市人民正从建设中国特色世界城市的高度，加快实施人文北京、科技北京、绿色北京发展战略，努力把北京建成和谐宜居的首善之区。要实现保持经济平稳较快发展的目标任务，需要千家万户同心同德、共克时艰；家庭和谐幸福能极大地激励家庭成员在本职岗位上建功立业；家庭是人生的第一所学校，对于未成年人的健康成长乃至国民素质的提高以及整个国家竞争力的增强具有直接和关键的作用；家庭领域出现的新情况新问题，不仅直接影响家庭的和睦与家庭成员的发展，而且关系到社会的稳定和谐与国家的长治久安①。建设和谐家庭的根本目的，是以家庭和谐促进社会和谐、促进人的全面发展、提升市民的幸福生活指数，服务于世界城市建设的大局。要将和谐家庭建设放在中国特色世界城市建设的大局中统筹谋划，将和谐家庭建设作为一项长期的任务，调动一切积极力量，拓展社会参与途径，探索建立和谐家庭建设的长效机制。

（作者单位：西城区妇联）

参考文献

[1] 连玉明. 北京建设世界城市的问题与对策. 北京老干部，2010(7).

①全国人大常委会副委员长、全国妇联主席陈至立在“中国和谐家庭建设与社会发展”论坛上的讲话。

[2] 王伟. 论和谐家庭内涵. 北京：千龙网，http://news.sohu.com/20070215/n248260649.shtml.
[3] 金元浦. “人文北京”的多层次深刻内涵. 前线，2009(5).
[4] 张丽丽. 和谐家庭——理论与实践探索. 上海：上海社会科学院出版社，2009.
[5] 全国妇联宣传部. 中国和谐家庭建设状况问卷调查报告主要成果. 中国妇运，2010(7).
[6] 北京市邓小平理论和“三个代表”重要思想研究中心. 构建和谐——北京市建设和谐家庭新探. 北京：学习出版社，2007.

舆论监督对构建和谐家庭的意义

王海伟

构建和谐家庭是构建社会主义和谐社会的基础。对于和谐家庭，不同世界观、人生观、价值观，不同文化素质，必然有着不同的认识标准。在社会主义市场经济条件下，构建社会主义和谐家庭的思路要紧扣中国正处在社会主义初级阶段这一根本，充分利用舆论监督这一强大的社会力量，让社会公众通过新闻媒体等有效途径对有违“和谐家庭”的行为进行揭露和评论。这将有力地保护家庭生活中的弱势群体，对实现和谐家庭有着重要的现实意义。

一、构建和谐家庭应有的五要素

（一）经济

经济是基础。基本的经济生活条件，是家庭生存最基本的需要。有很优厚经济条件的家庭，不一定是幸福和谐的家庭；但没有基本的经济生活保障，家庭难以实现和谐幸福。没有基本的经济生活条件，绝大部分家庭是难以维系的。构建一个和谐家庭，必须有基本的生活条件保障。无论是家庭成员，还是社会，都必须重视优化和谐家庭的经济要素。

（二）法律

法律是国家的意志，是社会大多数人的要求。只有建立在法律规范范围的家庭，才有可能和谐幸福。这是构建和谐家庭的基本保障条件。中国家庭一般是女人求男人不要离婚，德国家庭一般是男人求女人不要离婚，这就是法律的区别所致。无论是家庭内部关系，包括经济关系、权利义务关系等,还是家庭与社会的经济、政治、文化、道德法律关系,都必须建立在法律基础上,都必须符合法律规范。不符合法律规范、没有法律保障的家庭,最终是无法实现幸福和谐目标的。

(三)道德

道德是家庭形态的最高准则。但是,不同的道德观,必然有不同的家庭道德准则。自觉的社会主义道德,是理性的自觉,是社会进步和个人全面发展的素质积累。只有建立在社会主义道德基础上的家庭,才是真正幸福和谐的家庭,也才能真正构建和谐幸福的家庭。没有社会主义道德约束的家庭,永远不会是真正意义上的和谐幸福家庭。

(四)文化

存在决定意识。人们对家庭的认知,主要是人们受到了社会文化的影响。家庭生存的文化环境,家庭的文化素养,是家庭存在和发展的重要因素。家庭的文化环境,影响家庭社会化发展。家庭的文化素养影响家庭成员发展的社会化内涵和方向。家庭的文化素养影响家庭的责任意识、家庭观念、幸福认知。文化要素在构建和谐家庭中具有内在动力功能。

(五)心理

文学创作有句名言:性格决定命运。一个人的个性心理特征和个性倾向性影响决定一个人的思维方法和行为方向,甚至直接影响和决定个人与家庭亲友的关系,影响家庭与社会的关系。考查古今中外的家庭,家庭成员不健康的心理是影响不少家庭和谐幸福的重要因素,不健康的家庭心理,必然影响社会心理。所以,心理健康在构建和谐幸福家庭及在构建和谐社会的进程中具有重要的意义。

二、在构建和谐家庭中舆论监督的作用

新闻舆论监督是通过报刊、广播、电视等新闻媒体,表达具有社会普遍性的意见,对国家政府、社会团体、公职人员的决策及行为,以及社会上有悖于法律法规和道德规范的行为实行的某种制约。由于它具有事实公开、传播快速、影响广泛、披露深刻等特点,所以能迅速聚焦人们的眼球,引起政府的关注,促进矛盾和问题的及时解决以及对违法犯罪分子进行惩处。特别是近年来,国内绝大部分主流媒体均开

设了情感访谈类节目，此类节目一经推出便受到了广大观众的关注，并产生了一定的社会影响。对于促进构建和谐家庭维护社会平稳发展都起到了积极作用。

(一)在构建和谐家庭中新闻舆论监督的功能

舆论监督是“无处不在的眼睛”，是一种“普遍的、无形的、强制的力量”。从积极作用看，新闻舆论监督在构建和谐家庭中有如下功能：

1.宣传引导功能

新闻媒介具有反映舆论、表达舆论、组织舆论、引导舆论的功能。新闻媒体有传播速度快、受众多、社会影响广等特点，对社会起着一种“瞭望哨”的作用，它能够有效地对环境进行监测和控制，讴歌真善美，鞭挞假恶丑，是舆论导向健康的发展轨道。

湖南经视的《真情对对碰》是国内第一档电视情感倾谈节目。也是媒体第一次利用大众媒介手段公开对家庭生活进行深入剖析，并引入观众互动。此后，北京卫视，上海东方卫视等国内主流媒体也纷纷制作情感真人秀节目，从法律、道德、文化、心理等方面正确引导受众的主流价值观，对构建和谐家庭奠定了基础。

2.规范强制功能

新闻舆论通过将偏离社会规范和公共道德的行为公之于世，能够唤起普遍的社会谴责，将违反者置于强大的社会压力之下，从而起到强制遵守社会规范的作用。

在媒体和网络高度发达的今天，信息的传播正以惊人的速度进行着。特别是网络对于那些违反社会伦理道德和法律的行为一直保持着高压的态势。使当事人处于舆论监督和大众监管的境地，对和谐家庭的构建起到了保障作用。

3.协调整合功能

新闻媒体作为传播中介，旨在于政府、社会和受众间建立起一个纽带，通过这一纽带起到整合信息、沟通意见和协调的作用以及疏导社会关系的功能。舆论监督对社会不良现象进行曝光，一方面大快人心，一方面又易于使受众产生对国家与社会的不满情绪与不信任感。这时，新闻传媒须引导受众正确看待社会不良现象，化解受众对国家与社会的矛盾心理，疏导社会关系，从而实现社会各组成部分之间动态的平衡。

中央电视台的《今日说法》、北京电视台的《法制在线》等节目，都对社会中存在的违法及不良现象进行了曝光，并提出了很多的法律意见，对保障家庭稳定和指引家庭和谐起到了关键性的作用。

相反，如果舆论导向没有发挥正确的作用，受众的偏激情绪就会暴涨，则不利于和谐家庭的建设。在看到新闻舆论监督的积极功能的同时，也应认清其局限性和负面作用。

（二）在构建和谐家庭中要正确运用新闻舆论监督工具

充分认识到新闻舆论监督在民主法治建设中的积极功能和负面作用，在实际工作中我们才能把握规律，讲究方法，取得应有的正确引导和实施监督的效果，已达到构建和谐家庭的发展需要。

1.要主动出击，敢于监督

在构建和谐家庭中，一些媒体常常缺乏快速高效的舆论监督，其中不排除少数领导对舆论监督认识上的片面性，如认为媒体介入会将事态扩大化等，所以便刻意盖着捂着，但也有新闻媒体不敢承担社会责任、仗义执言等原因。而敢不敢仗义执言，正是检验媒体和媒体人社会责任感的重要砝码。所以在涉及家庭和谐发展问题上，媒体要主动发挥自己的监督作用。

2.要善于监督，稳妥监督

(1)讲政治、识大局。在构建和谐家庭中，舆论监督要紧紧围绕“改革、发展、稳定”这个大局，要以构建和谐社会的中心工作来展开。不能用新闻曝光的方式给遇到困难的家庭出难题，煽动群众不满情绪，激化社会矛盾，给家庭团结稳定添乱帮倒忙。

(2)选题要有典型性。在构建和谐家庭中，新闻舆论监督要注意选取具有普遍意义的事例和带倾向性的问题展开监督，以更好地扩大受众的教育面和启迪面。选题不准、典型代表面狭窄，监督的作用就很难放大。

(3)要把握好尺度。采访要客观、全面、准确、公正，而且还指要把握好发稿的时机与数量，把握好稿件语言的口气和态度，要尽量能使被批评者易于接受，心服口服，促进问题的解决。

(4)要形成全社会的监督合力。要让受众对舆论监督不再“沉默”和“麻醉”，既要靠媒体自身的努力，也要靠权力机构、民众和社会各界的合力支持，形成新闻媒体舆论监督的宽松环境。像中央电视台的《焦点访谈》，仅在几年的时间内，就有数起报道的事件被纳入了国务院督察反馈机制，从而使得事件在政府关注后得以迅速调查和查处，对受害者家庭的稳定发展起到了保护作用。

（三）在构建和谐家庭中要强化新闻工作者素质提升和形象塑造

新闻工作者是舆论监督的主体，监督他人的同时自身更要自觉接受党和人民的监督。应当看到，新闻队伍总体上是好的，但是，近年来也出现了一些不和谐的声音，影响了新闻媒体开展舆论监督的形象。众所周知，山西繁峙“6·22”特大矿难事故报道中，包括中央和地方报社的多名记者集体“中招”，接受了矿主的钱财，徇私隐匿应报道的新闻，丧失了党的新闻工作者的党性原则，严重败坏了我党新闻工作的信誉和新闻队伍的形象。由于个别新闻工作者的个人行为，让本已遭受痛苦的家庭雪上加霜，不利于和谐家庭的构建；而2007年的“纸馅包子”事件再度引发了人们关于新闻真实性原则和记者职业道德操守的大讨论。这些事件表明缺乏监督的媒体也会导致腐败现象的产生，导致舆论监督走偏方向，让大众对社会公共安全产生了巨大的质疑，对家庭的基本需求产生影响。因此，媒体在担负舆论监督的同时，自身也不能游离于社会监督之外。这就要求新闻媒体和新闻工作者认真学习和掌握党的各项方针政策，增强政治敏锐性和政治鉴别力，善于从改革发展和社会和谐的全局发现问题、解决问题，始终把握正确的舆论导向，为构建和谐家庭氛围做出自已应有的贡献。

三、在构建和谐家庭中如何避免舆论监督的负面效果

应当承认，近几年来，在构建和谐家庭中新闻舆论监督发挥了不可替代的作用。舆论监督在维护家庭稳定、预防家庭犯罪方面做出了突出贡献，受人民群众欢迎。但是，随着体制改革、机制转换的不断深化和拓展，社会中各种不同利益团体在利益调整中不稳定、不和谐的因素明显增多，这也给舆论监督带来了许多新的问题。

（一）舆论监督中存在的问题

1.“乱”

在构建和谐家庭中，有的媒体为监督而监督，炒作恶搞，甚至违法监督，给社会带来不安定感。有的媒体不惜重金鼓励编辑记者采编“奇异”新闻，以引起轰动效应甚至有些稿件严重偏离主流，造成负面影响。

2.“难”

由于新闻立法严重滞后，舆论监督缺乏有效的法律法规保障，实际操作中遇到的阻力比较大，经常遭遇尴尬。如一些权力部门掌控“独特资源”成了舆论监督的禁区，尽管一些人和事人民群众怨声载道，严重影响了老百姓的正常生活，但媒体还是选择放弃。

3.“怪”

随着媒体走向市场，一些广告大户和发行大户也进入舆论监督的保护区，当这些大户的行为与社会公众利益发生冲突时，媒体多数选择了沉默，这也给构建和谐社会、和谐家庭带来了很大的阻力。

(二)在构建和谐家庭中把握好舆论监督的“度”

1.用事实说话——把握好真实客观公正的“准确度”

真实是新闻的生命，更是舆论监督的生命。只有首先被受众认为是真实的，才谈得上舆论监督。若受众认为是假的，不看、不听、不谈，舆论监督就起不到作用。

(1)微观要真实，即具体事实必须完全真实、准确。事实发生的时间、地点、人物、原因等要准确无误，事实中人们的所行、所言、所思、所感要真实可信，不能合理想象。

(2)本质要真实，即要揭示事实的本质。这就要求记者必须具有深厚的生活阅历、广博的知识、深邃的洞察能力。

(3)要客观公正。判断是非、评价事要以有关政策、法律为标准。对舆论监督涉及的问题，要深入研究，尤其对有争议的问题要全面、辩证地观察和分析，听取各方面的意见，防止主观臆断，感情用事。

(4)要“两见面”，以确保真实性。同被监督者和所在单位领导见面，尤其是被监督者本人的意见和想法，一定要让其把话讲完。稿件要做到字斟句酌，使被监督者口服心服，确保准确无误。舆论监督真实客观，体现在以客观事实为依据，以政策法律为准绳。只有真实客观才有说服力和公信力。近年来，围绕舆论监督工作引发了一些争议，其中部分原因是报道对象对媒体揭露的事实有不同看法。如果舆论监督稿件涉及的事实经得起实践的检验、群众的检验和历史的检验，那么，因舆论监督而引发的纠纷就会大大减少，就能赢得人民群众的信任。

2.正面为主——把握好帮忙不添乱的“忠实度”

舆论监督要做到“帮忙不添乱”，必须坚持党性原则、人民利益原则、正面为主原则、依法监督原则。首先是讲党性。舆论监督不是为批评而批评，而是促进党和政府改进工作，改善人民的生活水平和条件。我们应该清醒地认识到，舆论监督不能一蹴而就，一定要把握好分寸、力度、口径、时机，不图一时之快。如果舆论监督脱离了党的中心工作，脱离了为人民服务的宗旨，势必成为某个人或小集团的代言人，势必祸及群众利益，那么舆论监督也就失去了生命力；其次是为人民群众代言。舆论监督实质上是人民的监督，是广大人民群众通过新闻媒介实施的监督。记者要真正地深入群众，想群众之所想，急群众之所急，办群众之所盼，把握群众脉搏，体现群众意愿，说出群众的心里话，诚心诚意地为人民群众谋利益。随着改革的不断深入新情况、新问题不断出现，各种利益格局不断调整，必然产生一些人与人、人与社会、人与自然之间的矛盾，媒体应做社会矛盾的化解器、社情民意的代言人，为民众提供合理释放困惑、疑难等情绪的宣泄通道和意见平台，促进社会有效沟通和交流，从而理顺情绪，化解疙瘩，增进社会认同感；第三是正面为主。舆论监督是社会的"减震器"、"解压阀"，媒体必须以正面报道为主，既不能把舆论监督的功能无限扩大，也不能把消极因素无限放大。舆论监督的出发点是改进工作、解决问题、增进团结、维护稳定，监督过程中要注意根据不同事件把握尺度，坚持内外有别的原则，不能激化矛盾，努力消除舆论监督的负效应；第四是依法监督。法律法规是舆论监督的立身之本。从事舆论监督的记者应明确法律赋予的权利和义务。舆论监督时不能代替公、检、法、司等政法机关，记者不是"救星"，不是"包青天"，不是"路见不平一声吼，该出手时就出手"的绿林好汉。记者要做的只是敏锐地发现、忠实地报道事实，尽职尽责地代表受众采访发问，及时回答受众欲知的问题。要把握好角色的度，克服舆论监督对人的不必要的伤害。在人们法制观念不断增强的今天，记者严格遵守国家宪法和法律，认真履行职业道德尤为重要。

3.与人为善——把握好建设性的"公心度"

舆论监督是新闻媒体的一种有倾向性的传播活动，在新闻产品中属于"进攻性"一类的武器。既然是武器，就有一个瞄准目标的问题。因此，不要用一种"破坏"性的批判和揭露，用一种满足于"解气"式的情绪化宣泄，一定要有利于问题的解决。舆论监督要与人为善，促使被监督者改进工作，改正错误，进而让更多的人不再犯同样错误。要给人以“梯子”,留下改正的机会,让人民群众看到舆论监督的正面效果,看到解决问题的希望。在报道方法上是摆事实讲道理,不用过激言词,不扣帽子、不打棍子。

总之,在构建和谐家庭中舆论监督在充分发挥自身作用的同时还要坚持适度原则。舆论监督重在解决问题,只有把握好了度,才能够使舆论监督的作用发挥得淋漓尽致,才能够让遇到困惑的家庭得以解脱。开展舆论监督要出以公心、出以良心、出以善心、出以诚心,不能感情用事,不要一时逞强,要顾全大局,要始终掌握发现问题,研究问题,推进工作的出发点,最终达到“治病救人”的目的,达到构建和谐家庭的目的。

舆论监督对构建和谐家庭有着重要的意义,我们要充分发挥媒体和公众舆论监督的优势,最终达到和谐社会、和谐家庭的要求。

(作者单位:北京工商大学经济学院)

参考文献

[1] 李鹏.新时期舆论监督的功能.采.写.编,2008(5).
[2] 陈植源.舆论监督应注意把握的几个问题.城市党报研究,2003(1).
[3] 张培铁.舆论监督关键是把握好“度”.新闻前哨,2009(1).
[4] 搜狐新闻.浅谈构建和谐家庭.北京:千龙网,2007-02-15.

后　记

2010年10月22日，北京市妇联举办了“建和谐家庭 享幸福生活”——北京市和谐家庭建设论坛。本次论坛是在家庭建设领域开展理论和实践创新、以家庭和谐促进社会和谐的重要举措，是妇联组织把握首都发展的重要机遇、开创首都和谐家庭建设新局面的一次重要探索。致力于首都婚姻家庭理论与实践研究的专家学者、妇女工作者以及社会各界人士近400人参加了此次论坛的交流和研讨。

论坛充分展示了北京作为全国的政治文化中心在婚姻家庭理论研究以及和谐家庭实践探索方面的突出成果。论坛所达成的共识与共信将继续鼓舞我们进一步深入研究社会生活的新变化和首都家庭的新特点，把握新形势下开展和谐家庭创建工作的新规律，以卓有成效的理论研究工作和实践工作推动和谐家庭建设的科学发展。

为更好地展示本次论坛的研讨成果，我们从提交论坛的百余篇论文中精选出30余篇集结出版。论文集分为“家庭理论研究的回顾与展望”、“家庭教育的理论与实践”、“和谐家庭创建的探索与创新”三个专题。期望以本书的出版为契机，吸引更多的热心人士共同关注、共同参与首都婚姻家庭理论研究与和谐家庭建设，激发广大家庭成员为推动实现“人文北京、科技北京、绿色北京”而共同奋斗的热情与活力，共促和谐社会、共建和谐家庭、共享幸福生活。

由于水平所限，疏漏之处请各位专家学者和广大读者批评指正。

编者

2010年12月